本书研究获国家自然科学基金项目（4100110...

大城市边缘区域的
产业与城乡空间优化研究

郑文升／著

Industry and Urban-rural Spatial Optimization in
the Metropolis Fringe Area

科学出版社

内 容 简 介

本书从理论研究和实践应用出发，结合笔者近年来承接的有关大城市边缘区域相关规划的研究工作和相关国家科研项目研究成果，研究和阐述了大城市边缘区域产业与城乡空间优化问题。全书共四篇，十一章，以大城市边缘区域为研究对象，第一篇着重介绍研究的理论背景，第二篇着重分析产业区培育与升级，第三篇研究城乡空间优化问题，第四篇阐述产业与城乡空间互动问题。

本书可供从事区域规划、城乡规划、产业规划等规划设计与管理部门的专业人员参考，也可供高等院校、科研院所人文地理、城乡规划、区域经济等相关专业的师生和科研人员使用。

图书在版编目 (CIP) 数据

大城市边缘区域的产业与城乡空间优化研究 / 郑文升著 . —北京：科学出版社，2016.3

ISBN 978-7-03-047519-0

I. ①大⋯ Ⅱ. ①郑⋯ Ⅲ. ①大城市–郊区–产业发展–关系–城市空间–研究–中国 Ⅳ. ①F299.2

中国版本图书馆 CIP 数据核字（2016）第 044310 号

责任编辑：林 剑 / 责任校对：彭 涛
责任印制：徐晓晨 / 封面设计：无极书装

科学出版社 出版
北京东黄城根北街 16 号
邮政编码：100717
http://www.sciencep.com

北京中石油彩色印刷有限责任公司 印刷
科学出版社发行 各地新华书店经销

*

2016 年 3 月第 一 版 开本：720×1000 B5
2016 年 3 月第一次印刷 印张：18 1/4
字数：358 000
定价：128.00 元
（如有印装质量问题，我社负责调换）

前　言

　　长期以来，为了更好地发挥集聚和带动作用，我国的经济发展都是依托大城市，尤其是城市中心城区展开，在工业化的初中期，这种集聚型发展模式极大地提升了效率，同时也产生了诸多弊病。在工业化后期和后工业化时代，城市必须扩展新的发展空间，刺激新的发展需求，形成新的发展动力。大城市边缘区域作为城市经济辐射的前沿地区，拥有发展的先天优势条件，易于接受大城市的辐射和带动周边乡村地域的发展，是新时期社会经济发展的重点。从城市边缘区域自身来看，作为城市与区域、城市与城市、城市与乡村过渡的"界面"空间，频繁的结构调整和功能转换导致土地、人口、经济、社会、生态环境之间的矛盾日益突出，问题日益显著，亟须优化升级，以支撑区域社会经济发展、完善区域-城市空间结构、促进城乡空间增长和功能提升。

　　2010年以来，笔者陆续承接了十多项有关大城市边缘区域的区域定位、产业、人口、城镇化、城镇与城乡居民点体系等相关规划的研究工作，同时完成了国家自然科学基金青年项目"我国区域性中心城市产业扩散驱动郊区城镇化的机理与调控：以武汉为例"（41001100）。通过这些工作，深感有必要系统地阐述大城市边缘区域的产业与城乡空间优化的理论与实践问题，本书即是依托项目研究成果整理撰述而成。

　　本书采用理论研究与实证研究相结合的方法展开写作，将全书分为四个篇幅。第一篇主要介绍大城市边缘区域研究的理论背景，对大城市边缘的相关区域进行了概念、范围界定，对一些基本理论进行了阐述。第二篇围绕大城市边缘区域的产业区培育与升级问题，以河南南阳及山东济宁为例，研究了城市新区的区域定位与产业培育，以及市-县产业集聚区的融合升级等问题。第三篇围绕大城市边缘区域的城乡空间优化问题，研究山东莱州的城乡空间战略与空间优化、湖北公安的农村居民点建设与体系优化，以及湖北宜都的城镇化战略与城镇体系优化等问题。第四篇围绕大城市边缘区域的产业与城乡空间互动，研究武汉产业扩散驱动下的郊区发展、湖北宜昌全域城乡统筹的梯级互动和山东济宁都市区的中心–外围结构等问题。

在本书前期研究与写作完成过程中，在笔者的带领和指导下，前后有十几位研究生参与本书的调研、讨论等工作，他们是丁丽、陈静、陈敬敬、于雪丽、郑晓辉、张若菡、李苗、赵晶晶、闫记影、金丽娟、姜玉培、卓蓉蓉、李孝环、艾红如、李峦峦、周洋、田苗。作为指导老师，对他们的付出表示感谢，也祝愿他们在未来的工作和学习中取得更大进步。

本书的前期项目研究，得到了中国城市规划设计研究院教授级规划师曹传新博士的鼎力支持。在项目研究中，作者与中国城市规划设计研究院、济宁市规划设计研究院、湖北省城市规划设计研究院等单位建立了良好的合作关系，在与上述单位专家、骨干的合作研究中，笔者不仅增长了知识、开阔了视野，而且收获了宝贵的友谊。最后，还要感谢我的爱人王晓芳副教授，是她无私的支持使我能够心无旁骛地开展研究工作，并协助联系出版事宜，最终使拙作能够面世。

郑文升

2015 年 10 月

目　　录

第三篇 大城市边缘区域的城乡空间优化

第四篇 大城市边缘区域的产业与城乡空间互动

第一篇　大城市边缘区域
研究的理论背景

1 基本概念探讨

1.1 相关概念辨析

1.1.1 城市郊区

城市郊区是伴随着城市化的发展，以及城市地域界定而产生的概念，因此进行城市郊区的界定要研究城市化的机制，进行城市化地域的界定。彼得·霍尔（P. Hall）的城市变动模型为鉴定一个城市是否进入郊区化阶段提供了简便的框架，他认为郊区化是城市在经历了中心区绝对集中、相对集中后的一种离心分散阶段，表现为人口、工业、商业等先后从城市中心区向郊区外迁。为了区分城乡，所以要进行城市地域界定，一般有三种方法：第一种是城市行政地域，主要是具有明确界线，方便政府的行政管理，如武汉市、南京市；第二种是城市实体地域，它反映城市化的本质特征，被称为城市建成区；第三种是城市功能地域，即城市建成区，以及与城市建成区具有紧密社会经济联系的地区，如国外的都市区（metropolitan area）。

对于郊区的概念，国内外学者有着不同的定义，如沃纳·赫希认为，郊区是城市周围，与中心城市相比人口密度和工业化程度较低的地区；周一星认为，郊区是城市行政区内、城市中心区外的地域，包括围绕中心区的城市建成区。笔者认为，城市郊区是城市发展从集中到扩散的一个过渡阶段，表明从大城市中心区扩散出的人口、就业岗位和服务业及某些城市职能不断向郊区集中，继而在郊区形成一定规模的、新的聚集中心。从区位空间上看，郊区处于城市系统的边缘，且处于变动发展之中；从地域功能上看，与城市中心区相对应，在功能和结构上处于次级、附属地位。

在西方国家，城市中心区即行政上的中心市（central city），郊区即中心市以外的建成区或都市区。而中国没有中心市的概念，城市中心区应结合城市发展的历史过程及其人口密度加以确定。目前，国内使用较多的划分标准为城市中心区（对应西方的中心市）、近郊区（对应西方的城市外缘区）和远郊区，城市近郊区和远郊区相当于西方中心市外围的建成区或都市区。西方大城市中心市的行政辖区一般小于城市建成区；而中国城市行政辖区总是大于建成区。

需要注意的是：我国的郊区化进程与西方城市发展历程不同，存在着向心城市化与郊区化过程并存；而且，我国城市的郊区化过程并没有引发城市中心区衰退现象，城市中心区非但不是一种推力因素，而且目前仍然具有强大的吸引力，使人们仍希望留在城市中心。

我国郊区化的动力还来自于城市土地使用制度的改革、道路的大量修建、住房制度改革和城区的危旧房改造等因素。郊区化降低了中心区的人口密度，改善了城区的人居环境，使市中心的土地效益得到较充分的发挥，但也出现了城市"摊大饼"式发展、外迁人口人户分离、生态环境破坏、不尽合理的通勤流等问题。

1.1.2 卫星城

建设卫星城的最初理论来源于 1902 年霍华德提出的"田园城市"（garden city）概念，其主张建立一些"田园城市"，用以分散中心区拥挤的人流。1915年，泰勒正式提出了卫星城（satellite city）的概念，提出要建立一系列如卫星般环绕行星（母城）的卫星城市来解决大城市日益严重的"城市病"。此外，伊利尔·沙里宁的"有机疏散"理论、彼得·霍尔的城市发展六阶段论、埃里克森的城市扩张三阶段论，都为建立卫星城提供了理论基础。国外进行卫星城建设理论和实践较为丰富的城市主要有伦敦和巴黎，其卫星城空间布局的一般演变模式为从圈装封闭到线状开放；从全面布局到有所选择，重点发展；从行政区范围内规划到注重区域联动。

卫星城自身的演变一般可以分为以下阶段："卧城"，大多为郊区住宅区，配套的生活设施缺乏，居民工作地点和生活地点相分离，对中心城区依附性很强；产业转移城，主要承接中心城区产业升级置换的或发达国家和地区转移的产业，具备一定的工业职能；"新城"，经过人口迁移、工业搬迁的卫星城具有一定的经济实力和市场，增强了吸引力，各方面职能进一步完善，独立性大大增强；"次中心"，具备辐射带动周边区域的能力，形成和中心城区协调联动发展的"次中心"，切实起到了分担中心城区环境污染、交通拥挤、住宅紧张等问题的作用。

与发达国家和地区的卫星城市相比，我国大都市周边的卫星城市在功能定位上，不仅有分解中心都市区的功能，而且还承担着带动卫星城市周边农村地区协调发展的重任。为此，要高标准地建设基础设施完善、产业结构合理、服务业发达、环境优良的多功能现代化卫星城市。第一，要重视医疗、文化教育、休闲娱乐、商业、邮电通信等社区服务设施的建设；第二，要充分重视可持续发展问题，开展生态环境的建设，着力建设具有自然魅力的绿色生态居住小区，把卫星城建设成既有田园风光，又有现代气息的现代化城市；第三，要加快卫星城基础设施建设，优化城际交通，管制非建设的空间；第四，规划布局上要防止大片的、单一低收入阶层的居住区出现，防止社会分层。

1.1.3　城市新区

城市新区作为郊区化的主要空间载体，是郊区化过程中各种新城市地区的高级形式。在国内，由于我国城市化发展处于特殊阶段，城市新区多与开发区、经济特区、大学城、风景旅游区的建设发展相关联，也有是在原来基础较好的小城镇上发展起来的。

西方发达国家城市新区建设可分为3个阶段：19~20世纪50年代，处于快速城市化阶段，中心城区过度集聚，出现各种弊病，在田园城市、有机疏散等理论的指导下，城市新区建设受社会因素驱动，进行中心城区人口和功能分流，实践上表现为卫星城、新城、边缘城市建设等。20世纪50~70年代，处于郊区化阶段，一定时期的分散发展导致中心城区开始衰落，在增长极理论、产业集群等理论的指导下，城市新区建设受经济因素驱动，注重平衡区域发展，建设了工业园区、经济开发区、科技园区等。70年代至今，处于逆城市化阶段，城市发展遇到了中心城区加速衰退、远郊低密度开发、生态环境遭到破坏等问题，在生态城市、精明增长等理念的指导下，城市新区开始关注生态诉求，注重政策指引和规划，在实践上表现为注重城市新区可持续发展问题，实践中开展建设节约型城市、生态型城市等。国内进行城市新区研究起步较晚，注重对国外理论实践、经验的引进和学习，改革开放以来，先后经历了以深圳为代表的经济特区建设，以浦东新区为代表的各类开发区建设到现阶段以郑东新区为代表的综合性新区建设。

城市新区建设通常选择在老城区的近郊区，是以母城为依托的集中的城市化区域。随着城市化的不断深入，城市新区逐步与老城区融合，成为城市的重要组成部分，是一个具有居住、工业、商贸等功能完备的经济社会综合体。功能复合、配套完善和各功能空间的融合布局是城市新区建设中探讨最多的内容，也是城市新区建设是否成功的检验标准。为此，在城市新区空间拓展中，一要打破目前产业区、生活区、生产生活服务区等空间上相互隔离的状态，在一定地域范围内实现居住、生产、交通、服务等功能的融合。二要配套完善公共服务设施，按照城市标准配置，满足新区发展需要。三要使居住、服务、产业、绿地空间等有机融合，改变以往各功能空间相互隔离的空间布局，营造方便、舒适、生态的新区环境，形成园林化的综合新城形象。

1.1.4 边缘城市

边缘城市（edge city）最初由华盛顿邮报记者 Joel Garreau 在 1991 年所著的《边缘城市》一书中提出，是美国城市郊区化的产物。在美国，经历过居住郊区化和工业、商业郊区化后，大量服务业就业岗位往郊区扩散，各项功能要素在扩散中又有相对集中的趋势，这个集聚点也与外围其他城市进行着联系和沟通，因此成为区域网络中的一个独立节点，这个独立节点称为边缘城市，区域城市结构由单中心演变为多中心。这一进程本质上是"郊区城市化"的进程。

根据边缘城市的产生原因和演变过程可以将其分为三个类型：第一类是城市郊区由有一定基础的传统意义上的小城镇进一步集聚发展壮大而来的；第二类是在城市的外围区域依托一些强有力的增长点（大学城、临空经济区、风景区等）进一步扩展发展起来的；第三类是政府统一全新规划而建的。第一、第二类是自然生长状态下的功能集聚式发展，第三类是培育式发展。这三类城市都需要完善功能，进一步集聚，才能最终成长为能够分散中心城区各项功能、独立性强的区域"次中心"。

边缘城市在形成发展过程中形成了特有的内部结构特征。①城市空间形态：建筑物高度低，密度较小，绿化比例高；②产业结构：第三产业为主，在多样性的同时具有明显特色的专业化；③人口结构：人口来源多元化和居住隔离化；④行政上没有特定的政府管理主体，空间上没有明显的管理界线；⑤依托于快速交通干线。基于以上特点，边缘城市就是处于低密度、高发展的区域内，具有或不具有传统意义上的城市概念的城市区域网上的一个独立节点，是一个具有居住、商业、就业、交通、游憩等综合职能的新中心。

然而，这一基于美国城市发展背景而提出的概念能否适用于尚未进入大规模郊区化阶段的中国城市化具体国情，尚需探讨。但我国最初单一产业功能的开发区的发展壮大，到今天的转型与再开发，已成为功能完善的郊区新中心和大城市区域网络上的独立节点。我国开发区与"边缘城市"均位于城市的边缘区域，相似的低密度开发模式，追求综合发展，表现为以就业而非居住为主的集聚区，具有"隐形政府"等特征。可以说，开发区的发展历程恰恰体现出中国"边缘城市"的一种发展路径。因此，借鉴边缘城市发展理念对于开发区的建设具有积极意义。

1.1.5 城乡过渡区

随着城市化进程的加速,城市建成区快速向外围区域扩张、蔓延,在此过程中出现了城市地域和农村地域的过渡地带。关于这一地带有很多相似的概念,如城乡过渡区、城乡结合部、城市边缘区域、城乡交错带、城乡边缘带等,这些概念都反映了这一地带最本质的特征——兼具城乡特征的过渡性质。笔者认为,2002年发布的《国务院关于加强城乡规划监督管理的通知》中提到的"城乡结合部"概念同时具备中心城区和乡村腹地两个方面的土地利用、人口、社会复杂的特性,最直观地表述了这一特殊地带的特征。城市核心区与城乡过渡带之间往往有一个变化比较明显的内缘界线,城乡过渡带至农村腹地也有一个比较明显的外缘界线,这两条线间的地区就是城乡过渡带的范围所在。

对这一区域进行研究和界定有不同的视角:规划学主要从可持续发展原则出发,注重与生态学相结合;社会学关注利益群体、人口结构、社会变迁等;经济学关注产业结构、劳动者收入、土地价格等;公共管理学主要从管理机制、政策、社会管理、社会治安方面入手;地理学主要关注空间界定、土地利用、动力演化等方面。

城乡过渡区内部城市要素和乡村要素通过竞争和共生对各要素进行加工、处理及转换,推动其内部不断演化,其具有如下特征。

1)景观异质性。城乡过渡地区内城市要素不断侵入,乡村要素不断萎缩,导致景观特征空间景观混杂,城乡景观随机融合,建筑景观多样,人口组成多样,城市人口和乡村人口混杂,生活方式多样。

2)经济多元化。经济发展依附于城市,非农产业和城市需求导向增强,对外围乡村地域产生辐射带动作用。

3)空间地域动态变化。随着城市化的发展,城乡过渡区沿轴线或圈层通过多种途径向外围区域推进,在此过程中,城市核心区覆盖近郊,远郊演变为近郊,又出现新的城乡过渡区,其一直处于动态变化之中。

4)系统的开放性。城乡过渡区是一个复杂的开放系统,具有耗散结构特征。在这一系统内部,不断进行着物质、能量、信息流的交换和转变,也就是说,不断进行着人口、资金、信息等要素的转换,从而推动着城乡过渡区的优化升级。

5)功能多样性。城乡结合部地域特征复杂,自然、社会、生态特征独特,是城市和乡村之间的结构调整功能转换最频繁的区域,具有聚合发展、疏解城市中心区要素、保护城市生态等功能。

1.2 城市边缘区域概念探讨

城市发展演变过程中，城市区域与乡村区域之间多种因素一直发生着相互作用，在作用发生的重合交叉地带，存在着城市化最敏感、空间结构变化最大、土地利用转变最为迅速的一个区域——城市边缘区域（urban fringe）。

1.2.1 基本界定

1.2.1.1 概念提出

城市边缘区域这一概念最初由德国地理学家哈伯特·路易（H. Louts）在1936 年研究柏林的城市地域结构时从城市形态学的角度提出，之后，国内外学者围绕城市边缘区域的概念、范围界定、内涵等进行了大量的探讨和研究。由于对城市研究的背景角度不同、城乡地域结构划分的多标准、行政管辖界限的变化和对城市边缘区域概念描述存在着差异，国内外关于城市边缘区域概念的类似表述有很多；但主要还是从空间位置、行政地域、社会经济景观特征、城市扩散作用4 方面去描述。例如，"郊区"概念，指位于城市市政界线以内，城区用地周围的田园景观地带和紧密为城区服务的农副业经济区域；"城乡结合部"（city-countryfringe），是指城市市区与郊区交错分布的接壤地带。此外，还有城市阴影区（urban shadow zone）、城市蔓延区（The area of urban sprawl）等类似表述。

1.2.1.2 范围界定

关于城市边缘区域界定的理论多与城市地域结构研究相联系，相关研究可以从霍华德"田园城市"理论、伯吉斯的同心圆理论、霍伊特的扇形模型、迪肯森的三地带理论、塔弗的理想城市模型、R·E·迪肯森（Dikinson）的三地带理论找到相关表述。其中，笔者较为推崇的是洛斯乌姆把区域城市结构分为城市核心区、城市边缘区域、城市影响区、乡村腹地。经历了依据经验直觉进行判断到构建指标体系进行定量化的界定，目前多采用"五流"（人流、信息流、物流、金融流、技术流）分析法、"断裂点"分析法、引力模型法、潜能模型法和威尔逊相互作用模型法等来界定城市边缘区域的范围。

城市边缘区域是城市建成区与周边广大农业用地融合渐变的地域，它在空间上的连续性，土地特征向量的渐变性，以及社会、经济、人口、环境等方面的复杂性，使之成为介于城市与乡村之间独立的地域空间单元。为了方便研究和规划管理，城市边缘应有一个相对稳定的区域界线，但城市边缘区域的边界随城市规模、辐射强度、行政及城乡关系而变化，在城市化高速发展的今天，对这一动态区域准确界定的难度较大。笔者所认同的城市边缘区域界定有广义和狭义之分。广义的概念可分为 3 个层次：城市郊区、市辖区及影响区。城市郊区是紧邻城市建成区的行政建制区，它是城市建成区外一定范围内的区域，受城市经济辐射、社会意识和城市生态效应的影响，根据地理位置又分为近、中、远郊带 3 个圈层；市辖区是由中心城周边的若干个县级行政单元组成，它们在经济等方面与主城区有较为密切的联系；影响区是指城市的经济及其规模辐射到市辖区之外的部分城镇。狭义的界定指城市建成区周边一定范围内的环状地带，空间范畴上也可被看作是广义的城市边缘区域中的第一层，通常被称为"城乡结合部"。本书所探讨的范围是广义的界定。

1.2.2 主要内涵

当前我国处于城市化快速发展阶段，城市边缘区域持续经历着城市化近域推进和乡村城镇化的双向冲击，城市边缘区域频繁的结构调整和功能转换导致城市边缘区域土地、人口、经济、生态环境、社会发展之间的矛盾冲突重重，这直接关系到城市的可持续发展。因此，统筹城市边缘区域的发展对于支撑区域社会经济发展，完善区域城市空间结构，促进城市空间增长和功能提升具有重要意义。

1.2.2.1 人口社会特性

由于城市边缘区域处于特殊的地域，人口绝对密度和密度梯度变化都介于城市核心区和农村腹地之间；各种外力的综合作用，使人口组成多元化；工厂较多，基建面积大，农村人口仍旧占据一定的比例，流动人口在该区域集中分布，年龄结构偏轻；城市边缘区域的人口年龄构成属城郊过渡型，较城市核心区偏轻。

由于城市社区的迅速扩展，农村社区很快被城市社会同化，形成城乡连续统一体的社区结构和城乡居民混居地带；城市边缘区域的工业化和城市化，使得城市边缘区域成为吸引人口流动、人口机械增长的主要地区，青年单身者的大量增加导致核心家庭增加；由于不同文化水平、不同职业的居民生活在一起，居民文化素质差异较大，也使得信仰交织、需求交叠；由于城市边缘区域的经济区位特征，居民活动以整个城市为指向，造成了人们工作地点和生活地点的分离。

1.2.2.2 经济功能

城市边缘区域经济受城乡经济的双向辐射，一方面，城市工业不断以集聚工业区形式跳跃渗入，城市边缘区域凭借其交通枢纽位置和"开敞空间"等优势，成为郊区城市化的核心，城市大工业扩散的重点地区，大宗商品、物资流通集散中心，逐步确立了其在城乡乃至跨省区物资、商品流通集散的中心地位。边缘区域乡镇工业发展大多依托城市大工业起步，不少乡镇工业从建厂初期就得到城市大工业资金、技术、设备及人才等多方面的支持，起点高，发展速度快。另一方面，受比较收益规律驱动，以农业为主的地方经济也在迅速分化和重组，乡镇企业成倍增长，城郊型农业比重不断扩大。边缘区域毗邻城区 交通快捷，自然也就成为大城市蔬菜、副食品的优先发展地带，显示出其具有发展速度快，产业结构综合，农业集约化与现代化水平高和生产结构、产品结构双向衔接等特征。

1.2.2.3 生态环境

城市化过程中，异质性的城市景观侵入，边缘区域内城市景观成片出现，由于行政管理和规划设计等方面的不足，空间分配极度不均衡，缺乏空间层次性。对乡村固有的乡土风貌和文化景观产生破坏，也使边缘区域景观的自然组分大量减少，如生物多样性资源严重受损，生物栖息地多样性降低，自然环境的美学价值及舒适性也会大打折扣，使其无法完成其固有的生态功能，成为生态环境影响向负面发展的主要根源。这些都使城市边缘区域绿色空间不断减少，为城市和谐发展带来了巨大压力。因此，城市边缘区域内，由不同土地单元镶嵌而成的复合生态系统，包括公园绿地、水体、湿地、林地、自然保护区、农田、道路附属绿地等，具有较高的生态保护、景观美学、休闲游憩、防震减灾、历史文化保护等生态、社会、经济、美学价值，承载着城市形态建构、社会空间融合、可持续发展维护等重要功能。

1.2.2.4 城乡统筹

城市边缘区域是处在城市建成区与建成区外围广大农业之间的区域，是连接城市与乡村的纽带，存在着经济社会要素复杂、土地利用率低、布局混乱、环境污染严重等问题。城市边缘区域是统筹城乡发展、协调城乡空间布局的最前沿地区，是城乡融合的先锋地区，是改善人居环境的关键地区，是促进城乡经济社会全面协调可持续发展的重点地区，是打破中国现存的、不协调的城乡二元发展机制、实现城乡统筹的关键区域，其已经成为未来城市发展的关键地带。

1.2.2.5 空间演变

（1）空间结构

城市边缘区域在由农村地域发展为城市地域，由农业生产为主导型转变为非农业生产为主导型的过程中，空间地域极不稳定，表现出随着距建城区距离的增加，城市用地减少，农业用地增多，地域结构转化过程表现为近郊农业用地—菜地—工业用地—居住填充—商业服务设施配套的转换过程。边缘区域分为内外边缘区域，内边缘区域又分为内层和外层。内层紧靠主城区，主要是多层高层住宅区，几乎没有农村景观；外层大型企业占有许多土地，内、外层之间在一定时间内还存在着蔬菜地和绿色空间用地，不仅改善了环境，也为城市发展预留的土地。外边缘区域以城郊型农业为主，生产蔬菜、肉、蛋、奶等。

（2）发展模式

城市边缘区域受空间增长过程、扩展形式，以及经济、交通、区位、政策、社会心理、空间扩展因素的影响，其空间演化也具有相应的规律，一方面城市边缘区域沿着工业走廊、居住走廊、综合走廊轴向发展，另一方面以连片发展、独立发展、渐进发展的方式向外扩展。除此之外，城市边缘区域发展还具有以下规律。

1）指状生长—充填—蔓延空间扩展规律。城市边缘区域在空间上的推进并非完全以同心圆圈层式方式生长，有些大城市则表现为指状生长—充填—蔓延多次往复的过程，这类城市一般首先在"资源点"形成城市"飞地"，然后建成"飞地"与母城间的联系通道，再沿通道两侧发展形成指状增长。当指状体增长到一定程度时，指状体之间横向联系加强，其间的三角形或梯形空间逐渐被填充。当建成区发展成为"密实"地区时，城市又开始向边缘地带扩散，形成新的指状增长轴，进入新一轮的增长周期。

2）轮形团块—分散组团—带形城市空间演化规律。

城市经济的发展是城市边缘区域空间结构演化的最根本因素，交通、区位、政策和社会心理等城市外部影响因素也随着城市用地矛盾的产生，最终彻底打破原有城市地域空间结构系统的平衡，由原来的同心圆圈层式扩展形态走向分散组团和轴向发展形态，乃至最后形成带形城市。

2 基础理论概述

2.1 集聚–扩散理论

经济地理学将研究经济活动在空间上的集聚和扩散过程作为其主要任务。

集聚表示在地理空间上资源、要素和经济活动的集中过程。集聚的形成源于经济活动的区位指向、内在联系和对集聚经济的追求。它可以产生引力，使得区域经济在空间上发生改变。一方面，集聚导致极化现象的出现，从而促使形成产业密集区，进而形成专业化地区；另一方面，集聚还导致经济发达地区和不发达地区的分化，从而产生了"马太效应"。

扩散则是在集聚发展到一定阶段后，由于集聚不经济、企业需要新的发展、政策作用等原因，使得资源、要素和经济活动等在空间上向其他地区分散的过程。它在空间上的表现形式分为产业就近扩散、等级扩散、跳跃式扩散和随机扩散等。

2.1.1 起源和发展

2.1.1.1 集聚经济理论

最早进行集聚经济分析的是英国经济学家马歇尔（Alfred Marshall），他在19世纪90年代提出产业集聚是由空间外部性引起的，并认为空间集聚主要有三个方面的原因：第一，可以促进专业化的投入和服务的发展。第二，为具有专业知识的工人提供了集中的劳动力市场。第三，公司可以从技术溢出中获益。集聚经济主要发生在高度城市化地区，因此有时被称为"城市化经济"（urbanization economics）。

2.1.1.2 工业区位论

1909年，德国著名经济学家韦伯（Alfred Weber）在《工业区位论》中提出了工业区位理论。该理论认为，经济活动的集聚因子是促使企业为降低成本而集中在特定场所的因子，扩散因子是促使企业为避免集中而带来的不利而分散布局的因子。该理论指出了为了减少费用，企业间产生集聚的条件是集聚的节约额大于因运费（或劳动力成本）指向带来的生产费用的节约额，从而揭示了企业集聚的根本原因。该理论也成为经济地理学的经典理论。

2.1.1.3 增长极理论

增长极理论是由法国经济学家弗朗索瓦·佩鲁（Francois Perroux）在 1950 年首次提出的，它被认为是西方中经济区域观念的基石，是不平衡发展论的依据之一。增长极是指具有推动型的经济单位集合，它们在空间上聚集分布。一个地区的经济增长首先发生在增长极，然后以各种形式向外扩散，从而带动整个地区的经济发展。其机制是增长极通过支配效应、乘数效应、极化和扩散效应来影响区域经济活动。佩鲁在区域经济研究中首次将增长极概念与地理空间概念联合起来，揭示了区域产业的演化过程，具有开创性意义。在此基础上，瑞典经济学家缪尔达尔、美国经济学家弗里德曼、美国经济学家赫希曼从各角度对增长极理论进行了丰富和发展。

2.1.1.4 极化—涓滴理论

著名经济发展学家赫希曼（A·Hirschman）出版的《经济发展战略》书中认为，区域增长过程实质上是不平衡的，分别将经济发达地区对经济欠发达地区产生的有利和不利作用称为涓滴效应和极化效应。他认为，区域经济的发展过程中，涓滴效应最终会大于极化效应占据优势，即发达地区通过产业转移扩散，对欠发达地区的经济带动是大势所趋。原因有三，一是欠发达地区由于落后导致消费不足，无法满足发达地区经济扩大；二是发达地区在发展过程中的一系列环境和社会问题将限制其自身发展；三是宏观上，区域经济作为一个整体具有相互发展的联动作用，部分地区经济凹陷不利于整体向前发展。

2.1.1.5 中心–外围理论

1966 年，美国学者弗里德曼（J·R. Friedman）出版的《区域发展政策》一书中认为，某些区域会由于多重原因取得发展先机，从而成为了"中心"，相比之下，那些发展迟缓，后劲不足的地区就被称为"外围"地区。中心与外围因贸易的不平等产生了地位的不平等，中心是统治地位，这种地位加强了人才、科技、创新活动等要素的集聚，使得双方差距越来越大，发展越来越不平等，中心的发展不仅从外围获得了极大的效益，而且通过不断创新来保持自身的先进性，更会压制外围的发展。不平等发展格局一旦建立，外围要想冲破限制来发展自身就困难重重。

2.1.2 国内外新动态

近年来，在白热化的全球产业竞争中，全球成功的区域经济案例纷纷涌现。最为典型的是美国的"硅谷"、日本的筑波科学城、中国北京中关村、印度班加罗尔等地区，作为世界上成功的典范，它们都受到国内外学者的广泛关注，同时在多个学科领域也针对产业集聚和扩散展开了广泛的研究与讨论。哈佛商学院的大学教授迈克尔·波特1990年在《国家竞争优势》中提出了"钻石理论"。该理论认为，产业集聚需要成产要素、需求条件、相关支持产业和企业战略结构4个要素之间的紧密配合，一个地区的产业集聚能反映出该地区的生产潜力和未来可能的限制，该理论成为目前最具影响力的集聚理论之一。2008年诺贝尔经济学奖获得者、美国经济学家保罗·克鲁格曼曾在1991年论证了价格指数效应、区内市场效应和企业间的竞争效应是影响经济集聚的三大原因，当区域内交易成本在阈值以外时，集聚效应会大于扩散效应。

改革开放后，我国地理学界学者也纷纷在该领域开展研究，如李王鸣等（1998）对杭州都市区经济集聚与扩散机制进行了研究。2006年，经济地理学家李小建以县域为基本研究单元，论证了河南省自20世纪90年代以来，经济正处于空间集聚过程且经济空间结构呈现出明显的中心–外围模式。学者王铮在2005年对高技术产业聚集区的形成做了区位因子的分析研究。

2.2 新产业区理论

新产业区，又叫做产业集群、地方生产系统，指在空间范围内聚集成的、长期扎根存在的、以网络体系为特点的、面向国内国际市场的中小型企业综合体，实质上是一个具有联动性和活力的区域创新系统。这一概念起源于英国经济学家马歇尔提出的产业区概念。

2.2.1 产生背景

2.2.1.1 理论萌芽

早在19世纪末，英国著名经济学家阿尔弗雷德·马歇尔（Alfred Marshall）在其代表作《经济学原理》（1890年）中提出了"产业区"的概念。作者在对英国东南部实地考察的基础上认为，产业区是以获得外部经济为目的，空间上呈网状集聚分布的同类型或相似的中小型企业间彼此有密切联系，生产活动专业化的区域。产业区的形成离不开当地的地理、文化、政治、历史背景。不仅如此，这种产业区会因集聚形成的外部经济在时间的推移下日趋稳定，并节约了大量生产成本和交易成本，从而持续蓬勃发展。由于20世纪上半叶大批量生产技术推动大型垂直一体化企业成为制造业组织的主导形式，因而产业区研究并没有引起学界的广泛关注。

2.2.1.2　理论兴起

20世纪70年代起，信息革命等各方面因素导致西方发达国家的传统产业出现了普遍衰退，然而意大利中部和北部的传统产业区并没有受到冲击，反而表现出蓬勃发展的势头。类似的还有美国"硅谷"、德国的巴登-符腾堡、韩国的龟尾、洛杉矶郊区、中国台湾省的新竹工业园、中国内地沿海的一些产业园和农村工业区。它们引发了学术界的研究兴趣。这些地区由于内外环境在不断变化，所以其内部特征和外部条件与最初马歇尔描述的产业区概念差异较大，因而称为"新产业区"，它实际上是指在特定的产业领域里，各企业和组织由于具有共性和互补性而联系在一起，它们在一定的空间地理上形成的一种空间产业集聚。

2.2.2　代表理论

2.2.2.1　"第三意大利"模式

意大利的社会学家乔科莫·贝卡蒂尼（Giacomo Becattini）在1979年考察了意大利中部的托斯卡纳地区后，将该地区的企业专业化集中生产与当年马歇尔在英国观察到的"产业区"进行比较分析，发现两者有着惊人的相似，并将这种区域发展模式命名为"第三意大利"，也称作"马歇尔式的产业区"。他认为，这些新产业区的发展，得益于本地劳动分工基础上实现的经济外部性，以及当地社会文化背景企业之间的相互协同作用，并提出这些新产业区是具有共同社会背景的人们和企业在一定自然与社会意义的地域上形成的"社会地域生产综合体"。外部宏观发展环境及其内部结构的"弹性"使得这些产业区能持续稳定发展。

2.2.2.2　"柔性生产综合体"理论

1984年，美国学者迈克尔（Piore Michael J.）和查尔斯（Sabel Charles F.）

在《第二次产业分工》一书中，较为系统地分析了"第三意大利"和德国南部的一些地区。他们认为，这些产业区的发展，是依赖于大量的中小企业在柔性专业化基础上实现的集聚。这些柔性专业化的中小企业集聚区，由于区内专业化程度高，企业之间的协同作用强，从而能很快适应个性化的市场需求，获得发展的优势，进而还可以与以大企业为核心的区域进行竞争。这一观点得到许多学者的响应，因此在发展中逐渐形成了"柔性生产综合体"理论。该理论认为，新产业区是大量专业化中小企业在集聚过程中形成的"柔性生产综合体"。新产业区出现在大城市的周围，福特制批量生产已被抛弃的地区，即后福特制的产物。

具体说来，新产业区的形成是由于许多专业化的中小企业在空间地理上集聚形成的，而整个区域不断发展的活力则来源于产业区内不断提高的专业化程度和逐渐细化的劳动分工。企业之间在竞争这一基础上开展分工协作，各企业与其上下游企业交往密切，从而带动了整个区域在该产业链条各个环节上的创新，最终整个柔性生产综合体得到了发展创新。新产业区内的柔性劳动力、柔性专业化的生产方式和组织结构可以产生缓冲来应对不确定和不稳定的外部环境。这样，新产业区中网络状的产业组织可以获得优势，形成独特的区域文化。其结果是中小企业不仅能依靠外部的范围经济和规模经济获得利润，还可以应对市场需求迅速完善自身，从而在不规则的市场中，避免了大型企业因调整带来的内部消耗和效率下降等风险。

2.2.2.3 区域创新网络理论

1991 年，欧洲创新环境研究小组（GREMI）在研究欧洲高新产业区的过程中，较为系统地阐明了产业集群内创新的条件和机制，提出了区域创新网络和环境是新产业区发展的关键所在。他们把产业的空间集聚现象同创新活动联系到一起，强调创新主体的集体效率和创新行为的协同作用，认为产业集聚可使群内企业共享单个企业无法实现的大规模生产、辅助产业的专业化服务、专业化机构创造，以及企业组织创新的好处。

区域创新网络理论认为：首先，企业集聚得益于地区的创新环境。欧美的一些新产业区之所以能在竞争中一直遥遥领先，很大程度上是因为它们已经建立了完备的创新环境，尤其是社会文化环境，这种独特的社会文化环境极大地促进了新企业的诞生和发展。其次，企业的发展则依赖于区域内不断蔓延的网络格局，这种网络包括同一产业链上的企业之间正规的经济产业网络，还包括了企业在发展创新过程中，与当地的高校、科研院所、行会等组织及地方政府等公共机构之间的合作，从而形成了社会关系网、企业研发合作网、企业家个人的关系网等。最后，企业在发展创新进程中时刻面临激烈而不稳定的技术环境和市场环境，所以空间内的网络连接成为了企业发展创新过程中的坚实阵地和强有力后盾。

区域环境的提高，有利于其创新功能的提升和创新网络的发展。而区域创新网络的创新发展也改善了区域内的创新环境。两者有机结合，共同促进新产业区系统的持久稳定发展。

2.2.3 国内发展

国内学者对从 20 世纪 90 年代开始着手研究新产业区。其中，北京大学王缉慈教授在国内产业集群跟踪研究中起到了重要作用，2007 年她对深圳各创新产业集群进行了实证研究，2001 年出版的名为《创新的空间——企业集群与区域发展》一书是国内第一部较系统全面地从企业集群角度分析区域发展的理论著作，也是国内第一部在深入调查研究基础上对我国改革开放以来新产业区进行详尽分析的报告。河南大学教授李小建编写的《经济地理学》（1999 年）从经济活动区位、区域和全球化三部分系统地阐述了当今经济地理学范畴中产业集群现象，深入剖析了其形成过程和机制，产生了深远影响。

2.3 田园城市理论

2.3.1 背景和意义

"田园城市"这一概念最早是由著名的空想社会主义者罗伯特·欧文（Robert Owen）在 1820 年提出的。而其理论体系的形成发展则是由 19 世纪末英国社会活动家霍华德提出的。霍华德在他的著作《明日，一条通向真正改革的和平道路》（后改版名为《明日的田园城市》）中认为，应该建设一种兼有城市和乡村优点的理想城市，他称其为"田园城市"。

田园城市理论的提出，与霍华德所处的历史背景息息相关。当时的英国正处于资本主义从自由竞争阶段过渡到帝国主义垄断阶段的时代，城市里中小企业不断受大垄断企业的排挤而接连宣告破产，处在社会底层的工人和农民纷纷失业，生活贫困。而大批失地农民涌进城市，使得就业环境更趋恶化。霍华德深受空想社会主义思想的影响，和其他知识分子一样也在寻找发达资本主义社会里贫苦人民的出路，"田园城市理论"就在这一背景下应运而生。

霍华德和众多空想主义家一样，希望通过宣传、批判来感化资产阶级，从而建立示范区实现社会的公平公正，最后扩大到整个国家和世界各地。他的理论成果，不是基于广泛的社会实践或调查，而是通过思考和研究的推理和发明。因此，他试图依靠社会上有影响力的人士来推动，而不是依靠劳动人民的力量。虽然如此，"田园城市理论"在相当程度上挖掘出了社会的潜在力量，还将这种力量运用到城市规划的实际工作中，从而有利于社会变革。这在一定程度上揭示了挖掘社会内在潜力的可能性，并且把这种可能性和城市规划工作联系在一起，从而使城市规划有可能成为服务于社会改革的能动力量。田园城市也成为19世纪四大城市设计（方格形城市、带形城市、田园城市和工业城市）的理念之一，影响深远至今。

2.3.2　内容和发展

田园城市，顾名思义是像田园一样和谐的城市。它被乡村包围，是为了让居民舒适生活和各产业有序开展而设计的城市。从广义上讲，霍华德的田园城市理论并非是一种单纯的形式上的或是图纸上的城市规划文本，它实质上是一种社会改革理论，即对构成社会单元起着关键作用的城市有机体的总体规划。它不仅涵盖了城市总体布局，以及与周围城市关系的内容，还用相当大篇幅阐述影响城市发展的各种结构化有机体，进而来规避原有大城市因畸形无序发展而带来的各种社会、环境问题。因而，该理论具有前瞻性和预防性，它甚至超越了很多当今城市规划的思想，在规划界被称为"现代城市规划的开端"。

霍华德的城市规划理论模型为：占地6000英亩①土地中的中心，即为中心城市，它占地1000英亩，其余5000英亩是农业用地。城市形状空间上大致呈圆形，中心城市的中心和边缘到各田园城市距离分别约为4英里②和2英里。具体的城市分区上，整个城市分为6个相等区域，它们中间由林荫大道相隔，每条林荫大道宽120英尺③，从中心花园向外呈放射状分布，中心花园位于城市中心，是一块占地5.5英亩的圆形地域，花园四周环绕分布着图书馆、展览馆、市政厅、剧院、音乐演讲大厅、画廊和医院。剩下的空间是用"水晶宫"包围的名叫"中央公园"的休息场所，占地约145英亩。"水晶宫"实质上是用玻璃建成的供居民遮风避雨的环形走廊，这里也可成为商业零售场所，因为它的环形布局使得它接近每一个居民，最远居民也在600码④内。"水晶宫"外环，即为住宅

---

① 1英亩≈4046.856m²。
② 1英里≈1609.343m。
③ 1英尺≈0.305m。
④ 1码=3英尺。

用地，约能容纳3万人口。在向外环带状分布了一条宽达420英尺的大道——宏伟大街，它上面分布着公园、学校、游戏场和教堂等。再向外就到了城市外环，上面陆续分布了工厂、市场、仓库、牛奶房、木材厂、煤场等，它们靠近最外围环城铁路，环城铁路有一个节点与外界铁路干线相连，这样极大地减少了交通量和货物的运输、中转成本。外围广阔的农用地分属于大农场、牛奶房、农户、自留地等，产生了不同农业经营方式的竞争，而市场竞争则会带来农业生产的效益最大化。因而，田园城市的特征总结如下：城市用地是呈同心圆带状分布；构成城市的基本单元为各功能分区；城市交通干线呈环形–放射状分布；绿地覆盖范围大，休闲空间占比高；工农住结合，城乡一体化显著。提出田园城市理论后，霍华德又为实现他的设想作了细致的考虑，对资金来源、土地规划、城市收支、经营管理等问题都提出了具体的建议，进一步增强了其实践性和可操作性。

田园城市理论对现代城市规划思想起到了启蒙作用，田园城市实质上是城和乡的结合体。因此，在此基础上后世对其有一定发展，诞生了城乡统筹理论、有机疏散论、卫星城镇等理论。

2.3.3 实践运用

为了真正论证其具有"万能钥匙"作用，霍华德在他晚年组织了田园城市协会（1899年），来宣传他的主张。后于1903年又组织了"田园城市有限公司"，便于资金的筹备，终于在距伦敦56km的地方建立了世界上第一座田园城市——莱奇沃斯（Letchworth），当时政府采纳了霍华德的规划思想，便宜买到农村土地后，通过开发后的土地增值，使新城公司按期偿还借款，并从利润中拿出部分用于城市建设。它基本按照霍华德的规划建立起来，且采用公司结构管理城市，但由于缺乏资金，中央花园和水晶宫未能建成，公司也被迫放弃了最初土地公有等原则。1904年第一批居民开始入住，直到1917年，人口才达18 000人，仅为规划人口35 000人的一半。1920年，公司又在距伦敦西北约36km的地方建设了第二座田园城市——韦林（Welwyn），但它并没有像莱奇沃斯那样严格按照霍华德的规划思想。即便如此，田园城市的建立为当时欧美城市因无序扩张而带来的接连不断的问题提供了新思路和实践经验，因而引起了社会的重视，欧美各地纷纷效法。在美国、法国、德国、比利时、俄国、荷兰、波兰和西班牙都建设了"田园城市"或类似称呼的示范性城市，如美国俄亥俄州的格林希尔和伊利诺伊州的森林公园城等。

20世纪20年代，田园城市理论传入中国，明国时期就被运用到城市规划建设中。在当代，我国成都新都区即是运用田园城市理论的典型案例。作为"世界现代田园城市示范区"的成都有着深厚的文化底蕴，成为"田园城市"的必备条件。新都区区位独特，是成都对接北向经济能量集聚的重要载体，在成都经济圈尤其是在"成德绵"经济走廊中具有重要的优势，具备城市组团与生态田园良性发展的条件，在"成德绵"发展板块中具备枢纽型城市的条件。

2.4 都市区与郊区化理论

2.4.1 概念和内容

都市区（metropolitan area）是指一个大的人口核心，以及与这个核心具有高度社会经济一体化倾向的邻接社区的组合，它一般以县作为基本单元。这是国外常用的一个城市功能地域概念，它是城市发展到一定阶段的产物，也是现代城市化发展过程的一个显著特征。都市区的概念起源于美国，是因为其城市有着广阔的拓展空间和自由的市场经济。城市的发展使得人们的工作空间和住宅空间发生了分离，进而带来空间上的蔓延和郊区化，而这一空间地域则被称作"都市区"。美国于1910年提出了"都市区"这一概念，接着在1949年正式设立了详细的统计标准。其后，西方各国纷纷效仿美国建立了相类似的功能地域概念，如英国的"大都市经济劳动区"（MELA）和"标准大都市劳动区"（SMLA）、日本的都市圈、澳大利亚的"国情调查扩展城市区"（CEUD）等，并设立了大体相同又有细微差别的划分标准。

都市区构成的基本单元有两个，是中心市和外围地区。由于各国国情不同，对"都市区"地域界定的标准也有较大不同。综合各国对于都市区的界定标准可以看出，都市区的形成必须具备两个条件：一是需要有一个中心市，即都市区的就业中心。二是外围地区要有一定比例的通勤人口，即有一定数量居民每天到中心市去上班，用通勤率来衡量。如果没有足够的通勤率（各国界定不同，一般为15%~40%），就不能称为都市区，只能算密集区或城镇群。

郊区（suburban area）是指城市市区以外、市行政管辖范围以内的与城市在功能、经济、环境等方面有密切联系的地区。城市的发展带来了空间上的蔓延和郊区化，而对郊区化这一概念各国有着不同的理解。其原因是学者们对郊区概念的解释不尽相同。欧美学者主要对郊区的位置存在争议，如最早定义的"郊区"是居住条件比城市宽松、比乡村稠密的人口分布地带。其后各派学者定义"郊区化"都发展和延伸了这一定义。对于中国学者来说，定义"郊区"主要是谈郊区的范围。在这过程中存在着三个不同的基点：中心城区、城市建成区和城市行政区，因此各执一词，无法对"郊区化"下一个明确定义。

但是，可以肯定的是郊区化是城市化进程中的一个阶段。这一阶段城市化发展到相当程度，中心城区由于人口密集、经济发展，使地租上升、交通拥堵、环境质量下降，城市发展开始出现了"集聚不经济"的现象。因而，其扩散成为了主流，也被描述为城市由高密度集中转变为低密度扩张的阶段。

2.4.2　代表理论

2.4.2.1　卫星城理论

卫星城的思想最早始于霍华德的田园城市理论，美国学者泰勒（Graham Taylor）在 1915 年在出版的著作《卫星城镇》中第一次提出了"卫星城"的概念。他认为，为了缓解大城市的人口、环境等压力，管理部门可以在郊区建立若干类似宇宙中卫星般的小城镇，将工厂等外迁实现分流，来解决大城市因人口过密而带来的弊病。1924 年，在阿姆斯特丹召开的国际会议，通过了关于建立卫星城市的倡议。第二次世界大战后欧美各国将该理念运用到城市建设中。进入 21 世纪以来，我国学者开始对卫星城的概念进行了深入剖析，如黄文忠在其著作《上海卫星城与中国城市化道路》一书中将卫星城按发展模式不同分为港台卫星城、大陆沿海卫星城和内陆大都市卫星城。

2.4.2.2　有机疏散理论

有机疏散理论是芬兰学者埃列尔·沙里宁（Eliel Saarinen）在 1942 年出版的《城市：它的发展、衰败和未来》一书中提出的为缓解城市过分集中的城市发展和布局结构的理论。他认为，城市是"活的生物有机体"，将城市功能分区看成是细胞组织，单个建筑就是单个细胞，如果城市各细胞配合良好，形成良性循环，整个有机体就会健康生长；如果出现交通拥挤、贫民窟等无序扩张现象就代表组织细胞坏死，整个有机体不能正常运转。城市像生物一样不可避免地经历成长到衰老，为了振兴城市，就要将组织细胞分散出去，一方面按功能集中城市居民日常活动，另一方面将某些过分集中点向城市外郊区分散。

第二次世界大战之后，西方许多大城市纷纷以沙里宁的"有机疏散"理论为指导，调整城市发展战略，形成了健康、有序的发展模式。其中，最著名的是大伦敦规划和大巴黎规划。

2.4.2.3 空间扩散理论

瑞典地理学家哈格斯特朗（T. Hgaerstarnd）在 1953 年发表的《作为空间过程的创新扩散》一文中首次系统地提出了空间扩散理论。该理论认为，"学习"和"交流"是创新采用的主要方式，因而"有效流动"的信息尤为重要，它主要依靠单个个体向社交网络发布消息，通过层层传递，最终达到扩散的目的，这种扩散，一方面由于"媒介"多元而加速传播，另一方面由于个体社交网络地方化而对扩散产生"阻力"。换句话说，为了消除创新带来的空间系统在价值创造和运行效率上的"位势差"，产生了另一种力促使其平衡，使得创新中心向外扩散传播，而周边区域采取学习和模仿。他还将几大空间扩散的规律（如等级效应、近邻效应等）做了细致的总结，从而使空间扩散理论和中心地理论并被人们誉为 20 世纪人文地理学研究中两项最重大的贡献。

2.4.2.4 城市演变模型

英国伦敦大学教授、世界级城市规划大师彼得·霍尔（Peter Hall）在 1984 年提出的城市演变模型理论成为了全球共识的城市化发展阶段理论。霍尔将一个国家分为都市区和非都市区两部分，又把都市区分为首位城市体系和一般城市体系两部分，这两大体系均由中心区和郊区组成，郊区环绕中心区分布。非都市区则是农村地区，依据城市化发展进程中的人口流动，将城市演变过程归纳为流逝中的集中、绝对集中、相对集中、相对分散、绝对分散和流失中的分散六个阶段。在前三个阶段中心市人口高速增长，城市发展以向心为主，第四阶段郊区人口增长超过中心市，出现了离心化现象，第五阶段中心市人口出现负增长，表现为典型的郊区化阶段，第六阶段人口进一步往农村地区迁移，出现了逆城市化现象。这一理论解释了 20 世纪后期西方发达国家一些大城市出现的逆城市化现象，并为其他城市提供参考和预防思路。

2.4.3 国内发展

我国学者对都市区和郊区化的研究从 20 世纪 80 年代开始，如 20 世纪 90 年代周一星明确界定了我国都市区概念和总结了西方发达国家城市郊区化的历程。现今，我国在城市化发展过程中也陆续出现了都市区和郊区化的现象，它们也成为经济地理学的研究重点。例如，1996 年陈文娟和蔡人群对广州城市郊区化的进程及动力机制的研究；2003 年冯健和周一星对北京都市区社会空间结构及其演化（1982～2000 年）的研究和 20 世纪 90 年代北京郊区化趋势和对策的研究；

2011 年曹广忠等分析长三角都市区与非都市区的城镇用地增长特征的研究。

2.5 城乡统筹理论

2.5.1 理论萌芽

自从英国诞生的工业革命以来，欧美的资本主义经济高速发展，但也引起了各种危机。因此，各流派学者在研究中纷纷提到了城乡平衡发展的见解，代表性的有空想社会主义学者提出的"和谐社会"（傅立叶）、城乡平等观（圣西门）、共产主义"新村"（欧文）等。早期研究城市发展的学者在规划中也考虑了城乡协调一体的理念，最有代表性的是霍华德的田园城市理论明确地阐述了如何建设成城市和乡村和谐发展的"田园城市"，它实质上是城和乡的结合体。马克思主义学者从社会历史角度阐述了城乡由对立走向融合是历史发展的必然，还指出这是一个长期的发展进程，如恩格斯的"城乡融合论"。

2.5.2 代表理论

在城市化高速发展阶段，各派学者曾有过"城市偏向论"和"乡村偏向论"的争论，但后期发展论证了城市与乡村在区域经济中各自分工，相互促进，可能短期偏向某一方能产生暂时"效益"，但就整体和长远看，统筹、和谐发展比对抗能取得更大效益。下面从空间角度论述城乡统筹理论发展的代表性观点。

2.5.2.1 中心地理论

1933 年，德国地理学家克里斯泰勒在其著作《德国南部的中心地原理》中提出了著名的"中心地理论"，它是关于一定区域或国家内的城市等级规模，城市职能、大小、空间结构的学说，在理论中定义了向周围区域提供各种商品和服务的区域中心——中心地，以其提供的货物供给范围将各中心地划分等级，并在市场、交通和行政三原则下分别建立了 $K=3$、$K=4$ 和 $K=7$ 的中心地系统，它指出了城市的等级规模、城市与周围腹地的相互作用关系、城市和城市间的相互作用关系，使地理学从描述走向空间规律和法则，是现代地理学发展的基础。

2.5.2.2 点轴开发理论

点轴开发理论最早由波兰经济学家萨伦巴和马利士提出，他们认为，区域的经济中心总是首先呈斑点状分布在少数条件较好的区位，随着经济的发展，这样的点逐渐增加，点与点之间由于生产要素交换需要交通线路，以及动力供应线、水源供应线等，相互连接起来形成轴线，轴线上的城市和乡村形成了区域发展一体化模式并向纵向及周围地区辐射，带动整体经济的发展。在我国，点轴开发模式得到决策层的肯定并在全国范围实行，如我国长江经济带与沿海岸线形成 T 型发展带和最近兴起的丝绸之路经济带，以及 21 世纪海上丝绸之路。

2.5.3　国内发展

我国城市化发展于 20 世纪 50 年代后期，那时我国学者就开始关注这一理论，随着改革开放城市化发展进程加快，部分沿海发达地区也出现了因人口压力带来的各种"城市病"，学者们开始进行实证和可行性研究。但是，由于国情和历史背景不同，我国的城乡发展呈现出更为典型的"二元"体制，一直阻碍着城镇化进程和经济的活力，国内学者在研究城乡发展时也先后提出了城乡协调、城乡一体化、乡村城市化、自下而上城市化等概念。20 世纪末我国的城镇化过程中也出现了比较好的案例，推动了城乡之间的统筹发展，如苏南模式、温州模式、珠三角模式等，都找到了城乡一体发展的良性路子。我国学者也在积极探寻城乡统筹发展的路子，如刘彦随和杨忍在 2015 年研究环渤海地区城乡发展的转型格局。

3　研究进展综述

关于大城市边缘区域的研究始于西方国家对城市形态的研究，起源早，发展历史悠久，且研究不断深入，内容不断丰富。结合本书主题，笔者简单梳理国外城市边缘区域土地利用研究、空间结构与发展阶段研究和城乡连续统一体的研究这三个方向相关文献资料。中国城市边缘区域研究与国外相比，起步较晚，但是国内研究视角的起点比较高，发展比较快。本书为契合产业与城乡主题，主要从产业研究、空间研究、土地利用研究和城乡一体化与城乡统筹发展研究这几个方面加以概述。

3.1　国外研究进展

国外关于城市边缘区域问题的研究的起源可以追溯到 19 世纪末城市地理学对城市形态的研究，他们最早提出"边缘区域"这个涉及城乡过渡地带的概念。实际上，早期出现的霍华德的田园城市理论、伯吉斯的同心圆理论、霍伊特的扇形理论、哈里斯和乌尔曼的多核心理论等城市形态结构理论都蕴含着对城市边缘区域的研究。从严格意义上来讲，关于城市边缘区域的研究始于 20 世纪 30 年代。1936 年，德国地理学家赫伯特·路易斯（Harbert Louts）从城市生态学的角度研究了柏林的城市地域结构，首次明确提出了城市边缘区域（urban zone）这一概念。70 年代深入的理论研究和应用研究有了较大的发展，研究侧重于理论研究上，包括边缘区域的地域结构、形成演变过程和机理的研究。90 年代以后，研究视角由区域层面转向微观层面，并加大了对第三世界城市边缘区域的研究。综合来看，国外关于城市边缘区域的研究主要是从以下几个侧面展开的。

3.1.1　土地利用研究进展

对土地利用问题的研究应该追溯到德国学者杜能的农业区位论。而对于城市边缘区域土地利用问题的研究，国外早在 20 世纪五六十年代已经展开，如 H. Mayer 在 1967 年提出土地竞争和开敞空间的保存是城市边缘区域研究的两个重要领域。1977 年，英国乡村协会组织的城市边缘区域学术讨论会提出了下一阶段城市边缘区域研究的五个主要议题分别是农业与城市边缘区域、城市土地管理与城市发展压力、城市边缘区域的娱乐活动、土地利用关系与冲突和城市边缘区域政策间的相互作用。美国俄亥俄州州立大学助理教授 L. J. Hushak 通过对哥伦比亚市城市边缘区域土地市场的研究，提出了该市的土地流转需求模型。近年来，西方国家有关城市边缘区域土地利用研究主要集中在土地利用特征、动态演化、未来预测，以及影响因素与动力机制的分析等方面，并且有三方面的新进展。

3.1.1.1　发展中国家研究多

研究区域更多地集中在发展中国家，中国、非洲国家、拉美国家的研究普遍增多。例如，Kombe（2005）在坦桑尼亚地区的研究表明，贫困地区的城市化是推动城市边缘区域土地利用变化、土地交易、增加乡村向城市移民的关键和支柱性力量。

3.1.1.2　关注社会政治因素

关于机制及影响因素的研究中广泛关注社会与政治因素。例如，Roose（2013）认为，城市化的推进，大量的人口迁移与居住区位重新选择也是城市边缘土地利用演变的重要因素。最近的研究中，许多学者认为，国家政策制度对边缘区域土地利用变化具有重要作用。

3.1.1.3　新技术的广泛运用

随着地理信息分析技术的发展，元胞自动机、人工神经网络等新模型被大量用来进行边缘区域空间扩展模拟研究。例如，Hathout（2008）模拟加拿大圣保罗地区的城市空间增长，发现未来的增长主要发生于现有城市的远郊地区。

关于城市边缘区域土地利用的理论研究成果颇丰。其中，经典理论包括杜能区位、阿朗索地租理论、辛克莱尔理论。土地利用动态理论主要有：①科曾（Conzen，1960）的周期性理论。通过对英国 Alnwiek 地域演变历史的重构，Conzen 发现，城市边缘区域土地利用具有周期性演变特点。城市边缘区域向农村地区侵入的过程具有周期性，在每一个演变周期中会有加速期、减速期和静止期三个阶段。②埃里克森（Eriekson，1983）的动态模拟理论。埃里克森按照欧美国家城市边缘区域土地利用的时序特征，将城市边缘区域土地利用分为三个时序：外溢——专业化阶段、分散——多样化阶段、填充——多核化阶段。③山鹿诚次的阶段理论。山鹿城次（1984）根据日本城市边缘区域的发展情况，提出了阶段论：农产品的商品化阶段、劳动的商品化阶段、土地的商品化阶段。这些理论客观地总结了国外城市边缘区域土地利用的发展历程，至今还有其深远的影响。土地利用的空间布局理论主要有圈层式空间结构理论、放射状结构理论和分散集团式理论。

3.1.2 城市边缘区域研究进展

自 20 世纪 60 年代以来，西方国家流动的中产阶级导致了一种相对分散的城市发展模式——城市蔓延，由此引发许多学者关注城市边缘区域的空间结构。1947 年，迪肯森（R. E. Dikenson）提出三地带论，将城市地域由市中心向外依次划分为中央地带、中间地带、外缘地带或郊区地带（翟国强，2007）。1963 年，塔弗（E. J. Taaffe）提出城市地域理想结构模式，将城市地域分为中央商务区、中心边缘区域、中间带、外缘带和近郊区五个部分（班茂盛等，2007）。1981 年，穆勒（Muller）提出大都市空间结构模式由四部分组成：衰落的中心城市、内郊区、外郊区和城市边缘区域（海贝贝，2014）。不同的模型中，关于城市边缘区域的定义各不相同，其空间结构也有进一步划分。加拿大学者麦基（T. C. McGee）根据多个亚洲国家城市化发展的实际情况，提出在存在二元经济结构的殖民化或发展中国家，城市化进程中城市与乡村界线日益模糊，农业活动与非农业活动紧密联系，城乡用地相互混杂，因此出现了与西方发达国家不同的城市区域空间模式。近年来，关于城市边缘区域空间结构的研究仍有出现，但基本上都是经典理论的延伸。例如，Avram（2009）根据伯吉斯的同心圆结构，将城市分为内部的中心商务区、居住区、城市近郊区、郊区、半城市化地区，并将后两者合并为城市边缘带。国外关于城市边缘区域的空间结构研究在经典理论的基础上，不断结合具体实际情况而发展完善并日益充实。尽管研究角度不同，但最终都把城市边缘区域作为城市的延伸部分进行考察和研究。城市边缘区域成为研究城市空间结构的重要组成部分，表明了边缘区域在城市空间发展中特殊而重要的地位。城市边缘区域的演化发展阶段理论主要是围绕土地利用研究展开的。

3.1.3 城乡连续统一体研究进展

城市对其周围的村镇经常发挥着中心作用并构成一个统一的地域。城市边缘区域研究更加强了地区与乡村腹地间的连续统一体的概念。在传统的城市地域结构划分时，将边缘区域作为城市地域结构的一个组成部分是不恰当的，因为城市的前沿（urban edge）扩展到了乡村地区，简单的城乡二分法已不能充分反映区域城市的地域结构特征。因此，从某种意义上来说，城市边缘区域已成为一种特定的社会空间实体，是介于城市、乡村间的连续统一体（顾朝林，1989）。城市边缘带作为城市与乡村交接的特殊地带，是城市化进程中最为敏感的区域。西方的城乡关系研究学者针对大城市急剧膨胀的现实，展开了对边缘区域（fringe）、内缘区（inner fringe）、乡村–城市边缘区域（rural-urban fringe）、城市阴影区（urban shadow zone）、城市远郊区（exurban zone）和市区外缘区（urban fringe）的研究。普里奥提出了乡村–城市边缘区域的概念，认为该地域是城市区域增长边缘上复杂的过渡地带。麦克．郝拉（Michael Hollar）通过建立一套理论模型，分析中心城区与郊区的联动关系。1975 年，L. H. 洛斯乌姆在研究城市建成区和乡村腹地后发现，在这两个区域之间还存在一个连续的统一体，他在《城市边缘区域和影响区》中将现代城市的地域结构分为 4 个区域：城市核心区、城市边缘区、城市影响区及乡村腹地（李帅兵，2009）。加拿大学者 Pond（1993）等在对加拿大中部 Laprairie 和 Oxford 土地利用变化过程进行研究时，提出了"乡村–城市转型"的过程模式。关于城市与乡村的关系在不断研究中深化，从单纯的二分法逐渐过渡到统一体的研究体系中。城市边缘区域处在城市与乡村的过渡地带，为城乡交错区，针对在该区存在的各种生态环境问题，社会问题，人口、产业和各项基础设施布局问题，必须将城乡看成一个统一的整体来进行研究，形成联动的关系，才能更好地促进该区的良性发展。

3.2 国内研究进展

中国城市边缘区域研究与国外相比，起步较晚，但是国内研究视角的起点比较高，发展比较快。相关研究在 20 世纪 90 年代展开，1989 年顾朝林等发表了《简述城市边缘区域研究》一文，国内开始介绍国外城市边缘区域的研究概况和内容，并且涉及了国内的问题和研究动向。在我国，关于城市边缘区域这一概念的表述众多，如"城乡结合部""城乡过渡地带""城乡交错带""城市影子区""乡村—城市边缘带""城市远郊区""城市蔓延区"等。这些表述在内容及地域上都存在着一定程度的交叉或重叠，至今尚未形成一个普遍接受的城市边缘区域的定义。本书统一使用城市边缘区域这个概念。

纵观国内城市边缘区域的研究，可大致划分为三个阶段：第一阶段为 20 世纪 80 年代末以前，为萌芽阶段，城市边缘区域还未作为一个独立的研究对象。第二阶段，为兴起阶段，20 世纪 80 年代末期至 90 年代中期，主要是从城市视角，针对城市边缘区域的边界定义、特征及空间结构等一些问题进行研究。第三阶段为发展阶段，从 90 年代中期至今，多学科的研究者从城市与区域的角度，重点对城市边缘区域发展过程中规划、土地利用、空间形态与发展演化等问题进行研究，还涉及产业、城乡统筹、生态环境和可持续发展等多方面问题的研究，研究深度、应用性、可操作性不断提高。本书主要结合书中将要涉及的相关内容对产业研究、空间研究、土地利用研究、城乡一体化与城乡统筹发展研究和生态环境研究及其进展进行简单的梳理。

3.2.1　产业研究进展

城市边缘区域作为城市和乡村各要素相互作用的过渡地带，产业发展最具活力，产业活动是其主要功能之一。城市边缘区域是城市核心区产业向外扩散的前沿地带，又是外围乡村产业最先更替的"形成层"。对城市边缘区域的产业研究具有极其重要的实践意义。近年来，我国关于城市边缘区域产业的研究主要集中在具体产业研究、产业结构与发展模式研究、产业园区及产城融合研究这几个方面。

3.2.1.1　具体产业研究

关于城市边缘区域具体产业研究，不同的学者纷纷从不同的角度对有关农业、工业或旅游业发展提出了自己的见解。据杨山（1998）总结，20 世纪 60 年代以前，城乡结合部主要为城市提供蔬菜、副食品和原料；60 年代初，由于国家控制城区规模和发展工业的方针，城市工业向城市边缘扩散，边缘区域工业用地增加；80 年代后，第二、第三产业迅猛发展起来，工业成为边缘区域发展的重要产业，出现了许多新技术开发区与科技园区。韦素琼（2001）认为，城市边缘区域农业发展的趋势是产业化、高度集约化、多功能化，提出了城市边缘区域农业发展与布局的要点。刘建丽（1995）根据城市边缘区域和高新技术产业开发区的各自特点，论述了两者结合的充分性和必要性。龙开元等（1999）指出，应充分利用边缘区域的资源，提高结构层次，加强规划力度以实现城市边缘区域工业结构的优化。肖雷（2008）以大城市边缘区域城镇产业为研究重点，提出了建立与农业产业化相适应的城镇工业体系；因地制宜地选择主导产业；培植和发展与城市工业结构互补的行业产业策略。王云才和郭焕成（2000）总结了城市边缘区域旅游业发展的六种模式：农园观光型、农园采摘型、浴场垂钓型、畜牧观赏狩猎型、乡村民俗文化型和综合观光型。吴必虎（2010）认为，城市边缘区域具有观光度假、娱乐教育、康体运动多样功能，适合发展短期游憩度假。吴育梅（2012）分析了城市边缘区域发展农业观光休闲产业的优势，并提出了相应的发展对策。康旭和马瑛（2012）对伊宁市城乡结合部"农家乐"旅游发展进行了研究。赵建华等（2014）以郑州市为例，探讨了农业集群引导下城乡结合部空间优化策略，通过构建具有多功能的产业空间体系，形成城乡良性增长边界，最终实现有差别的城乡一体化发展。还有众多学者都对城市边缘区域具体产业类型提出了自己的看法。总的来说，一致的观点是城市边缘区域应发展绿色农业、低污染工业、生态旅游业，以促进该区的可持续发展。

3.2.1.2　产业结构与发展模式研究

关于产业结构与产业发展模式研究，主要集中在产业结构特征、产业演替、产业结构变化、存在问题，以及相关发展对策等方面。宋金平和李丽平（2000）以北京市为例，探讨了北京市城乡过渡地带的产业结构现状，分析了其产业结构演化过程和社会经济特征，提出了未来北京城乡过渡地带产业发展方向。刘平辉等（2003）研究了产业结构变化对城市边缘区域土地资源利用影响的规律及原因，并以海淀区为例，详细分析了其产业结构变化及对土地资源利用的影响，结合产业结构的变化趋势，分析预测了海淀区将来土地资源利用的变化。王林容（2005）认为，城市边缘区域具有多方面的产业发展优势——区位优势、土地优势和环境优势，是工业布局的首选地、农业经济产业化的先导区、房地产业的区位新取向和大宗物流业的集散中心。唐兰（2008）以天津市北辰区为例，通过SWOT分析，研究了该区的发展定位以及发展模式，并提出了三次产业结构调整的具体方向。曹玫玉（2009）分析了延吉市城市边缘区域产业结构现状，并对近10年的产业结构动态变化进行分析，提出产业结构存在的问题及对策。曹广忠等（2009）认为，城市空间优化和产业结构调整的结合是解决边缘区域产业、空间和社会问题的有效途径。关丽丽（2012）对成都市边缘区域产业结构的空间特征及演变模式进行定量实证分析后认为，该区呈现出粗放型的空间扩张特征，并形成了以区域优势产业为主导的产业结构演变模式。马晓（2014）认为，产业结构演替的基本特点主要有产业结构变动迅速、农业集约化程度高、工业经济增势强劲。闫柳（2014）主要研究了城乡结合部产业结构优化路径，并提出相应的对策建议。产业结构相关的研究涉及面比较广泛，近年来的研究不断深化，内容不断充实，实践性和可操作性也在进一步加深，对于城市边缘区域产业结构的研究具有极其重要的实践意义。然而，研究的边缘区域主要还是集中在北京、天津等大城市，以及一些重要城市，不利于全面、深刻地普及产业结构研究理论及实践。中小城镇边缘区域的产业研究有待于今后进一步发展、充实、深化。

3.2.1.3　产业园区及产城融合研究

关于产业园区及产城融合研究，目前相关研究还不是很多。关于城市边缘区域的产城融合是近些年才兴起的研究，理论及实践成果都不是很丰富。吴海东（2007）认为，产业园区与城市边缘区域之间存在着支持–带动的作用机制，并提出了发挥这种作用的具体操作措施。刘玉亭等（2012）借鉴了国外"一村一社""工业转移"等实践经验，提出了"村企互动"的发展模式，对城市边缘区域产业园与农村的协调发展进行了有益的探索。施昱年和张秀智（2012）试图以产业集群视角分析产业园区与城乡结合部产业之间的关联关系，研究中国快速城市化背景下产业园区对农村产业转型的推进作用。吴光莲等（2013）结合规划实践工作，以位于城市边缘区域的山东省时风新能源汽车产业园为例，探索产业发展与城市边缘区域空间拓展关系，从规划设计中合理协调产业园区与中心城区，以及周围乡村空间关系，以期推动城市边缘区域空间协调发展。唐晓宏（2014）通过分析上海边缘区域、近郊区和远城区的六个产业园区，探究了产业园区与新城融合发展的模式和路径。江文文和徐国斌（2014）总结了特大城市边缘土地城乡双重性导致的城郊工业园的特征，梳理了城市边缘地带与工业园区发展的耦合性，并提出了系列规划策略，合理引导城市边缘地带产业园区的可持续发展。甘茂熙（2015）剖析了北京城市发展新区发展所取的成就和存在的问题，提出了北京城市发展新区产城融合发展的展望。罗长明和刘应心（2015）对城乡结合部和绿色空间进行了阐释，叙述了绿色空间的重要性，并基于长沙高铁新城绿色空间及产城融合概念规划，以点带面，探讨性地提出城乡结合部绿色空间的保护与开发策略。关于城市边缘区域产业园区的产城融合是今后研究的一个重要方向，城市边缘区域主要承接中心城区的产业转移，相对来说，目前所承接的产业水平还比较低，有待于进一步优化升级。产城融合发展将成为城市边缘区域产业园区发展的重要途径之一。

3.2.2　空间研究进展

城市边缘区域的空间研究由来已久，从我国最初研究城市边缘区域开始，空间问题就一直是研究的热点之一。关于空间研究的视角不断创新，研究内容不断深化。其研究方向主要涉及空间结构研究、空间演变和空间发展研究、空间扩展和驱动机制研究、空间融合与整合及重构研究。

3.2.2.1　空间结构研究

城市边缘区域空间结构研究主要涉及结构特征、演化及机制、发展趋势。崔功豪和武进（1990）对南京等城市边缘区域土地利用结构进行了分析，着重探讨了我国城市边缘区域用地形态和空间结构的基本特征及其变化。武进和马清亮

（1990）系统分析了城市边缘区域空间结构演化的机制，认为演变的动力可概括为经济、自然、技术、区位土地市场、规划与政治力量、城郊关系、文化心理与行为模式等因素。赵波（1994）提出了山地城市边缘区域空间扩展的理论模式及其表现特征，并划分了重庆城市边缘区域的圈层结构，论述了其空间结构特征和发展趋势。邢海峰和柴彦威（2003）以天津滨海新区为研究对象，从城市地域功能、空间布局、空间联系等几个方面系统分析了大城市边缘新兴发展城区地域空间结构形成与变化的历史过程、现状格局，并对未来发展的趋势进行了预测。朱海波（2005）从空间分析的角度探讨了中国大城市边缘区域的基本概念、空间扩展的动力及空间结构中存在的主要问题，并在此基础上提出了大城市边缘区域空间结构优化的相应对策。黄丽（2008）把城市地域空间结构与经济运行结合起来，用时空相结合的方法来研究和揭示福州城市边缘区域的空间结构演变机制，并探索其未来的发展类型。郑德高和孙娟（2011）通过研究提出注重边缘城镇向边缘城市的转变，构建"中心城—边缘城市—综合新城—产业新城"的新体系是上海空间结构调整的新方向。张秀智和丁锐（2013）以山东省济南市槐荫区段店镇为例，从城乡结合部产业变迁的视角来研究城市空间结构演变的内外部动力及其作用机理。李晶（2014）总结了近年来长沙城市边缘区域空间结构的演变，在此基础上综合分析了几种长沙边缘区域适合采用的发展模式，并提出了组团发展的设想。

3.2.2.2　空间演变和空间发展研究

关于城市边缘区域的空间演变及空间发展研究，主要集中在空间演变机制和发展模式、空间形态发展研究、空间发展演化研究与空间发展策略等方面。涂人猛（1991）在早期就对城市边缘区域的概念、空间演变机制和发展模式进行了研究，根据城市边缘区域的空间结构特征及空间演变趋势，提出了边缘区域空间扩展的点—轴—圈模式。李秀霞和刘金国（1996）从动态角度分析了城市边缘区域空间演化的动力机制及存在的主要问题，探讨了城市边缘区域空间演化的调控机制。杨山（1998）以江苏的南京、常州、镇江等城市为例，论述了城市边缘区域的空间结构特征和动态演变特征。瞿伟（2002）、游佩玉（2008）、唐乐乐（2008）分别对昆明市、南昌市和郑州市城市边缘区域空间形态与发展模式、发展演变进行了研究。朱振国等（2003）以南京江宁区的城市化进程为案例进行实证研究，推断江宁区城市化发展的模式与前景，提出大城市边缘区域城市化发展的对策。倪晶晶（2010）通过相关实证研究提出了杭州城市边缘区域的可持续发展及保障空间发展战略的可持续性措施和建议。王宇宁（2010）总结了天津城市边缘区域的空间演化规律，并对空间发展提出了优化建议。金一（2013）分析了西湖区空间格局演变，并总结了杭州城市边缘区域在 2000～2010 年的空间演变机制。杨春余（2013）根据城市边缘区域空间演变的制约机制、空间结构扩展及存在的问题等方面，深入分析了城市边缘区域发展的制约因素及影响机制，并论述了城市边缘区域的空间发展策略。姚月（2014）采用了 RS/GIS 技术，并结合系统论方法，探索了影响北京市海淀区城市边缘区域空间演变的若干因素。汪婧（2014）提出了轨道交通导向的大城市边缘区域空间发展模式，并将其应用于实证案例——北京顺义新城的规划设计中。海贝贝（2014）对河南省郑州市城市地域建设用地空间扩张、城市边缘区域空间演化、边缘区域乡村聚落的空间演化展开了深入研究。

3.2.2.3　空间扩展和驱动机制研究

不同城市边缘区域的空间扩展有着不同的扩展模式及特点，其驱动机制也因具体时空而呈现出地域差异。不同的学者从不同的角度对区域的空间扩展方式、扩展模式、扩展演变特征及机制和扩展规律进行研究。涂人猛（1990）论述了城市边缘区域的概念及其特性，分析了武汉城市边缘区域的现状特征，并提出了武汉城市边缘空间扩展的"点—轴—圈"模式。崔功豪和武进（1990）研究发现，苏南地区城市边缘区域的空间扩展随着经济发展的周期性波动而变化，存在着加速期、减速期和稳定期三种变化状态，并将中国的城市边缘区域发展分为农业型边缘区域发展阶段、半工业型边缘区域发展阶段和工业型边缘区域发展阶段。赵远宽（1992）将空间扩散方式分为连续发展方式和跳跃式发展方式两种，其中连续发展方式又包括紧凑型圈层状、轴向放射状和低密度连续三种二级方式。顾朝林等（1995）在研究我国大城市边缘区域空间扩展形式和扩展因素的基础上，提出了大城市边缘区域地域分异和职能演化规律、由内及外渐进推移规律、指状生长—充填—蔓延空间扩展规律和轮形团块—分散组团—带形城市空间演化规律。对于扩展模式，晋秀龙（2000）从城市边缘区域的土地利用现状入手，分析了该区位的土地利用基本类型，并依据城市边缘区域土地利用的发展趋势，提出了城市边缘区域空间扩展的几种模式。钱紫华和陈晓键（2005）将西安城市边缘区域的扩展划分为五个阶段，分析了各个阶段的扩展情况，以及各个阶段的扩展模式。杨新刚（2006）提出了边缘区域空间扩展三种模式：轴向延展式、片状蔓延式、跳跃膨胀式，并通过合肥市城市边缘区域的变化分析，阐明了城市边缘空间扩展变化的特点。吴铮争等（2008）研究北京市大兴区的城市扩展强度、扩展梯度、空间扩展模式等建设用地的扩张行为，分析十多年城镇建设用地扩展的时间与空间格局特征。杨山等（2009）基于城乡能量对比，以无锡市为案例来研究城市空间扩展规律。张宁等（2010）从扩展总量、扩展类型、扩展方向、扩展区域及扩展强度等方面分析城市边缘区域空间扩展特征，探讨扩展驱动机制。汪满琴（2014）以南京市江宁区作为研究区域，探讨 2000 ~ 2010 年江宁区（县）扩展演变格局特征及驱动机制。

3.2.2.4 空间整合和重构研究

城市边缘区域内包含如地域空间、社会空间、职能空间、经济空间、生态空间等各种空间类型，要想实现城市边缘区域空间结构的优化，加快推进空间整合、融合或者重构势在必行。针对此，近年来，国内研究者做了很多相关的实证研究。陶特立等（2006）运用城市边缘区域的理论，以常州市孟河镇为例，认为在城市总体规划编制中应注重区域协调、突出重点、注重特色、实现空间整合。陈丽（2006）以南京城市边缘区域的村落为研究对象，分析了村庄空间的变动情况，以及变动机制，并在此基础上提出了大城市边缘区域村落空间重构的原则和模式。陈亚芬（2010）根据安康城市边缘区域村庄的实际情况选择空间整合方式，并提出了整合策略和措施保证城乡空间统筹发展的实现。马学广（2012）对国内外城市边缘区域空间重构的驱动机理研究进行了梳理总结，并对今后研究进行了展望。王晓阳（2010）、袁丽（2012）均以城乡统筹为视角，以空间整合为切入点，探讨了城市边缘区域（城乡交错带）空间整合的方法和策略。袁媛（2012）以南京市江宁区东山新市区中心体系规划为例，探讨了通过中心体系构建来推动大城市边缘区域各类地域的空间融合。关于和阳建强（2012）研究城市空间重构下边缘区域功能、空间演化特征和机制，并以常州市清潭片区为对象进行实证研究，探讨其在转型阶段的发展诉求，为边缘区域更新提供参考。周文丝（2013）试图探寻城市边缘区域发展特征，以及多元生活主体在居住、就业和消费空间中的实践，透析空间和社会的互动过程。赵建华等（2013）以郑州市为例，论述了在当前快速城市化的背景下，城边村空间重构与分化的阶段与特征。霍子文和许宏福（2014）以广州、佛山、肇庆、清远四市为例，指出城市边缘区域小城镇在广东省新型城镇化发展背景下面临着新一轮的空间重构与优化。胡道生等（2014）以宁波市为例探讨了边缘区域整合提升的可行性和必要性，并提出了边缘区域空间整合组团模式的选择方法、布局、空间整合及管理策略。杨雪（2015）通过介绍和分析德国慕尼黑、弗莱堡与斯图加特 3 座城市的 5 个边缘区域景观的案例，探索了城市边缘区域人文空间与自然空间的融合与互动是如何创造出积极的城市边缘区域景观的。

3.2.3 土地利用研究进展

城市边缘区域的土地利用研究是城市边缘区域研究的重要内容之一。国内外学者均对土地利用做了很多理论及实证研究。目前，在国内，城市边缘区域的土地利用非常混乱，引起学者们较多关注。研究主要侧重于土地利用特征、土地利用结构与优化、土地利用变化及驱动机制、土地利用问题及对策、土地利用规划和土地利用规制等内容。城市边缘区域土地利用结构特征、演变及其机制、存在问题及解决对策研究可作为具体区域的相统一的理论与实证研究，也可单独从一个角度出发来进行研究。罗志军（2003）、潘涛等（2008）、曹长彩（2013）分别以武汉市、郑州市、潜江市为例，以城市边缘区域（城乡结合部）土地利用为研究对象，分析城市边缘区域（城乡结合部）土地利用结构特征，揭示城市边缘区域（城乡结合部）土地利用形成演变的过程、机制或内在规律，探讨其土地利用存在的主要问题及其原因，并力图寻求解决边缘区域土地利用问题的途径。

3.2.3.1 土地利用结构研究

对于土地利用结构研究，程莲（2007）以乌鲁木齐市城市边缘区域（东山区）为例，分析了土地利用中存在的问题，设计出了土地利用结构优化模型，探讨了城市边缘区域土地利用模式，提出了土地利用结构优化的保障措施。韩美琴（2007）以柳州市城乡结合部为例，揭示其空间结构变化特征，并对土地利用结构的可持续性进行分析，进而提出柳州市城乡结合部土地利用空间结构调控对策。牟文龙（2007）选取济南市建成区周边地区为研究对象，通过对城市边缘区域土地利用结构时空演化的分析和土地利用结构演化机制的分析来探讨城市边缘区域土地利用结构优化的措施。方琳娜等（2009）基于2006年北京市土地利用调查数据，利用多种数学模型分析大兴区土地利用结构特点，探讨其存在问题及土地合理利用建议。陈明辉等（2011）以广州市典型城市边缘区域为研究对象，基于覆盖广州市南拓区的4时相TM遥感解译数据，构建土地利用数量结构变化模型和分形结构模型，定量化研究区域土地利用结构的变化强度、复杂性和稳定性。肖宜挺等（2012）基于全国第二次土地调查中的芜湖市三山区2009年土地利用数据，采用洛伦茨曲线和基尼系数分析三山区土地利用结构。郭凌志（2013）以椰梨镇、干杉乡为研究区域，运用蚁群优化算法对两地土地利用结构进行了优化配置研究。李顺等（2015）基于2011年天津市东丽区土地利用现状数据，从多样化和集中化两方面分析了东丽区7个镇的土地利用结构现状。

3.2.3.2 土地利用变化研究

关于土地利用变化研究主要是基于 GIS 和 RS 技术，通过对特定时期特定城市土地利用监测数据的分析，得出城市边缘区域土地利用方式的变化形势，并预测未来城市边缘区域土地利用的发展趋势。巴雅尔等（2000）以 Landsat TM 为基本信息源，以 CorelDRAW 和 ARC/INFO 为主要支撑软件，完成了实验区 1987～1996 年的城市边缘区域土地利用动态监测与分析。王静爱等（2002）在多时相遥感数据和实际调查数据的支持下，对北京西部边缘区域的土地利用覆盖变化进行了研究。陈玉萍等（2003）以武汉市江夏区为例，对土地利用动态变化及演变趋势进行分析预测，揭示城市边缘区域土地利用的演变规律，提出研究区土地利用扩展的"北工南农"模式。钱紫华（2004）将西安城市边缘区域的空间扩展划分为五个阶段，针对每一个阶段分析了其扩展模式，并做了驱动力分析。秦泗刚（2005）以西安市城南为例，对研究区内的土地利用空间结构、土地利用变化的区域差异，以及土地利用变化引起的生态环境质量变化进行相对定量的分析和评价。倪少春（2006）借助于遥感资料，依托 GIS 技术，对上海西南城市边缘区域徐汇—闵行快速城市化地区的土地利用、城市扩展进行了比较深入的研究。魏伟等（2006）以武汉市洪山区为例，采用 DPSIR 模型和 CLUE-S 模型对大城市边缘区域土地利用时空格局进行模拟。彭笃明（2008）以广州市 1992 年、2000 年、2005 年 TMETM 遥感影像资料为数据源，在 GIS 技术的支持下，对处于广州市南部边缘的番禺区近 13 年来的土地利用/覆盖变化过程进行了定量研究。曹隆坤等（2008）以广州市黄埔区为例，运用马尔柯夫数学模型，对土地利用动态变化及演变趋势进行了分析预测，同时提出了解决城市边缘区域土地利用问题的对策。许月卿等（2008）采用数理统计与综合分析方法，对北京市平谷区土地利用动态变化及其与 GDP、产业结构、消费结构、城镇化，以及人口等社会经济发展因素的关系进行了分析。杨杰（2008）对廊坊市城乡结合部土地利用动态变化及驱动力进行了分析，揭示了城乡结合部土地利用变化规律。赵冠伟等（2009）选取典型城市边缘区域——广州市花都区为研究区域，利用 C 语言结合ArcEngine GIS 平台编程进行花都区土地利用演变 CA 模拟研究。黄锦东（2010）以福建省福州市仓山区为案例区，选取关注区域的土地利用变化模拟模型 CLUE-S，模拟该地区土地利用动态变化过程，对城乡边缘区域的土地利用情况进行解析。蒋毓琪（2013）运用数学模型从诸多驱动因子中选择出土地利用变化的主要驱动因子，以兰州市和平镇为研究区域，分析了土地利用变化的驱动机制，得出了最终结果。葛琳枫（2014）利用海口市南渡江东岸海岸带不同时期的土地利用/覆盖信息，进行了多时段土地利用动态变化和内在驱动力分析，以及研究区未来土地利用趋势分析。杨春梅（2014）综合分析了引起资阳市城市边缘区域土地利用变化的驱动力因素，预测了该区土地利用的主要趋势。

3.2.3.3　土地利用问题及对策研究

关于城市边缘区域土地利用存在的问题及对策研究不胜枚举。城市边缘区域土地利用混乱，为各种问题、矛盾多发区，相关研究者对具体区域做了大量详尽的研究。娄文龙（2005）认为，我国城乡结合部的土地利用问题主要有城乡结合部农地过度、无序向城市流转；耕地资源分散并且浪费严重，规模经营困难；土地利用规划失控，城市盲目外延；空间结构不合理，生态环境质量日趋恶化，并分析了原因，提出了相应对策。吴红莉和吴柏清（2008）认为，城市边缘区域土地利用存在着耕地迅速减少、格局混乱等突出问题，提出了集约利用建设用地、对土地进行动态的信息化管理、加强环境污染治理等改善策略与实施方案。冯志佰（2008）认为，我国城市边缘区域目前存在缺乏统一规划、工业用地比例过高、土地利用低效、基础设施落后及城乡分治等问题，应通过统一规划、整合土地资源、完善基础设施及加强监管，实现土地的集约利用与可持续发展。王冰玉和李俊杰（2013）以襄阳市城市边缘区域为例，分析了土地利用中存在的问题主要有耕地锐减、人地矛盾日益突出，城乡居民点用地规模增长快，土地利用程度低，局部地区土地生态环境较差，提出了提高城市边缘区域土地利用效益的相应对策。郝月玲（2014）总结了土地利用存在的比较严重的问题：耕地锐减、建设用地土地利用效率低，土地布局混乱，且土地类型的数量、结构不尽合理，土地生态环境污染严重，违法占地严重。关于问题-对策的研究，不同的学者从不同的视角提出了各自的看法，有相似的观点，也有因研究区域不同而存在不同的问题。相关研究太多，就不多举例说明了。

3.2.3.4　土地利用规划研究

城市边缘区域土地利用规划研究可以为解决边缘区域土地利用问题的解决提供一个思路与方向。近年来，关于土地利用规划的研究日益增多，以期为城市边缘区域土地管理及城乡建设提供有益参考。韦素琼（2000）以福州市为例，分析了城市边缘区域土地利用总体规划的独特性，并对其编制的原则、内容要点进行了探讨。姜广辉等（2004）在分析大城市边缘区域土地利用特征和土地利用问题的基础上，针对城市边缘区域土地利用的特殊矛盾性，探讨了城市边缘区域土地利用总体规划的目标、规划要点。杨新刚（2004）在对庐阳城市边缘区域土地利用规划研究的基础上，分析了城市边缘区域土地利用规划与其他相关规划体系之间的关系，总结了城市边缘区域土地利用规划的主要内容和方法。张晓科

（2005）对城市边缘区域控制性详细规划中土地利用规划设计方法进行了改进，提出了针对外界影响因素的土地利用动态规划设计方法，将时限性规划向时序性规划转变。王炳君等（2008）从规划理念、规划理论与方法、规划评估机制等方面对城市边缘区域土地利用总体规划进行了创新探索。曾丽群等（2008）以成都市城南正兴片区为例，分析了快速城市化过程中土地开发利用的有利条件及存在的问题，进行了用地布局规划与用地结构调整。靳晓雯和欧名豪（2008）认为，城市边缘区域土地利用规划有助于缓解该地域内土地利用的矛盾，并提出了完善城市边缘区域土地利用规划的对策及建议。凌鑫（2010）以西安市灞桥区为例，论证了在土地利用总体规划修编中采取城乡统筹原则、集中原则、控制原则和经济-社会-生态并重原则，并设计出相应的规划技术方法，取得了较好的规划效果。牛毓君（2013）将"反规划"应用到城乡结合部的土地利用总体规划中，提出遵照"反规划"理念，优先构建生态基础设施，布局生态用地，同时又继承了传统规划中土地需求预测方法，两种理念相互结合，布局各类用地。黄虹（2014）对土地利用规划设计工作进行了探究，指出了目前城市边缘区域土地利用规划的作用、目标及出现的问题，并提出了完善土地利用规划设计的策略和方法。刘玉和郑国楠（2014）认为，西方国家在城乡结合部功能定位方面的思考，多方利益主体参与到该区域发展的规划与管理工作之中，景观管理、农业多功能规划等理论与实践值得参考与借鉴。

3.2.4 城乡一体化研究进展

城市边缘区域是处于城市建成区和乡村之间的过渡地带，呈现典型的二元结构。在城市化进程进入持续快速发展时期与在当前城乡统筹发展与城乡一体化发展战略的背景下，对该区的城乡关系研究具有极其重要的实践意义。城乡结合部是一个复杂的系统，城市与乡村从某种程度上来说是相对的，有着迥异的特点，统筹城市边缘区域的城乡发展，是值得深入研究的课题。党的十六大提出统筹城乡发展战略思想，十八大报告指出要大力推动城乡发展一体化。基于城乡统筹发展与城乡一体化视角下的城市边缘区域的研究逐渐增多。

戴宾和杨建（2004）认为，城市边缘区域是统筹城乡发展最适宜的空间地域和最佳的切入点，提出了加快城市边缘区域城乡统筹发展的思路。王开泳等（2007）以成都市双流县为例，对大城市边缘区域城乡一体化协调发展战略进行了研究。曾万涛（2008）认为，城市边缘区域是城乡统筹、城乡一体化的核心部分与首选之地，提出了一系列城乡统筹下城市边缘区域的发展对策。李帅兵（2009）探讨了城边村在城乡统筹中的角色定位，以及在建设过程中存在的问题，并对郑州市城边村的发展提出了一些对策建议。吴怀静等（2010）基于城乡统筹发展视角，对城乡结合部村庄转型进行了研究，分析了存在的问题、原因，并针对城乡结合部村庄的成功转型和持续发展提出了创新的对策和建议。张正峰等（2011）分析了城乡统筹的一体化土地整治的标准与功能，进而提出了城市边缘区域一体化土地整治的策略。吴琼（2011）初步探索了郑州市惠济区城乡一体化的路径选择，为保证路径的实现，还提出了相关的政策建议。彭乐（2012）基于城乡统筹视角，采用层析分析的研究方法总结了西安城市边缘区域失地农民在可持续发展问题中面临的机遇和挑战，并提出了解决该问题的政策建议。龚娉（2013）从城乡一体化视角审视城市边缘区域小城镇存在的问题，并研究了城乡一体化导向下渭南城市边缘区域小城镇的发展模式，提炼出中等城市边缘区域典型小城镇的规划策略。刘锐（2013）以大城市边缘区域城乡一体化发展为重点，总结出大城市边缘区域城乡一体化发展的几种模式，提出了构成城乡一体化发展的内容体系及城乡一体化发展路径。王翔和冯毓奎（2013）认为，应从产业提升、发展规划及区域管理等方面入手，促进城市边缘区域的一体化发展。马晓（2014）以西安城市边缘区域的泾阳县为例，从规划的角度统筹安排各类城乡发展要素，为城市边缘区域提出"吸纳—互补—融合—提升"的城乡一体化发展模式。

第二篇　大城市边缘区域的产业区培育与升级

4 南阳：城市新区的区域定位与产业培育

建设城市新区、开发区是我国各级城市加速发展的重要战略，这种发展模式在我国发达地区和大城市获得了显著成效。越来越多的欠发达地区和中小城市也积极加入这一行列并受益匪浅，大规模进行城市新区开发已成为当前中西部欠发达地区谋求跨越式发展的重要途径。同时，一些发展基础较弱、区域条件较差的城市新区开发价值不明显、发展动力不强，为此建设城市新区、开发区的这种发展模式遭遇到一些争议和质疑。因此，欠发达地区的城市新区开发更加需要体现出开发价值，应通过制定有效的发展方略，将难得的政策机遇转化为现实的发展优势，才能推动地区的跨越式发展。如何有效支撑地区的跨越式发展，响应地区发展态势与环境变化，带动城市结构的大尺度转换，定位地区时空变迁方向，是当前城市新区开发面临的现实问题。本章以南阳新区开发为例，从地区协同、产业支撑、服务引领、特色驱动等方面，探讨欠发达地区城市新区的发展动力、开发价值和发展方略。

4.1 研究背景

4.1.1 区域概况

4.1.1.1 新区交通运输条件

南阳新区主要交通方式有铁路、公路和民航三种方式。新区内现有高速公路4条，分别为兰南高速（S83）、二广高速（G55）、沪陕高速（G40）、南阳北绕城高速（S8311）。沪陕高速、许平南高速在新区交汇；国道 G312 和省道 S103 在新区内交会。宁西铁路与规划的郑渝铁路在新区东南部交会。南阳姜营机场为河南省三大民用机场之一。在新区南部设置有南阳南客运站。

4.1.1.2 新区主要产业基础

新区产业主要包括新能源产业集聚区和高新技术产业集聚区。

新能源产业集聚区位于南阳市中心城区南部，规划布局以新能源产业为主，包括生物质能源产业区、光伏光电产业区、新能源装备产业区、纺织服装产业区、其他工业产业区、配套居住区和公共服务区，目前主导产业是新能源、装备制造和食品加工。当前建成区面积为 7.3km²，入驻企业 200 余家，从业人员 2.8 万余人，2010 年实现营业收入 134.1 亿元，经济总量居全市 14 个产业集聚区的第 3 位，综合考评居全省 185 个集聚区的第 65 名。

高新技术产业集聚区位于南阳市中心城区白河南部，是以新材料、现代机电装备和光电产业为主导的高新技术产业集群，形成了河南中光学集团、南阳二机石油装备（集团）有限公司、河南中南工业有限责任公司、南阳防爆集团股份有限公司、南阳金冠集团有限公司等骨干企业。南阳高新技术产业集聚区目前已入选河南省首批创新型产业集聚区（试点），全省首批共评选出 10 家产业集聚区。

4.1.1.3　新区发展基础评价

总体上看，新区目前大部分为耕地，建成区面积小，发展基础较为薄弱，但是承载的发展空间广阔。新区用地条件较好，地势平坦、面积广阔、房屋拆迁成本较低。新区具有良好的生态环境条件，气候宜人，水资源丰富，适宜人居。新区对外交通条件优越，处于宁西–焦柳铁路十字交汇地区，是鄂豫陕结合部的综合交通枢纽，目前已经形成了立体交通网络体系，未来随着郑渝高铁的修筑、宁西复线建设及远期机场搬迁，新区的区域交通枢纽功能将进一步凸显。新区与老城跨河交通联系便捷，但白河河面较宽，可能会对居民的城市认同感形成较大影响。新区已经形成了两大产业园区，具备了一定的工业基础，尤其是在新兴产业上具备了一定的比较优势，有利于未来产业发展。

4.1.2　各级发展

4.1.2.1　国家层面

（1）"十字"交通枢纽区位

南阳承东启西、连南达北，地理位置十分优越。沪陕高速、宁西铁路横贯东西，二广高速和焦柳铁路纵观南北，在南阳中心城区汇聚，成为铁路、高速公路"双十字"交叉的交通枢纽。同时，南阳位于京广大通道和亚欧大陆桥两条经济走廊交汇辐射区，有着广阔的发展空间和区位优势。

（2）豫鄂陕交界的省际区位

南阳位于豫、鄂、陕三省交界地区，距武汉、西安、郑州均不到400km，战略地位十分突出。南阳在豫、鄂、陕"金三角"区域地级市中，经济单元和市场格局自成体系，具有很强的独立性和辐射性。

4.1.2.2 区域层面

（1）郑武西大三角中的南阳

郑武西渝围合区形成三大发展层级：第一层级为郑州、武汉、西安、重庆这四大中心城市；第二层级为宛襄十等围合区中心腹地；第三层级为四大中心城市毗邻地区，即以郑州为中心的中原经济区、以武汉为中心的武汉城市圈、以西安为中心的关中-天水经济区、以重庆为中心的成渝经济区。郑武西渝对周边地区的"回波"效应大于"辐射"效应，宛襄十等则由于远离四大城市，形成区域性中心腹地。郑武西渝中，与南阳关联较大的则是郑武西大三角（图4.1）对新区建设的影响体现在以下几个方面。

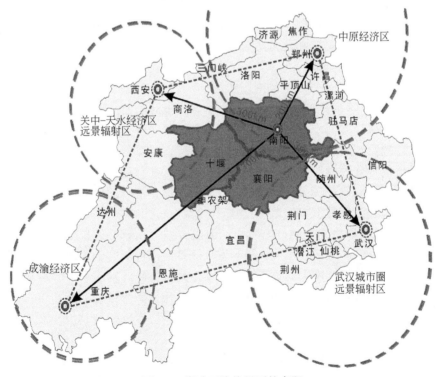

图4.1 郑武西渝格局下的南阳

1）积极影响。三大城市群都是国家级经济区，庞大的人口、产业、市场规模和立体化的区域功能为南阳提供了广阔的区域溢出支持。随着三大城市群的发展和彼此联系的增加，南阳的通道作用将不断强化，在南阳自身产业与市场发育壮大的前提下，南阳将显著受益。

2）不利影响。对于地处豫鄂陕三省交界地区的南阳来说，向北为以郑州－洛阳为核心的中原城市群、向南为以武汉为中心的武汉城市群、向西则是以西安为中心的关中城市群。当前三大城市群对南阳的发展资源与发展机会都还是以吸纳与竞争为主，以辐射和扩散为辅。由于南阳既不处于城镇群的核心地区，也不位于区域发展的主廊道地区，成长阶段也不容乐观，相当长时期内，三大城市群覆盖区域和中心城市直接辐射范围均无法到达南阳。

3）战略价值：郑武西战略节点。新区近期要承担中原经济区对接周边的功能，对接襄十商，形成宛襄十区域性中心。远期对接鄂陕两省，整合宛襄十城镇群，对接武汉城市圈，依托宁西铁路，强化与关中城市群产业联系，战略性依托中原城市群，形成三省经济区战略节点。要充分利用南阳历史文化与自然生态资源，面向三大城市群客源市场在新区建设旅游集散、服务、展示中心，促进南阳豫鄂陕三省旅游目的地建设。在新区产业政策上，在直面竞争的同时，突出产业专业分工特色，积极支持融入三大城市群装备制造、新能源、冶金建材、纺织服装等产业链条。

（2）中原经济区与省域中的南阳新区

1）中原经济区的豫南门户区位。南阳市位于河南西南部，处在河南陆路交通网的西南边缘，是河南沟通湖北、陕西的西南通道，豫南门户区位突出。

2）在中原经济区功能与地位的错位。河南省域视野下偏处西南的地理位置与相对隔绝的地理环境导致了南阳在中原经济区功能与地位的错位。南阳居于豫西南，东、西、北三面环山，面南开放，处于中原经济区的南部，与中原经济区的联系弱，长期处于被忽略的地位。

3）在省域发展格局中的战略地位。河南省域"南部塌陷"与"北部崛起"形成强烈对比，豫南地区在发展水平与发展速度上都远落后于北部地区。豫南四市在人均指标和发展速度上均处于河南的落后地位，经济发展水平落后，发展速度极为缓慢。2009 年南阳市人均 GDP 为 16 997 元，低于最高的郑州市（27 234元），居河南第 13 位，南阳 2000～2010 年 GDP 年均增长率为 14.17 %，居河南第 17 位。

河南不可能长期坐视南部塌陷，问题是哪个地区能够抢占先机，发挥增长极作用。南阳的主要发展指标在豫南均居于首位。2009 年，实现一般预算内收入56.17 亿元，工业生产总值 1637.58 亿元，固定资产投资总额 1153.18 亿元，均居豫南首位，综合反映了南阳在豫南地区具有绝对的发展优势（表4.1）。

表4.1 豫南地区主要发展指标比较   单位：亿元

地区	GDP	一般预算内收入	工业总产值	固定资产投资总额
平顶山	1127.81	70.30	1604.17	577.74
漯河	591.70	20.42	1148.75	323.99
南阳	1714.49	56.17	1637.58	1153.18
信阳	929.00	28.02	743.60	858.14
周口	1065.7	30.86	932.71	690.59
驻马店	900.52	29.32	748.43	562.29

4）战略价值：省际对接与豫南崛起新支点。中原经济区唯有西南鄂陕方向上没有实现跨省拓展，需要在西南方向上"打开局面"，南阳是支持中原经济区鄂陕跨省辐射的最理想选择。南阳在豫鄂陕省际区域拥有最大的人口与经济规模，为中原经济区向西南拓展提供人力、财力支持和保障。中原经济区面向西南的辐射中心、中原-西南联系门户是南阳新区积极促进中原经济区建设的责任担当。南阳是豫南地区综合实力最强的地区，在豫南地区整体落后的环境下，南阳最有潜力成长为豫南地区的增长极，肩负着引领发展、振兴豫南的战略责任。南阳新区应为中原经济区加强与武西渝经济区的联系、促进其发挥跨省辐射功能做出主要贡献。

（3）宛襄十竞合格局中的南阳新区

1）综合实力相对下降。南阳在周边地区面临激烈的地区竞争，综合实力相对不足。通过比较南阳与周边地区2000年和2010年的GDP可以发现，南阳下降到第二，而襄阳、平顶山等地紧随其后，十堰位居第八，但发展势头强劲（图4.2，图4.3）。各地区都在集中力量大力发展经济，地区群雄争鹿的形势十分激烈。

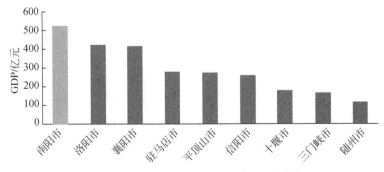

图4.2 南阳与周边地区2000年GDP比较

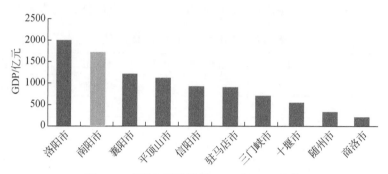

图 4.3 南阳与周边地区 2010 年 GDP 比较

2）城市腹地内陷。与襄阳、十堰相比，南阳中心城市明显弱小。宛襄十在鄂豫陕毗邻地区城市中心职能强度比较，襄阳为 1.75，南阳中心职能为 1.48，十堰为 1.26。南阳面临中心弱、县市强的发展格局，与襄十地区中心强、县市弱的发展态势形成鲜明反差，而对于工业化、城镇化中期的地区而言，地区竞争主要表现为中心城市的竞争，南阳迫切需要做大做强中心城市。

城市断裂点反映的是城市辐射范围的基本态势。从计算结果看，南阳周边城市洛阳、平顶山、驻马店、襄阳、十堰的直接辐射范围都已覆盖到南阳市境内。南阳要想发展下去，需要在周边地区寻找能够支撑发展的腹地区域。

3）对南阳的启示。面临挑战，南阳的突破口就是快速大规模建设新区，做大做强中心城市。南阳需要在湖北、襄阳"觉醒"之前，充分、快速、大规模的利用、建设好新区，争取显著提升在省域发展中的战略地位。新区建设应通过构建在宛襄十地区具有较强区域带动能力的新型工业化职能体系和具有较强区域服务能力的生态休闲商务职能体系，成为南阳地区发展的重要战略支撑和提升宛襄十城市竞争力的重要平台。

4）宛襄十的区域支撑前景。豫鄂陕边界地区宛襄双心争雄格局凸显，南襄盆地进入快速发展阶段，宛襄十逐渐进入工业化、城镇化中期，且具备打造宛襄十中心城市的空间区位、规模地位、主导产业职能、服务功能等方面的前景支撑，形成区域性中心城市是发展的必然趋势。

5）战略价值：引领区域合作的新平台。宛襄十城镇群形成发育刚刚起步，宛襄十"小三角"区域空间格局尚不明朗。南阳应该充分利用这一机会，发挥有利优势，克服不利条件，通过对接-整合的阶段性发展策略，发展成为服务于宛襄十的区域中心城市。南阳新区应该积极发展以新能源、新材料、高端装备为代表的新兴产业，以及新能源汽车燃料、汽车零部件等产业，发展商贸物流、文教会展、交通仓储、旅游集散服务、养生休闲、金融商务等产业，形成宛襄十地区现代服务业基地；快速集聚人口，强化综合服务能力，打造服务于宛襄十地区的区域中心城市；以对外交通为依托，以新兴产业、现代制造业和现代服务业为支撑，积极承担中原经济区"对接周边"功能，打造跨区域联动发展的省际门户，最终成为引领宛襄十区域合作的新平台。

综上所述，十字枢纽的战略区位、边缘化的区域环境、激烈的地区竞争格局、省域崛起的战略使命，共同决定了南阳新区的建设具有极其重要的战略价值与意义，南阳新区要积极承担国家战略与区域合作新节点、中原经济区对接武西渝的战略支撑、豫南增长极和宛襄十区域中心的区域功能价值与区域责任。

4.1.3 发展要求

4.1.3.1 河南城市新区的战略要求

21 世纪以来，郑东新区、洛阳新区的开发为河南郑州、洛阳的跨越式发展发挥了积极作用。2009 年开始，河南将大规模城市新区开发作为推进城乡建设和加快城镇化进程的重要突破口，陆续批准建设郑汴、许昌等城市新区，覆盖了河南绝大多数的地级以上城市，规模化的建设城市新区已经成为河南加快经济发展的重大战略。2010 年，河南省政府批准建设南阳新区。南阳新区位于南阳中心城区东部、白河东岸和南岸地区，总面积为 190km^2，现状建成区为 25km^2，总人口约为 29 万人。

南阳新区是一个典型的、由位于欠发达地区的中心城市进行开发建设的城市新区，是河南城市新区战略的一部分，是促进中原经济区崛起的重要战略举措，是强化发展动力、优化省域空间发展结构与产业布局结构的重要途径，是突出经济转型、培育省域发展创新体系的重要支撑。南阳新区的历史使命和区域责任重大，关系到南阳整体的跨越式发展。

4.1.3.2 南阳发展的实际需要

（1）壮大中心城市

目前，南阳主城区内城镇人口高度集中，但周边地区城镇规模偏小，与中心城区的经济社会联系不强，南阳面临中心城市弱小的核心挑战，对周边带动能力比较弱，区域空间"小马拉大车"问题突出，实现南阳中心突破和跨越式发展是亟须解决的问题。

（2）拓展城区空间

南阳中心城区已经表现出明显的空间不足、发展局促的问题。近年来，中心城区经济增长速度显著落后于外围县市，在中心城区增长动力相对不足的同时，外围城镇却表现出勃勃生机，这实质上是表明地区发展重心已经自发地从中心城区向外围扩散。老城区急切需要寻找空间跨越、空间重构及其空间延展，新区是城市拓展主方向的必然选择。

（3）抓住战略机遇

首先，抓住国家大力发展战略性新兴产业的机遇。我国"十二五"规划纲要提出"把战略性新兴产业培育发展成为先导性、支柱性产业"，南阳的优势产业，特别是中心城区主导产业基本上都属于战略性新兴产业范畴，新区应抓住难得的战略机遇，大力发展多种类型的新兴产业。

其次，我国东部地区产业向西转移的机遇。南阳的空间区位、产业环境与发展要素适应产业转移要求，各种类型的产业转移有条件成为南阳新区发展的主要动力之一，承接产业转移将会是新区重要的人口城市化动力。

最后，中原经济区提升为国家战略，南阳避免了在国家与河南区域战略上"被抛弃"的风险，中原经济区"对接周边"的定位为南阳提供了主导发展方向，新区可以作为主要的培育空间，这也为新区发展提供了政策支持的想象空间。

4.1.3.3　省政府的定位

河南省政府给予了南阳新区确切的定位和发展目标：力争经过 10 年左右的努力，把南阳新区建设成为南阳城乡一体化先行区、现代化复合型功能区、对外开放示范区、全国重要的新能源产业基地、豫鄂陕结合部综合交通枢纽和物流中心。省政府的定位明确了新区发展的任务和方向，可以指导新区的未来发展。

4.2　发展问题与战略意义

4.2.1　工业化落后，需要新区的推进和提升

4.2.1.1　工业化水平落后

南阳产业结构层次低，2010 年南阳三次产业比例关系为 1：2.54：1.34，全国平均三次产业比例关系为 1：3.79：3.23，河南平均三次产业比例关系为 1：2.91：1.68，南阳第二产业和第三产业比重明显低于全国和河南平均水平。南阳二三产业合计比重在河南省仅列第 18 位，第二产业占 GDP 比重在河南省仅列第

13 位。

南阳产业结构升级缓慢，我国早在 1985 年就实现了由"二、一、三"到"二、三、一"的结构转型，而南阳直到 1993 年才实现这一转换。此外，从工业产业结构来看，南阳主导产业一直以资源型产业为主，机电产业比重很小，并且处于萎缩状态。

4.2.1.2 产业发展结构优化困难

南阳在国家"三线"建设及矿产资源开发中打下了工业基础，但由于立足于全国配套，本地产业链条短，"两属"企业多、地方协调难。南阳的工业体系难以支撑省域南翼的历史责任，大中企业规模小、数量少；国有经济占主导，民营经济不发达；外资企业少，经济开放性较差。南阳属于"植入性"而非"内生性"主导产业，对地方产业发展的带动能力较弱。20 世纪 60 ~ 80 年代的"三线"建设及其他国家重大项目投资，如光电、电机、油气开发、油碱化工、采油设备、金刚石等，虽然奠定了南阳在国内一定竞争优势的工业基础，但是权属关系复杂，国有企业改革较晚，迟滞了地方经济发展，地方协调能力有限。产业、技术、市场的根植性较差，大部分产业"两头在外"，带动能力弱，不易在新区形成产业链条与产业集群。这些偏重型"老工业"和"两属"企业经济运行相对缓慢。

此外，南阳主城区以新能源、新材料、机电、光电等新兴产业为主，周边地区以棉纺、农副产品加工、机械、冶金建材等传统产业为主。主城区主导产业链条短、龙头企业规模小的问题突出，企业关联度较低、专业协助较差，无法做到资源共享、利益共沾，造成部分资源浪费。上下游产业之间缺乏应有的专业化分工协作，集群效应还没有完全形成。主导产业不够明晰，经济发展中的支柱作用不够明显。优势产业产品市场占有率不高，抗风险能力较差。另外，周边地区难以为主城区提供配套产业，而且各城镇产业结构雷同、发展层次低等问题比较突出。

大部分地方资源型产业进入门槛较低，区域竞争激烈。从南阳市的工业结构来看，以初级产品生产、资源型工业为主，采掘业、初级原材料加工业等初级工业在工业产值中比重较大，开发利用地方优势农业、矿产、动植物、文化资源、燃料乙醇、纺织、医药、冶金建材、食品等，对城市的带动作用相对较小。部分资源型工业地方根植性较强，新区开发利用存在一定难度。部分特色产业也迫切需要提升层次和规模（如玉雕加工交易、旅游等）。

4.2.1.3 产业链条短、带动能力弱

南阳形成了包括农产品深加工产业链、纺织服装产业链、文教制品产业链、化工产业链和机械设备产业链等主导产业链。其中，农产品深加工产业链以初加工为主，食品饮料业发展落后；纺织服装产业链中服装与纺织差距巨大；文教制品产业链中造纸、印刷、文教产值渐次递减；化工产业链化工原料产业规模较大，化纤、橡胶、塑料等下游产业显著薄弱；机械设备产业链中专用设备、仪器仪表、电气设备等中游产业相对发达，但上游金属制品、通用设备和下游交通运输设备、通信电子等发展不足。

4.2.1.4 新区意义：优化产业结构，推进工业化

通过新区大力发展新兴产业和承接产业转移，壮大主导产业规模，引进关联配套产业，提升产业层次，提高南阳工业化水平。一要充分利用现有产业优势，适应当前国家大力发展新能源、新材料、高端装备等新兴产业的战略机遇，大力发展战略新兴产业。二要大力发展生物能源、多晶硅光伏、超硬材料、光电、先进制造业等高技术产业，进一步拉长产业链条，迅速膨胀规模，提高市场竞争能力。三要用高新技术和先进适用技术改造提升纺织、冶金建材、食品加工、电力等传统产业，加快工业结构的战略性调整。四要大力发展文化旅游业、特色农业等具有南阳特点的优势产业。

4.2.2 城市化落后，新区需壮大中心城市

4.2.2.1 城市化水平落后

与全国、河南省相比，南阳城镇化水平相对较低，略低于河南省平均水平，明显低于全国平均水平。2010 年，南阳市域城镇人口为 423.5 万人，城镇化率为 38.5%，南阳城镇化水平低于全国平均水平，低于河南 1 个百分点。

4.2.2.2 地区中心城市弱小

南阳近年来中心城区经济增长速度显著落后于外围县市，在中心城区增长动力相对不足的同时，外围城镇却表现出勃勃生机。由 2005～2009 年南阳中心城区与县市主要指标年均增速比较表（表4.2）可知，南阳中心城区的发展速度落后于外围县市，表现出明显的中心弱、县市强的发展格局，而对于工业化、城镇化中期的地区而言，地区竞争主要表现为中心城市的竞争，南阳迫切需要做大做

强中心城区。

表 4.2　2005~2009 年南阳中心城区与县市主要指标年均增速比较　单位：%

地区	城区人口	建成区面积	GDP	工业总产值	全社会固定资产投资
中心城区	7.04	8.61	12.12	20.97	19.94
南召县	4.78	8.37	8.09	13.74	28.40
方城县	1.55	7.37	11.88	25.41	37.41
西峡县	6.82	4.13	23.55	38.86	51.95
镇平县	2.37	2.09	1.82	6.12	29.19
内乡县	0.84	2.49	12.39	27.45	32.63
淅川县	29.82	0.65	15.62	25.65	36.75
社旗县	20.59	11.05	19.04	38.87	33.10
唐河县	8.75	10.59	15.23	37.58	27.01
新野县	0.00	0.00	12.98	23.32	40.54
桐柏县	10.20	5.14	19.69	24.67	45.80
邓州市	—	—	13.57	37.63	50.16
中心城区排名	5	3	9	10	12

4.2.2.3　城镇整合要求强烈

人口集聚的都市区倾向和产业发展的一体化需求强烈。南阳中心城区以新兴产业和装备制造、冶金化工等为主，国有大中型企业多、技术水平较高，但关联配套的多元化产业和中小企业相对较少；周边城镇以农副食品加工、食品饮料、纺织建材、特色工艺品等传统产业为主，民营中小企业众多，但发展层次低、规模小、缺乏龙头企业带动；中心城区有必要通过扩展产业区空间范围、延伸产业链条，以及强化交通、社会联系，促进与周边城镇，特别是基础较好城镇的产业一体化发展，互惠共赢。各级城镇高级服务能力弱，迫切需要强化中心城区的现代服务功能。南阳外围县市在金融、商务、交通运输、科学技术、文化卫生等方面的服务能力薄弱，难以为本地区提供足够的中心服务功能。

4.2.2.4　城市空间结构封闭

南阳结构封闭，需要构建开放城市结构、联动外围发展。南阳虽然拥有通南达北、沟通东西的战略区位，但长期以来，由于地区发展及城镇体系没有融入到河南和全国的空间战略格局中，导致区位优势没有转化为发展优势，仍然是一个较为封闭的产业结构和"单中心"的发展格局，也缺乏对外与外围城镇功能及设施的协同建设。

4.2.2.5 新区意义：壮大中心城市，推进城市化

城市经济是城市综合实力最集中的体现，承担着引领、示范和带动全市经济社会发展的重要责任。只有使"龙头"高昂起来，提高中心城市首位度，才能在新一轮竞争中抢占先机。针对南阳城市化水平低、城市首位度低的问题，南阳新区应该利用市域人口与经济总量支持，快速壮大中心城市规模，获得显著首位优势，促进各种资源要素快速向中心城区集聚，突出抓好工业强市、三产兴城和基础设施建设，强化产业支撑，加快城市建设壮大城区经济，依托快速集聚的中心城市人口，建设现代化大都市，提高南阳城市化水平。新区建设要进一步壮大中心城区规模，使其成为集聚大量人口与经济、支撑中心城区首位城市建设的现代化大规模新城。新区建设要通过统筹城市、产业、生态等空间布局，推动中心城市组团式发展，进一步增强中心城市的辐射带动能力，与周边镇平、方城、唐河等县市形成集群化发展格局，从而为加快区域城镇化进程提供支撑。

南阳城市空间结构封闭，需要构筑开放格局。国内面临类似发展与空间困局的城市规划经验表明，要打破南阳封闭、局促的空间格局，应通过积极建设新区，从主城区"制高点"上大幅度提升地区对外开放和对外交流水平，并以此为契机，协调周边城镇功能、产业、设施，带动地区城乡发展整体性融入对外开放的大格局中。

4.2.3 省际枢纽建设难，需要新区发展支撑

4.2.3.1 省际通道功能突出

南阳位于河南西南部、豫鄂陕三省交界处，承东启西、连南贯北，是东部沿海发达地区向西部地区的过渡地带，是连接西北内陆与东南沿海、中原与湖广的交通要道，也是西部大开发的主要廊道，以及进入川渝地区的通道之一。根据不同的交通方式，南阳的交通发展情况为铁路2条（宁西铁路、焦枝铁路），规划3条（郑渝高铁、商丘—南阳铁路、月随铁路）；10条高速（二广、沪山、三淅、武西、兰南、内邓、焦桐、周南、鲁唐、张渠老）；4条国道，14条省道（G207、G209、G311、G312、G103等），1家民营机场（4D级）。

就全国来说，南阳是我国东北经中原通向大西南、东南沿海，经中原通向大西北的综合运输大通道交汇区域，南北运输通道以焦枝铁路、二广高速、207国道为主干，这条通道不仅是我国东北地区、中部地区与珠江三角洲联系的重要通道，还是"北煤南运"的主要通道之一和我国南北客货流的大动脉。东西运输

通道以宁西铁路、沪陕奥苏、312 国道为主干，跨越西北、中部和长江三角洲，不但是客货流的交通干线，也是长江三角洲向中部、西部产业、资金、客货流的重要载体，是带动西部经济发展的重要通道。

就河南来说，未来纳入 1h 快速交通网和豫南地方铁路网，是河南公路网西南区域的组成部分，沟通湖北、陕西的西南通道，南阳姜营机场是中部地区级别较高的支线机场，是河南三大民用机场之一，交通能力优势明显。

就鄂豫陕边界地区来说，国家级货运通道功能较突出，沟通河南、陕西、湖北三省公路网功能较突出，但交通能力优势不明显。南阳姜营机场是鄂豫陕三省交界地区两个民用机场之一，也是三省交界处级别最高机场。

总之，南阳是我国东北经中原通向大西南、东南沿海经中原通向大西北的综合运输大通道，是我国东中西三大区域融合的节点和东引西进的桥头堡，是国家级中原-西南、东南-西北客货运通道，沟通豫鄂陕三省公路网功能相对突出。

4.2.3.2 物流枢纽发展落后

南阳处于国家及地区综合交通运输网络中，是同时承担几种运输方式的主枢纽功能的节点，是交通运输的生产组织基地和综合交通运输网络中客货集散、转运及过境的场所。目前，南阳人口总量和经济规模大，但经济发展水平（人均GDP）水平较低，第一产业比重过高，第二产业较高，第三产业比重过低，面临激烈的地区挑战，整体交通能力的相对优势不明显，交通运输方式衔接转换不足、交通枢纽建设滞后，货运现阶段趋向紧张。南阳的交通设施整体能力与经济社会发展支持不足，建设区域性交通枢纽仍显吃力，主要表现在四个方面。

一是周边地区交通运输能力也在迅速增强，使得南阳整体交通能力优势不明显。南阳周边 8 市的交通发展情况都比较好，铁路、公路运输网络发达，襄阳刘集机场、洛阳北郊机场的客货吞吐量均高于南阳机场。此外，南阳市综合运输体系在现阶段只是较低层次适应社会经济发展，从南阳社会经济发展趋势来看，并不能满足南阳较高层次的发展，主要存在交通网络供给规模小、供给质量偏低、市域干线网络大多以中心城区为中心向外辐射、市域公路网络空间分布不均衡、总体供给不足、对外快速通道能力不足、枢纽建设滞后、市域内交通联系不足、交通运输系统整体能力不高等问题。

二是对外客货流流量规模有限。南阳的客货运输量与河南及周边地区比较，虽然从绝对规模上位居前列，但是货运量相对地位低于客运量，且规模有限。南阳总体上还是一个服务于区内需求的综合交通枢纽和物流中心。

三是临空经济发展难度大。南阳工业以体积大、质量重、附加值有限的制造业为主，农业以粮棉生产为主，都不能为空港经济提供支持。未来郑渝高铁开通以后，郑州机场将对姜营机场构成强烈竞争。周边地区已有、在建或规划建设机场众多。南阳机场腹地未来仍将以南阳市域为主，其航空服务仍将以南阳的高端公务客流、商务客流和旅游客流为主。可以从交通区位条件上，考虑将航空服务作为新区商务中心建设的启动力量之一，但鉴于空港带动能力有限，以及机场远期搬迁的可能，商务中心的发展定位和规模不宜从空港经济出发。

四是物流中心建设基础弱。物流中心是以交通运输枢纽为依托，建立起来的经营社会物流业务的货物集散场所。南阳是东引西进的桥头堡，铁路、公路纵横交错，高速公路通车里程居全省第一位，被列入国家公路运输枢纽城市，发展物流业区位优势十分突出。但是，南阳在向现代物流业跨越中，存在滞后于经济发展水平、制度环境不健全、经营主体多、企业规模小、运输组织松散等问题。

4.2.3.3 新区意义：提升交通物流，支撑枢纽建设

综上所述，南阳虽然区位有利、人口经济规模庞大、交通网基础尚可、客货运规模较大，但总体上还是一个服务于区内需求的综合交通枢纽和物流中心。从区位、人口和交通网基础考虑，南阳新区基本具备建设"豫鄂陕结合部综合交通枢纽和物流中心"的潜力，但是经济发展水平、经济社会对外联系程度，以及交通网结构条件没有明显优势，现实与目标差距遥远，还需要付出极大努力。

通过新区建设积极准备和支持郑渝高铁、宁西复线、机场搬迁扩建等重大交通设施建设，继续提升南阳综合交通枢纽建设的设施能力支撑。郑渝高速铁路一旦开运，南阳到郑州的行车时间将缩短到 1 小时左右，南阳将正式纳入省城 1 小时交通圈，这必将为南阳建设区域性中心城市和全省次中心城市增添强大动力。构建西南至中原、华北地区快速客运通道，完善区域快速客运网，推动区域经济合作和协调发展，将进一步确立南阳中部的交通枢纽地位。

通过在新区优化交通方式衔接转换、建设出口加工区和保税物流中心，扩大客货流量，全面强化南阳交通枢纽建设的社会经济支撑。在《中原经济区建设纲要》中，河南省要加强出海大通道能力建设，条件成熟时推动南阳、商丘等市建设出口加工区和保税物流中心，这将对南阳推进建交通物流枢纽建设产生重大影响。

4.2.3.4 启示：南阳新区对地区发展的战略意义

南阳跨越式发展是核心任务，老城区难以承担新的历史重任，需要新空间承载新的历史机遇。南阳中心性不仅对跨省辐射弱，而且对市域县市辐射也弱，目前南阳的工业体系难以支撑省域南翼的历史责任，中心城区发展难以为继。针对以上中心城区发展的种种问题，新区的发展意义就不仅是经济总量的跨越式发

展，而且还是促进城市结构的跨越式提升。通过新区建设，实现城市发展重点的空间转换，化解当前的城市矛盾，释放空间资源，奠定长久、持续、健康的城市结构体系。通过城市重点功能的统筹布局，整合现有老城区功能布局，支撑目标升级和发展跨越。

坚持走新型工业化道路，切实把调整产业结构、加快转型升级放在更加突出的位置，以产业集聚区建设为载体，促进加工制造业与服务业融合发展，推进工业化与信息化深度融合，着力构建以战略新兴产业为先导，以战略支撑产业和现代服务业为主体，具有较强竞争力和发展活力的现代产业体系。

南阳区域整体规模庞大，南阳坚定的建设决心和创新型的城市化政策，将有力推进新区建设与人口集聚。新区可以发挥中心城市优势，吸引县市人口、产业，新区可建设用地充足、拆迁成本较低，这是扭转发展劣势的重要支撑。未来的新区应该也有可能规避老城区的体制弊端，建设综合开发与高效管理的体制机制创新区。新区不仅是中心城区的新产业区、新形象区、新开放区，甚至不仅是新城乡一体区，而且是一座拥有完全城市功能的现代化大都市，可以壮大中心城市、优化城市与区域空间结构，促进城市化。

快速实现新区二三产业大规模发展、大量集聚人口和有力协调组织交通设施建设是南阳交通枢纽与物流中心建设集聚最必要的途径，争取在省政府的支持下，尽早在新区建成出口加工区和保税物流中心，这将是有力的促进。

4.3 地区基础与战略机遇

4.3.1 地区发展阶段

南阳已经进入区域经济快速发展和工业化中期、城市化中期阶段。新区开发正当其时，区域发展阶段能够支撑新区实现跨越式发展。为适应当前的发展阶段，新区应大力推进多元结构的工业化，二三并举、轻重共进；要高度重视发展第三产业，弥补"短腿"；要充分利用区域快速城镇化阶段，加速人口集聚和城镇建设。

4.3.1.1 经济成长阶段

近年来，南阳经济快速发展，总体上呈现出五大特征。

1）经济快速增长。经济总量迅速增加。南阳在 2003～2010 年经济发展迅速，地区生产总值年平均增长率为 13.65%。人均国民收入快速增长。人均地区生产总值在 2003 年以后增长较快，年均增长率为 17.18%，其中 2006 年增速达到22.07%。按当年汇率计算，2004年人均GDP为1005美元，至2010年已经上升为2694美元。

2）二三产业迅速发展。2000年，三次产业结构比为29.6∶45.7∶24.7，2010年调整为20.6∶52.0∶27.4，第一产业所占比重下降较快，二三产业比重不断上升，其中2007年第三产业所占比重首次超过第一产业比重，三次产业结构由"二一三"演变为"二三一"。2000年，三次产业就业结构比为70.7∶13.5∶15.8，2009年变为50.7∶25.5∶23.8，从2003年开始，第一产业就业人口逐年下降，二三产业就业人口逐年上升，第一产业下降速度低于二三产业上升速度，其中第二产业就业人口上升速率最快。

3）资本积累率较高。2009年年末，居民储蓄存款为8 038 076元，占2009年国民生产总值的53.12%。

4）主导产业发展壮大。

5）形成了装备制造业和农产品（矿产品）加工业两大支柱产业。逐步形成了光电、新能源、生物等新兴支柱产业，形成了防爆电机、汽车及零部件、电器、机械4条产业链。

从经典罗斯托经济成长阶段理论与南阳经济发展特征的对比来看，南阳同时具备起飞期和向成熟推进期两个阶段的特征。结合罗斯托理论的一般认识、特殊发展过程和全国，特别是发达地区的高速增长经验综合判断，南阳总体上处于轻重工业快速增长、劳动力快速向二三产业转移、人口加速向城市集中的高速全面增长阶段。

4.3.1.2　工业化阶段

改革开放以来，南阳二三产业增加值所占比重持续增长，第一产业增加值所占比重下降较快。1996年，第二产业成为比重最大部门，2006年第三产业增加值所占比重首次突破第一产业增加值所占比重，三次产业结构由"二一三"演变为"二三一"。根据工业化阶段理论判断出南阳进入工业化中期。

南阳的区域工业化模式可以大致分为以下三类。

第一，"三线"建设外部植入型工业化。第二，利用地方优势资源形成的资源开发型工业化。第三，为周边地区配套、承接产业转移、服务本地市场需求而发展起来的产业，如汽车零部件、电子装配、商贸百货等。

4.3.1.3　城市化阶段

2005年，南阳的城市化率首次突破30%，2010年南阳的城市化率达到38.5%。1991～2000年城市化年均增长率为5.78%，2001～2010年均增长率为

7.02%。结合诺瑟母曲线和南阳的城市化水平现状判断，南阳处于城市化加速发展阶段。

4.3.2 地区发展条件

4.3.2.1 自然资源条件

资源结构多元化、资源储量丰富、资源品味较高、开发程度有限、开发潜力较大。南阳土地资源丰富、特种材料和原油、天然碱矿产资源丰富；药用植物资源和大宗农产品资源丰富、地表水资源相对丰富、自然景观资源品质较高，南北过渡带，气候条件温和，适宜人居。南阳自然资源类型详细说明见表4.3。

新区开发应该充分利用自然资源，多元化方向、多层次结构、集中布局、集群发展、严格的环境准入，依托现有龙头企业，同时多方引进新资本、新企业，立足市区产业基础和产业布局调整，同时积极引导外围新建项目布局新区。

第二产业利用方向：工业依托南阳二机集团等，做强石油钻采设备制造业链。依托河南天冠集团等，发展新能源（燃料乙醇、纤维乙醇、生物柴油）。依托中南公司，发展超硬材料（人造金刚石等）；依托新纺集团、南纺集团等，结合承接产业转移，发展纺织服装产业，尤其针织、服装业；立足医药产业基础，发展生物制药产业；立足民营经济和产业转移（扩散），发展无污染或低污染的食品饮料加工业。

第三产业利用方向：发展相关商贸物流业、建设在国内具有一定影响的中药材集散市场、建设旅游集散地和服务中心。

空间利用：充分利用白河景观资源、新区农业与农田林地生态资源，建设生态城区。

表 4.3 南阳自然资源条件

资源类型	主要资源	地位	开发程度
土地资源	土地面积 2.66 万 km²	河南面积最大的省辖市	种植丰富的农副产品，地价相对廉价
石油、矿产资源	天然碱、红柱石	储量亚洲之冠	目前已探明各类矿产 80 余种、452 处。这些丰富石油矿产资源在石油化工业、制造业、玉产品加工业等各个工业领域发挥着举足轻重的作用
	银矿、蓝晶矿、金红石、硅线石	全国第一	
	蓝石棉	储量全国第二	
	南阳独玉	四大名玉之一	
	黄金石油	储量居全省第二	

续表

资源类型	主要资源	地位	开发程度
生物资源	药用植物资源	全国中药材的主要产区之一	盛产天然中药材 2357 种，产量达 2.5 亿 kg
	农副产品	河南粮食生产核心区的重要组成部分，是全国粮、棉、油、烟集中产地	6 个县是国家商品粮、棉基地，3 个县为国家优质棉基地
水资源	丹江	南水北调中线的渠首位置	南水北调中线渠首、丹江口水库
	白河	南阳城区发展的中轴线	建立了白河湿地公园、鸭河口水库，以及水电旅游资源的开发
自然景观资源	老界岭-伏牛山景区	5A 级景区	打造中国山地度假的著名目的地，与鸡公山一起成为河南的两大山地独家品牌

4.3.2.2　人文资源条件

南阳是国务院首批命名的历史文化名城。南阳自夏商以来，历经汉、三国、隋、唐、宋、元、明、清、民国数代，在大部分时间内都是豫西南地区郡、府一级治所城市，在中国历史上占据着重要的地位，也给今天的南阳留下了极为丰富的历史文化遗产。

南阳人文资源类型丰富、数量多、品质高、开发程度较低、开发潜力较大。历史遗迹特色鲜明、品质较高、保存较好，历史文化资源拥有全国影响力，玉雕为代表的民俗手工艺拥有全国影响力，文教资源及未来农运会资源在豫鄂陕三省交界地区优势明显（表 4.4）。

新区开发利用方向：现代服务业是基本的利用方向，市域旅游集散地、产业化中心（食、住、行、游、购、娱）、服务中心（各类旅行社等）；围绕名人文化、戏曲文化、中医药文化、玉文化等，发展博览、会展、艺术、养生等产业；发展各类职教产业，发展商贸百货、贸易集散等产业。

表 4.4 南阳人文资源条件

人文资源类型	主要资源	地位	开发程度
历史遗迹	"南召猿人"遗址	国内发现的重要的古人类遗址	不同程度地通过成立博物馆等方式对这些遗址进行开发和保护
	西峡恐龙蛋生物遗址	恐龙蛋化石数量之大、种类之多、分布之广、保存之好，堪称"世界之最"	
	南阳府衙、内乡县衙	保存最为完整的两级衙门	
	楚长城	中国长城之父	
历史文化资源	历史名人如张衡、张仲景、范蠡、诸葛亮、姜子牙等	科圣、医圣、商圣、智圣、谋圣	通过建立名人祠堂、历史文化博物馆、举办文化活动等形式对文化资源进行开发宣传
	南阳板头曲、内乡宛梆	首批国家非物质文化遗产名录	
	楚汉文化、中医药文化、玉文化、官署文化	在全国影响很大，人文积淀十分厚重	
民俗手工艺	玉雕工艺	列入"国家级非物质文化遗产保护名录"	全球最大的玉雕加工交易中心，建立了 4A 级文化景区来推动玉文化
现代人文建筑与设施	鸭河口水库	河南蓄水量最大的水库	目前已开发水电风景名胜区
	丹江口水库	亚洲第一大水库和南水北调的渠首源头	
文教资源	南阳师范、南阳理工等高等院校、博物馆、体育馆等	南阳的科教文化中心	产业化程度不高

4.3.2.3 生态环境条件

南阳气候水文条件优越，生态环境宜人。南阳处于南北气候过渡带，四季分明，气候适宜；雨量充沛，河流纵横，水资源极为丰富，是河南河网较密集的地区之一，地表水分属长江、淮河两大流域，是南水北调中线工程水源地和渠首所在地，也是淮河的源头，全市水储量、亩①均水量及人均水量均居全省第一位。伏牛山被联合国教科文组织评为世界地质公园。境内有国家级森林公园 2 个，国家级自然保护区 3 处，其中总面积达 16 万亩的宝天曼是"世界人与自然生物圈保护区"。位于豫鄂两省交界处的丹江口水库是亚洲最大的人工淡水湖，太白顶、

---

① 1 亩 ≈ 666.7 m²。

老界岭、真武顶等多处自然景观引人入胜，白河国家城市湿地公园在南阳中心城区形成万亩水面，与城北的独山森林公园相呼应，使城市更具山水相连、水秀景明的鲜明特色。

生态文明形成新优势。资源节约集约利用水平明显提高，节能减排完成省定目标，南水北调中线工程南阳段全面建成，经济社会发展与生态环境保护有机统一，人与自然和谐相处，城乡人居环境进一步改善，建成资源利用合理、经济效益显著、生态环境良好的全省高效生态经济示范区，南阳成为国内外知名的生态文化旅游胜地和休闲养生之都。生态宜居城市和区域性中心城市建设迈上新台阶，文化旅游产业成为全市新亮点，从而实现由农业大市向工业强市、经济强市跨越，由生态人文资源大市向文化旅游强市、生态宜居城市跨越。近年来，南阳被确定为全国首批可持续发展试点城市。南阳的发展环境日益优化，对外形象明显提升，先后获"中国优秀旅游城市""国家园林城市"和"中国楹联文化城市"称号。

4.3.3 地区产业基础

4.3.3.1 产业层次升级基础

虽然南阳外围县市发展速度相对较快，但二三产业在河南的发展水平仍然较低。南阳全部县域人均工业总产值、人均第三产业增加值在河南排名靠后，南阳大部分县域的排名在河南108个县域中也居于中下等水平。依托地区产业层次高级化的需求，新区发展现代二三产业的前景广阔。

4.3.3.2 产业链条延伸基础

南阳产业类型多样，产业分类整合潜力较大。中心城区以新能源、新材料、机电、光电等新兴产业为主。外围县市以棉纺、农副产品加工、机械、冶金建材等传统产业为主。南阳迫切需要通过新区建设，协调主城区与周边地区产业发展方向，统筹产业布局，建立起关联发展、集聚发展、互动发展的新格局。

依托中心城区与外围产业基础，新区形成地区产业链条上游环节的潜力较大。南阳新区应以新能源、新材料、装备制造、生物制药为主导，形成在全国有一定影响的河南新兴产业基地，从而整合、壮大当前中心城区分散布局、规模效益较差的主导产业。通过承接产业转移、集聚县域产业升级项目，发展电子装配、纺织服装、食品加工、机械建材、汽车零部件等立足地方人力与资源优势的多元化产业，进而形成与县域各类产业的紧密互动，增强产业关联度（表4.5）。

表 4.5 南阳各产业集聚区主导产业

产业集聚区	主导产业
南阳新能源产业集聚区	生物能源、光电光伏、新能源装备
南阳高新技术产业集聚区	机电装备、超硬材料
南阳光电产业集聚区	光电、仓储、物流
西峡县产业集聚区	中药制药、汽车配件、钢铁及冶金辅助材料
社旗县产业集聚区	食品、纺织服装、高新技术产业
南召县产业集聚区	柞蚕加工产业和辛夷加工产业
邓州市生态产业集聚区	棉纺、食品加工、林板纸一体化
新野县产业集聚区	棉纺织
唐河县产业集聚区	机电电子、农副产品加工、新能源
镇平县产业集聚区	针纺织产业、机械电子制造业
内乡县产业集聚区	汽车零部件加工、机械加工、食品加工、冶金建材、造纸印刷
方城县产业集聚区	新能源、农副产品加工
川县产业集聚区	新材料和化学工业、新能源、医药和机械制造

4.3.3.3 产业布局整合基础

南阳各县市区产业集聚区"小而散"问题突出。缺乏在全省有较高地位和较大影响的产业集聚区；集聚区企业平均规模小、人均产出少，发展层次不高。中心城区规模在 $3hm^2$ 以下的工业用地大约有 347 个（其中新区有 78 个），无法体现成规模的产业集群带动效应。南阳需要按照区域联动、集聚发展的思路，进行体系的重构，而新区将成为体系重构的核心。南阳外围县市发展速度较快，但产业发展水平仍然较低，大部分县域人均工业总产值在河南省属中下等水平，外围县市的工业化需要新空间引领。

依托现有的两个产业集聚区，新区形成高水平集聚区的基础较好。应分别从新兴产业和现代化传统产业两个方向适时整合调整现有两个集聚区，壮大产业集聚区的规模，提升发展层次，协调新区与外围产业集聚区的分工，新区侧重精深加工，带动外围初加工。

4.3.3.4 新兴产业发展基础

我国"三线"建设时期打下的工业基础，为南阳产业发展奠定了在国内具有一定竞争优势的工业基础。南阳的优势产业，特别是中心城区主导产业基本上都属于战略性新兴产业范畴，适应当前国家大力发展新能源、新材料、高端装备等新兴产业的战略机遇，同时为新区发展新兴产业提供了产业环境。南阳的新能源、光电装备、新材料、生物制药等多种新兴产业在省内竞争优势明显，燃料乙醇、防爆电机、超硬材料、石油装备、冷光学加工品、中成药等新兴产业细分产品在全国市场有较大影响。南阳拥有全国最大的天然碱生产基地，拥有国内三大光学冷加工基地之一，南阳天冠燃料乙醇生产规模为全国最大，南阳中南金刚石有限公司金刚石产量居世界第一，南阳二机集团是中国最大的石油钻采装备制造厂家之一，南阳先后被授予新能源产业国家高技术产业基地、河南省光电产业基地、生物产业省级高技术产业基地。

4.3.3.5　现代服务业发展基础

南阳现代服务业发展显著落后。南阳与周边地区相比，文化体育、金融服务、科研技术、房地产、卫生保险等的区位商很低。南阳旅游资源深度开发不足，全市没有一家五星级酒店和专业旅游车队，国际旅行社只有一家，也没有挖掘地方深厚历史文化资源的主题开发产业。南阳没有一个外资服务业项目，没有一家形成规模的第三方物流企业，全市重点企业中服务业比重不足 20%。

依托县市区经济社会发展与人文生态资源开发需求，新区发展现代服务业的空间较大。南阳新区以金融商务、商贸物流、旅游集散服务、中药材交易流通、会展博览、文教科研、养生休闲等为主导，形成豫鄂陕三省交界地区现代服务业基地，并通过新区建设，带动县市区第三产业发展。

4.3.4　重大外部机遇

4.3.4.1　地区开发：中原经济区建设提升国家战略

2006 年，中共中央、国务院印发了《关于促进中部地区崛起的若干意见》（中发〔2006〕10 号）。中原经济区地处中国中心地带，全国主体功能区明确重点开发区域，其范围涵盖河南全省，延及周边地区的经济区域，地理位置重要，市场潜力巨大，文化底蕴深厚，在全国改革发展大局中具有重要战略地位。

《国务院关于支持河南加快建设中原经济区的指导意见》中"依托东北西南向、东南西北向运输通道，培育新的发展轴，形成'米'字形重点开发地带""对接周边，加强对外联系通道建设，促进与毗邻地区融合发展，密切与周边经济区的合作，实现优势互补、联动发展"的提出，使南阳避免了在国家与河南区域战略上"被抛弃"的风险。中原经济区建设为南阳加强区域合作、扩大开放提供了前所未有的机遇，在省内，有利于南阳加强与商丘、周口、驻马店、信阳等地互动联动、合作发展，增强在豫皖鄂陕毗邻地区和淮海经济协作区中的影响力，发挥承接东部产业转移的前锋作用和对接沿长江中游经济带的骨干作用。在省外，中原经济区"连接周边"的定位也为南阳发展提供了政策支持的想象空间与拓展空间。

4.3.4.2 产业政策：我国大力发展战略性新兴产业

我国《国民经济和社会发展第十二个五年规划纲要》中提到，"把战略性新兴产业培育发展成为先导性、支柱性产业"。南阳的优势产业，特别是中心城区主导产业基本上都属于战略性新兴产业范畴，已经培育形成了光电、生物能源、超硬材料等一批优势产业，南阳先后被授予新能源产业国家高技术产业基地、河南省光电产业基地、生物产业省级高技术产业基地（表4.6）。南阳新区应抓住国家培育和发展战略新兴产业的机遇，加强规划引导和政策支持，在新能源、新能源汽车、新材料、高端装备制造、生物等领域进行突破。

表 4.6 南阳优势产业类型及其所属的战略性新兴产业类别

南阳优势产业类型	所属的战略性新兴产业类别
光伏、燃料乙醇、风电电机等	新能源、新能源汽车
金刚石、油碱化工、冶金辅料等	新材料
冷光学、防爆电机、采油设备等	高端装备制造
生物制药等	生物

4.3.4.3 梯度推移：东部向中部地区产业转移加速

我国产业转移具有空间推移的梯度性、产业类型的多样性、产业结构的低层性、转移速度的迅猛性等几大特点。对于南阳新区来说，承接产业转移的环境具有明显优势。

在空间梯度上，焦柳、宁西作为国家级货运干线，有希望成为产业转移仅次于京广、京沪、京九、长江陆桥的空间轴线，便利的综合交通条件则有条件使南阳成为东部地区重要的产业转移目的地。在比较优势上，南阳中低端廉价人力资源极其充裕，南阳新区提供了丰富的优质可建设用地。在产业环境上，南阳迫切需要发展传统高端的关联配套产业，迫切需要提升地方资源型产业的发展层次，同时产业链条的形成也有利于促进转移产业的长期沉淀和根植化。近期，许多转移性产业已经逐渐进入南阳，其中部分大型产业转移项目包括南阳娃哈哈项目、浙江仙鹤纸业项目、厦门合一集团项目等。

综上所述，南阳新区可充分利用现有的交通区位、丰富的资源及劳动力资源和优越产业环境的优势，通过承接产业转移，发展电子装配、纺织服装、食品加工、机械建材、汽车零部件等立足地方人力与资源优势的多元化产业。

4.4　发展定位与发展策略

4.4.1　时空定位

4.4.1.1　历史脉络中的新区

（1）南阳区域地位与职能演变

古代的南阳：交通要冲，经济、政治中心。

南阳是中国古代重要的交通枢纽和军事要地，是沟通南北的重要交通枢纽，南阳盆地位于楚国水路交通网与北方陆路交通网的连接处。东汉时，南阳被看作是具有特殊地位的经济都市，是南北经济交流中心。晚晴后至新中国成立初期，其交通枢纽地位丧失，地区发展边缘化；京汉铁路的通车，使南阳偏离了国家南北交通主轴线，其交通枢纽作用逐渐丧失，经济日渐萧条，地区发展边缘化。"三线建设"时期，其成为工业基地与国家粮食主产区；焦柳铁路、漯南铁路的建成通车，使南阳对外封闭的状态开始得到缓解；"三线建设"为南阳的发展带来新的希望，为南阳的经济发展奠定了坚实的基础；改革开放至21世纪初，南阳由于地处我国中部豫西南地区，再度边缘化；21世纪以来，随着中部崛起、振兴中原经济区等国家战略的提出，南阳在郑武西与中原经济区支持下的再次崛起。

（2）南阳区域定位和城市职能演变的主要影响因素

1）地理位置与自然资源。南阳位于我国第一阶地向第二阶地过渡地带，同时又处在我国南北气候分界线附近，地貌类型丰富、水热资源匹配较好，矿产资源丰富，优越的自然环境给工业、农业、旅游业等提供了良好的发展条件，也是城市快速发展的重要保障，南阳盆地地形及其丰富的水热资源使南阳农业职能突出，一直保持粮食主产区的地位。同时，南阳三面环山、地处豫西南偏僻的地理位置，使南阳长期受到政策忽视，制约了南阳的发展。

2）交通条件。地理位置潜力的挖掘必须要求交通条件的配合。纵观南阳历史发展，南阳城市功能的发挥都依赖于交通条件的配合，南阳的兴衰过程与交通地位的变化息息相关。古代南阳一直是南北交通要冲，城市极为繁盛，然而随着京汉铁路的通车，南阳偏离了国家南北交通干线，其交通枢纽作用逐渐丧失，经济日渐萧条。直到焦枝铁路和漯（河）南（阳）地方铁路的相继辟建，才为南阳城市建设提供了发展机遇。

3）政策因素与外部条件。改革开放以来，国家政策长期向东部沿海地区倾斜，河南省内以郑州为中心的中原地区成为发展的重点，南阳再度被边缘化。南阳地处我国中部豫西南地区，长期以来一直处于政策相对塌陷区，社会经济发展相对滞后。而随着国家"西部大开发""中部崛起"战略的深入实施和东部地区加快向中西部进行产业转移，南阳作为开拓西部市场的桥头堡和承接东部产业转移的承接区的独特区位优势将进一步凸显。

4.4.1.2 地区规划中的新区

（1）相关规划对南阳的发展定位

21世纪以来，南阳的主要发展规划有"十一五"规划、"十二五"规划、1996版城市总体规划，以及2011版城市总体规划，相关规划都给出了南阳的发展定位（表4.7）。

表4.7 近期历次规划对南阳市的发展定位

规划类别	南阳市与南阳中心城区定位	主要目标
南阳市国民经济和社会发展第十一个五年规划纲要（2006~2010年）	中国中部地区的重要交通枢纽；豫鄂陕三省之间的省际地区性中心城市；国家历史文化名城；适宜人类居住的生态园林城市	努力使南阳经济发展水平达到全省平均水平。生产总值年平均增速保持在12%以上
南阳市国民经济和社会发展第十二个五年规划纲要（2011~2015年）	构筑中原经济区重要区域增长极；打造豫鄂陕省际区域性中心城市和综合交通枢纽；建设新能源、光电高新技术特色产业基地和重大装备制造基地；建设现代农业示范区和粮食主产区；建设河南省高效生态经济示范区	主要经济指标年均增速高于全省平均水平。城镇化率年均增长1.9个百分点，达到48%，中心城区建成区面积达到130km²，人口达到140万人
南阳市城市总体规划（1996~2010年）	国家历史文化名城；豫西南地区的政治、文化和经济中心；重要的交通枢纽	规划2010年年末市域总人口达到1150万人，城市化水平达到40%左右；中心城区人口规模达到75万~80万人；城市建设用地规模达到75km²。
南阳市城市总体规划（2011~2020年）	河南省域城镇和经济发展的重要增长极和中部崛起的新支点；中部地区重要的交通枢纽；豫鄂陕三省交界地区的商贸物流、金融服务和文化教育中心；复合型区域中心城市；以医药、光机电等高新技术产业和先进适用技术产业为先导，以食品、农副产品深加工和清洁能源等为主的新型工业基地；风景旅游城市及区域性旅游服务基地	国内生产总值年平均增长速度保持在12%以上。2015年市域总人口为1130万人，2020年市域总人口为1160。2020年市域城镇化水平达到55%，中心城区达到180万人

（2）对相关规划发展定位的评价

各版规划具有的共同点：利用南阳特殊的区位优势，从空间视角上将南阳定位为豫鄂陕省际区域性中心城市；依托南阳在"中部地区""鄂豫陕"形成的区域性交通优势，从区域视角上将南阳定位为区域性的综合交通枢纽；挖掘南阳的自然人文资源，从文化生态视角上彰显南阳的文化生态价值。

1996 版城市总体规划及南阳"十一五"规划给南阳的定位重点在挖掘城市积淀的历史文化资源、自然生态资源及其自身所处的区位条件，对城市工业体系尤其是产业结构调整涉及较浅，对城市未来发展演变的视角较窄。

南阳"十二五"规划及 2011 版城市总体规划对指导南阳未来的发展具有里程碑的作用，重视南阳在区域结构演变格局中的地位转变，从更高层次提升南阳在区域格局中的地位，在充分挖掘自身资源的高度上突出已经形成的工业基础，突出发展新能源、新材料、光电、生物医药等新兴产业和优势产业，逐渐培育综合产业体系和新型工业基地，奠定南阳未来的发展格局。

（3）相关规划实施对南阳新区发展的启示

1996 版的总规实践表明，对于处于快速发展期和加速集聚期的南阳，对中心城区和新区的发展速度与规模应有足够的估计。

南阳主导产业及产业链条、产业集群、产业用地的发展思路仍有待梳理，对优势产业带动下的关联产业、承接产业转移、现代服务业等的发展和布局，以及新区在其中的作用同样需要足够的预判。

周边地区同样处于快速发展阶段，对南阳建设区域增长极、交通枢纽、中心城市等将带来严峻挑战，对此种形势，以及新区在应对挑战中的地位和作用应有足够的认识。

在贯彻省委省政府战略安排的前提下，对新区发展的特色和开发模式也应有符合南阳现实发展趋势与要求的判断。

4.4.2　发展定位

4.4.2.1　定位基本思路

（1）支撑南阳区域功能价值与区域责任的实现

从南阳的发展环境看，南阳必须充分利用十字枢纽的战略区位，建设宛襄十区域性中心城市，带动豫南崛起。但是，在当前条件下，南阳也面临总体发展水平不高、中心城市弱小、对外结构封闭等诸多问题，这些问题是南阳实现区域功能价值与区域责任的重大障碍。要克服这些问题，必须依赖于新区开发。未来新区发展要立足于促进南阳实现跨越式发展，主动承担支撑南阳区域价值与区域责任实现的历史使命。

（2）响应南阳地区发展态势与外部发展环境

南阳外部发展机遇与挑战并存，中部崛起、振兴中原经济区、省级新区战略、豫南崛起为南阳的发展提供了绝佳的机遇，但同时南阳处于中原经济区与中原城市群的最外层，河南城镇体系中次要轴带上的第三层次城市，南阳存在着发展边缘化的危机，面临区域竞争大于合作的现实。新区建设是南阳实现跨越式发展的最好契机，确定新区的发展目标与发展思路要积极响应地区发展态势与外部发展环境，树立开放统筹、内外兼顾的发展观。

（3）承担南阳城市结构大尺度转换的历史责任

南阳跨越式发展不仅是经济总量的跨越，而且还需要城市结构的跨越式提升。而老城区发展局促、空间局促、方向局促，城市战略举棋不定，难以承担新的历史重任，需要新空间承载新的历史机遇。新区未来发展，需要积极承担南阳城市结构大尺度转换的历史责任，通过城市发展重点的空间转换，化解当前的城市矛盾，释放空间资源，统筹城市重点功能布局，整合城乡体系，奠定长久、持续、健康的城市结构体系，支撑目标升级和发展跨越。

（4）在时空格局中寻找支撑南阳发展的战略方向

要通过南阳新区的合理定位，为南阳在时空格局中寻找到未来发展的战略方向。通过对南阳历史发展轨迹的追寻可以发现，南阳发展根本上依赖于国家的发展战略、发展格局与交通条件。目前，国家大力发展战略性新兴产业、城市新区，成为促进中原经济区崛起的重大政策支撑，南阳内外交通设施依托新区展开系统整合与升级，新区发展集聚了时空格局变化的多个重大发展要素，如何充分利用和挖掘这些要素潜能，整合要素结构，使南阳在新时期的时空格局中占据有利地位是新区开发的重要出发点。

4.4.2.2 南阳新区定位

《河南省人民政府关于印发<南阳新区建设总体方案>的通知》（豫政〔2010〕88号）提出的南阳新区定位为城乡一体化先行区，现代化复合型功能区，对外开放示范区，全国重要的新能源产业基地，豫鄂陕结合部综合交通枢纽和物流中心。这也是根据本规划的研究所认同的新区定位。

1）城乡一体化先行区。从新区建设的政策背景看，城乡一体化先行是河南对所有新批城市新区的统一要求，也是新区建设的必要过程。城乡一体化是一个在时空进程上形成由新农村→小城镇→城市，大农业→都市农业→景观农业梯度推移的过程。新区农业的远期方向是实现生态城市的景观功能、实现适宜人居的完全城市化。

2）现代化复合型功能区。本定位提出建设支撑南阳大都市建设的现代化新城，体现了"现代化复合型功能区"的要求。南阳中心城区有必要、也有条件建设成为超大人口规模的现代化大都市，这是建设豫鄂陕三省交界地区中心城市的必然要求。而根据中心城区的发展条件，未来南阳主要发展空间只能依托新区，因此新区应建设成为能够支撑南阳大都市建设的现代化宜居新城，这也体现了省政府"现代化复合型功能区"的要求，提出"宜居"则是为在新区建设中体现南阳的深厚文化底蕴和相对优越的人居环境。

3）对外开放示范区。以新能源、新材料、生物化工、先进装备制造业为重点，积极引进战略投资者，加强与央企和世界 500 强等大型企业集团的战略合作，建设一批重大产业基地，成为对外开放的样板区，建设对外开放示范区。同时，建设对开放示范区也有利于南阳争取河南省推动南阳申报出口加工区、保税物流区等有利政策。

4）全国重要的新能源产业基地。从区域产业基础、当前政策机遇和新区发展的动力需求看，南阳新区最具比较优势的产业职能是新能源产业，南阳新区应在这个大方向上谋求突破性进展。同时，综合南阳现有产业的多元化类型、新兴产业特征和发展前景，未来具有重要区域地位的产业职能又不仅仅包括新能源产业，还应大力发展装备制造、新材料、生物制药等多种类型的新兴产业。

5）豫鄂陕结合部综合交通枢纽和物流中心。南阳新区未来的综合交通枢纽和物流中心建设具有较大的不确定性，其辐射范围既有可能覆盖豫鄂陕三省边界地区，甚至辐射到信阳、驻马店、平顶山、洛阳、三门峡等小部分毗邻地区，也有可能仅能辐射周边的某些城市的部分地区。从发展目标和新区所能提供的发展支撑看，宜将其定位为豫鄂陕结合部综合交通枢纽和物流中心。南阳新区在发展物流业的同时，应大力发展金融商务、商贸百货、旅游集散、会展博览等其他现代服务业，辐射范围应充分依托交通枢纽，支撑交通枢纽和物流中心建设。

4.4.3　职能定位

4.4.3.1　主导职能

新区自身的承载条件、转型发展的要求、所处的区域地位、承载的区域责任，以及河南省政府对新区发展的要求，共同决定了构建新型工业化体系和区域服务平台是南阳新区发展的核心职能。豫南崛起，新型工业化是核心，南阳要承担引领豫南新型工业化的历史任务。南阳新区具备建设新型工业化的基础和承接产业转移的条件，工业化、城镇化、农业化发展特点决定了推进新型工业化的必要性。处于鄂豫陕综合交通枢纽、宛襄十区域性中心及豫南门户的重要区域位置，以及南阳中心城市弱小、带动辐射能力不足、区域性服务功能挖掘不够的现实，要求南阳新区必须要在服务体系建设上发挥引领作用。

（1）新型工业化体系

一是特色产业职能的强化。国家大力发展战略新兴产业的政策机遇，南阳在中原经济区"新型装备制造业基地、现代生物产业基地、国家新能源高技术产业基地"的定位，以及南阳在战略新兴产业上所具备的优势地位，决定了南阳新区既要大力发展新能源产业，同时还应大力发展装备制造、新材料、生物制药等多种类型的新兴产业，形成在全国有一定影响的河南新兴产业基地、生物医药产业基地和高端装备制造业基地。

二是多元产业职能的培育。通过承接产业转移、集聚县域产业升级项目，发展电子装配、纺织服装、食品加工、机械建材、汽车零部件等立足本地资源优势与宛襄十地区协作的多元化产业，形成食品深加工基地及电子信息及出口加工基地。

（2）新服务职能体系

一是区域服务职能的培育。一方面，要培育新区在中部地区、中原经济区及鄂豫陕结合部的区域服务职能。利用鄂豫陕结合部的交通优势，建设区域型物流中心；针对南阳商业布局分散、集聚能力不足的弱点，培育新区金融商务服务职能；利用南阳深厚的文化底蕴，建设区域性文化旅游服务中心，培育新区文化旅游服务职能。另一方面，要培育新区在宛襄十区域中心服务职能。宛襄十区域中心是立足激烈地区竞争环境下，对南阳新区区域腹地、支撑前景与发展方向的判断，涵盖会议会展、商业服务、职业教育、总部商务、研发科技、休闲养生等服务职能，形成宛襄十地区现代服务业基地。

二是城市中心职能的提升。南阳中心性弱，对周边地区的带动能力不足，新区开发是中心城区壮大和地区崛起的主要载体。新区已经具备了较好的职业教育基础，物流园区逐渐形成壮大，新兴产业具备了先进的产品研发水平，因此要实现南阳所承载的区域责任和价值，需要提升新区在文化教育、医疗卫生、物流商贸、研发科技等方面的职能。

三是基本民生服务的完善。基本民生服务职能是城市具备的基本职能，是城市得以发展的基础和保障，需要不断完善新区就业、医疗、保险、环境、基础设施等社会公共服务职能，增强中心城市的区域服务能力。

4.4.3.2 产业职能

（1）战略新兴产业基地：新能源、新材料

新能源与新材料是南阳新区未来最重要的产业职能。南阳最重要的新能源产业基地——新能源产业集聚区位于南阳新区，在生物质能源、多晶硅太阳能光伏、新能源装备制造方面已形成较强的研发能力和产业优势，培育了一批在省内外具有一定影响力的重点企业。新材料产业在超硬材料、冶金功能保护材料、二氧化碳综合利用方面已经形成一定规模，尤其是中南钻石公司人造金刚石在国内居领先地位，新区可以依托南阳的产业基础，建设超硬材料研发生产基地。

（2）生物医药产业基地：生物产业、医药产业

南阳是全国中药材的主产区之一，药用植物资源丰富，具有种植、加工中草药的自然条件优势和传统习惯，全市已基本建成以南召辛夷、西峡山茱萸与天麻、桐柏桔梗、方城裕丹参、内乡黄姜、镇平杜仲、邓州麦冬、唐河栀子、社旗板蓝根等为主体的十大中药材种植基地，形成了宛西制药、普康药业、福森药业为龙头的生物医药制造业，南阳新区发展生物医药制造业前景广阔。

（3）高端装备制造业基地：汽车零部件、特种车辆、防爆产业、机械加工

南阳高新区防爆装备产业基地，形成了以南阳防爆集团龙头企业集产品研发为一体的高端企业群，新区要利用其优势将防爆产业继续做大做强。南阳高新技术产业集聚区专用汽车及零部件的链群集聚效应已初步显现，新区要做大做优汽车零部件产业群，加快新能源汽车、专用车整车产业化，发展汽车零部件、汽车物流及现代服务业。利用南阳在汽车零部件、特种车辆、防爆等装备制造业的优势，发展高端产品的机械加工业。

（4）食品深加工基地：燃料乙醇、食品科技等

天冠集团具有全国最大的燃料乙醇生产能力，以红薯、木薯为原料生产燃料乙醇是南阳在国内具有竞争优势的重点发展方向，新区要充分利用其资源和技术优势，培育产品研发、生产职能。新区可依托南阳丰富的农副产品资源，承接产业转移，发展食品精加工业及食品机械设备业、技术研发业。

（5）电子信息及出口加工基地：冷光学、电子加工等

南阳是国内三大光学冷加工基地之一，中心城区建有光电产业园区，形成了光电显示、光电设备信息记录材料和 LED 应用产品三大产业链，部分产品技术层次基本与世界先进水平同步。目前，南阳正值产业转型时期，新区广阔的发展空间、东部地区产业转移的梯度推进，为南阳扩大冷光学产业规模、发展电子加工提供了重大契机。

4.4.3.3　服务职能

（1）商贸物流职能

南阳地理位置优越，焦枝铁路纵贯南北，宁西铁路横穿东西，许平南襄、沪陕高速公路两个"十字"形重要通道，加上南阳姜营机场的建成，郑渝高铁、宁西复线的近期建设，南阳将形成现代化立体式交通运输网。新区应重点在两个空间层次上壮大、培育商贸物流职能，一是在宛襄十层次，建设豫鄂陕交界地区商贸物流中心；二是在市域层次，进一步发展商贸服务。同时，依托姜营机场发展空港物流，依托焦柳、宁西、许平南通道开发省内、国内和国际市场。

（2）研发与职教培训职能

南阳新兴产业开始在国内崭露头角，新兴产业要向"高、精、深"发展，必须加强产品和技术的研发水平。新区可依托天冠集团、南阳防爆集团等龙头企业构建高端研发平台，依托南阳丰富的农业资源，加快农产品生产技术研发。南阳职业教育在宛襄十地区发展基础比较雄厚，新区建有示范性职教园区，为南阳经济发展输送专门性人才，日前市场技术性人才短缺，发展职业教育拥有广阔的发展前景和巨大的市场，南阳要加快职业教育向规模化、集团化、品牌化、多元化发展，力争建设成宛襄十地区的职教基地。

（3）旅游会展商务职能

新区自然人文旅游资源并不丰富，但是南阳自然风光秀美、人文积淀深厚，拥有众多高品质的旅游资源，但目前旅游产业开发还处在低层次阶段，尤其是旅游集散地和服务中心的建设比较落后。新区可依托良好的区位基础，加快发展旅游接待、集散、服务产业职能。同时，向会议旅游、会展旅游、商务旅游发展。针对南阳中心城区商业分散的特点，新区可利用其广阔的空间合理规划，承担起中心城区的商务服务职能，发展商务写字楼、科技产品研发总部、产品销售总部等总部商务产业。

（4）养生休闲和健康文化产业职能

南阳属南北过渡带，气候条件温和，适宜人居，水资源拥有量在北方具有一定的比较优势，可以在新区发展养生休闲疗养产业，同时充分利用白河国家湿地公园、新区农业与农田林地生态资源，建设生态休闲宜居城区。南阳是国家历史文化名城，文化底蕴深厚，楚汉文化、中医药文化、玉文化、官署文化使南阳具有独特的文化魅力，新区要发扬南阳文化魅力，开展文化博览、文化体验、文化旅游等文化产业职能。

4.4.3.4　发展策略

南阳新区是南阳与尚未获得"大手笔"实质性政策支持的周边城市竞争的"利器"，尤其是湖北城市。南阳要建设豫鄂陕三省交界地区中心城市，迫切需要做大做强中心城市，而快速壮大中心城市的必需途径就是有赖于新区的跨越式发展。由于南阳老城发展空间潜力的局限，要实现这个目标，必须主要依托新区，因此新区规模要大、功能要全、层次要高、远景地位要占主体。南阳1100万人口和当前的快速工业化、城市化、集聚化发展阶段是南阳中心城区及新区跨越式发展的坚实保障。

南阳新区要真正实现"城乡一体化先行区、现代化复合型功能区、对外开放示范区、全国重要的新能源产业基地、豫鄂陕结合部综合交通枢纽和物流中心"的发展定位，发挥在豫南崛起、宛襄十区域合作和南阳跨越式发展中的支撑与引领作用，必须直面城市与区域发展中的各种问题，突出区域协同、服务引领、产业支撑、特色驱动，使南阳新区真正融入区域发展格局中，并最终向国内有一定影响力的南阳都市区发展。

（1）区域协同

实现区域协同能够集约利用资源，优化区域空间结构，最终实现整体发展。新区不仅要实现与宛襄十地区的协同发展，更要积极融入中部地区、中原经济区、豫南区域发展格局中，构筑开放的空间发展结构和服务平台，积极承担在区域格局中的职能和责任。融入东部产业向中西部转移的大局中，加快招商引资力度，优化投资环境，为产业转移创造良好的环境。敢于打破行政界线的制约，搭建区域合作平台，实现与外围地区的联动发展。充分发挥南阳市在区域格局中的优越区位，加快与周边地区的产业协作，构筑开放的合作平台，实现与周边区域的协同发展。

（2）服务引领

服务业是现代经济的重要产业类型，服务职能的强化对于地区发展占领区域竞争制高点意义重大。要发挥南阳新区在大的区域格局中的功能和地位，需要积极培育在区域格局中的服务职能，建设区域性服务中心。目前，新区服务业发展水平较低，必须营造良好的发展环境，加快创新职能体系步伐，完善支撑创新环境建设所需要的职能体系，引领新区经济健康快速发展。依托新区东站和空港建设物流中心，加快新区交通运输建设。在机场及高铁站周边发展总部经济，建设会展中心，提升新区研发职教服务水平，加快金融、信息和商务等生产性服务业的发展。提升新区旅游服务、休闲养生等生活性服务能力，加快餐饮住宿、家政服务等生活性服务业的发展。

（3）产业支撑

新型工业化是新区的核心战略，新型产业是新区的主导产业，是新区未来发展的战略支撑力量。新区现已形成新能源产业集聚区和高新技术产业集聚区，未来新区发展要紧紧抓住国家大力发展战略性新兴产业和东部产业转移的战略机遇，充分利用和集聚南阳的各类产业基础，在新兴产业、资源深加工产业、劳动密集型产业等多种类型上实现突破，迅速形成以新能源、新材料、生物医药、高端装备制造、食品加工业、光电产业等为主导的具有强大竞争力的产业体系，加速工业化进程，才能在激烈的地区竞争中获得持久竞争优势，带动地区社会经济的全面发展。

（4）特色驱动

城市特色是城市的名片，塑造城市的特色格局将有助于推动城市发展，提升城市魅力。文化是城市的灵魂，南阳市文化底蕴深厚，历史上名人众多，文化特色资源丰富，南阳中心城区山环水绕，山、水、林、田、园各种景观类型丰富多样，新区建设应充分挖掘南阳自然与人文资源，提炼城乡建设特色元素，营造宜居、乐业、生态、人文突出的特色化城市风貌。南阳新区在发展体制、开发模式、城乡统筹上也应突出发展特色，"先行先试"，努力成为南阳改革发展的试验田和发展模式的创新地。

5 济宁：市–县产业集聚区的融合与升级

近 20 年来，我国各类开发区如雨后春笋般涌现，经过一段时间的蓬勃发展，各类问题也开始涌现。本章主要通过全面分析济宁市–县产业集聚区的产业发展现状，辩证认识集聚区产业发展的优势与劣势，深入解读集聚区发展的区域态势，来研究产业融合发展的需求与潜力，提出了集聚区内工业、现代服务业、现代农业的发展趋势与融合发展方向，确定了各产业的发展方向，具体提出了集聚区产业融合发展的总体目标，宏观把握产业发展的目标要求，全面认识各开发主体的发展趋势与融合发展方向，指明各开发主体的产业发展方向，比较借鉴国内其他产业园区的发展经验，提出了集聚区体制机制建设的要点建议。期待通过研究济宁市产业集聚区，为其他市–县产业集聚区融合、升级提供技术支撑和实施建议。

5.1 产业发展的总体现状

济宁东部产业集聚区包括济宁高新技术产业开发区、任城经济开发区、兖州工业园区、邹城工业园区与经济开发区，集聚区是济宁经济发展的核心区域，产业基础雄厚，经济地位较高。但集聚区在经济发展过程中也存在着对资源依存度较高、轻重工业比例失调、上游产品多、下游产品少等现实性约束问题，影响了经济的可持续发展；集聚区内高新技术产业发展迅速，产业发展的外向度不断提升，具备良好的发展前景；现代服务业发展较为缓慢，农业以传统的种养殖业为主，需要不断优化产业结构。

5.1.1 产业基础雄厚

东部产业集聚区内产业基础雄厚，是济宁经济发展的主体。高新区是济宁唯一的国家级经济开发，目前该区建成了一批专业特色产业园区，如山推国际事业园、如意科技园等，促进了全区产业化和规模经济能力的大大提升；兖州工业园区为省级经济技术开发区，民营经济发展活跃，目前初步形成了造纸包装、橡胶化工、煤化工、生物医药、新能源等优势产业，发展呈现出了规模化、国际

化、科技化的态势，2011 年兖州工业园首次省级经济开发区综合评价为全省 10
强；邹城经济开发区经过多年的建设发展，在煤化工、机械制造、医药、新材料
等行业领域已形成良好的产业基础；邹城工业园区交通便利，区位优越，煤电资
源优势突出，煤化工产业发展实力较强。任城经济开发区内设有创业中心、山推
工业园、外商投资工业园、机械加工工业园、石油化工工业园、服装生产加工工
业园、食品加工工业园，现已形成以工程机械、机电一体化、石油化工、汽车配
件四大产业为主导，其他产业各具特色、协调发展的产业格局，中小企业的发展
具备较强实力。

东部产业集聚区内各开发区在济宁的发展地位均比较高。2012 年，济宁高
新区、兖州工业园区、邹城经济开发区、任城经济开发区的主要经济指标，如
GDP、业务总收入、工业产品销售收入等均位于济宁省级以上开发区的前列位
置。可见，东部产业集聚区是济宁经济发展的重要支柱，其发展程度高低将直接
主导济宁经济的发展水平。

总体来说，东部产业集聚区内各地区的产业基础都比较雄厚，集聚区是济宁
市经济发展的领头军，东部产业集聚区的融合发展将对促进济宁市快速发展产生
重大的引擎作用。

5.1.2 资源依存度高

济宁是典型的煤炭资源型城市，境内煤炭资源丰富，年产煤炭近 9000 万 t，
是国家重点规划建设的 13 个煤炭能源基地之一。东部产业集聚区是济宁市域范
围内煤炭资源的富集区，产业发展对煤炭资源的依存度高，形成了以机械、电
力、造纸、化工等为主导的产业类型。从 2003 ~ 2011 年东部产业集聚区的工业产
业结构演变来看，2003 年东部产业集聚区的煤炭行业比重最高，2009 年煤炭行业
的比重有所下降，但是机械、化工、造纸业的比重却在提升，2011 年煤炭行业仍然
保持较高比重（35.3%），除此之外，机械、造纸、橡胶等资源依存度高的产业的
比重也在提升。对资源的过度依赖不符合可持续发展道路的要求，在当今资源压力
日趋加大的情况下，东部产业集聚区的发展必须进行产业转型升级。

对资源的高度依赖，会造成东部产业集聚区内轻重工业比例严重失调，东部
产业集聚区内轻重工业比达到 3∶7，且自 2003 年以来轻重工业比例结构基本没
有发生变化，严重影响了济宁经济结构的转型升级，不利于济宁资源、环境的
保护。

总之，目前东部产业集聚区产业发展呈现出高度依赖煤炭资源、轻重工业比
例失调、国有控股企业比重过大等问题。为实现经济的可持续发展，东部产业集

聚区迫切需要改革升级，变资源密集型企业为科技密集型企业，加强技术研发，提升资源利用率，降低对资源的依存度。

5.1.3　上中下游产业不平衡

目前，东部产业集聚区内各地区的行业发展普遍存在上游产业较多，下游产业发展较薄弱的问题。虽然东部产业集聚区内的发展基础好，实力较强，规模较大，但是产业类型基本上以煤炭、机械、造纸、纺织等传统产业为主，总体来说，还停留在上游产品的生产制造上，技术水平较低。以煤炭—电力燃气—化工—塑胶—医药产业链为例，2011年东部产业集聚区的煤炭开采和洗选业的产值比重达到27%，而医药制造业的产值比重仅为1.6%，橡胶制品业为8.5%，化学纤维制造业及塑料制品业的产值比重为0.0%（表5.1）。

表5.1　东部产业集聚区分行业产值比重比较

行业名称	2003 年		2011 年		比重增减/%
	总产值/万元	比重/%	总产值/万元	比重/%	
煤炭开采和洗选业	1 304 089	45.3	7 585 529	27.0	−18.3
电力、热力的生产和供应业	467 283	16.2	2 432 707	8.7	−7.6
燃气生产和供应业	432	0.0	58 403	0.2	0.2
石油加工炼焦及核燃料加工业	12 546	0.4	973 896	3.5	3.0
化学原料及化学制品制造业	142 106	4.9	754 056	2.7	−2.3
医药制造业	84 659	2.9	444 327	1.6	−1.4
化学纤维制造业	7 740	0.3	5 337	0.0	−0.3
橡胶制品业	60 772	2.1	2 387 115	8.5	6.4
塑料制品业	2 845	0.1	12 426	0.0	−0.1
通用设备制造业	34 421	1.2	3 094 367	11.0	9.8
专用设备制造业	39 493	1.4	2 379 608	8.5	7.1
交通运输设备制造业	25 538	0.9	548 273	2.0	1.1
电气机械及器材制造业	1 638	0.1	247 539	0.9	0.8
通信设备计算机及其他电子设备制造业	766	0.0	93 679	0.3	0.3
仪器仪表及文化、办公用机械制造业	982	0.0	11 816	0.0	0.0

续表

行业名称	2003 年		2011 年		比重增减 /%
	总产值 /万元	比重 /%	总产值 /万元	比重 /%	
纺织业	83 281	2.9	2 288 442	8.1	5.3
纺织服装鞋帽制造业	1 488	0.1	22 540	0.1	0.0
造纸及纸制品业	282 030	9.8	2 717 170	9.7	−0.1
印刷业和记录媒介的复制	1 470	0.1	4 679	0.0	0.0
文教体育用品制造业	0	0.0	8 824	0.0	0.0
农副食品加工业	157 588	5.5	884 715	3.1	−2.3
饮料制造业	21 211	0.7	25 405	0.1	−0.6
食品制造业	144 947	5.0	1 115 930	4.0	−1.1

总之，目前东部产业集聚区的产业链条偏短，而且上下游发展不平衡，主要以煤炭、机械、纺织、造纸等传统性行业为主，医药化纤、通信电子、高级服装、文教用品等高附加值、竞争力强的行业类型发展薄弱。为适应产业发展面临的严峻环境，在经济发展中有所突破，必须不断延伸产业链，提升下游产品的发展水平和质量。

5.1.4 高新技术产业发展快

近年来，东部产业集聚区内的高新技术产业发展势头迅猛。济宁高新区高新技术产业实力最强，建有产学研基地、15 个产学研结合平台和 3 个科技产业加速器、国家半导体及显示产品质量监督检验中心等。2011 年，高新区高新技术产业产值比重达到 57% 左右；兖州市 2011 年产值比重较 2007 年提升了 10%，发展势头强劲；任城和邹城高新技术产业发展比较缓慢，高新技术产业产值比重 2011 年仅分别为 5% 和 8.5%，未来需要科技支持，才能进一步提升高新技术产业的比重。

总之，2007 年以来，东部产业集聚区的高新技术产业发展呈现较好的态势，产值比重不断提升，科技驱动经济发展势头强劲。高新区作为国家级开发区，具备良好的发展优势，高新技术产业产值比重最高，发展基础好；兖州工业园区的高新技术产业发展较快，但任城、邹城的高新技术产业发展相对缓慢。

5.1.5 产业外向化程度提升

近年来，东部产业集聚区坚持"走出去"的发展战略，产业外向化程度不断提升。金融危机过后，2009~2011 年利用外资额大幅上升，2011 年集聚区利用外资额达到 55 000 万美元左右，产业外向化程度不断提升。2011 年外贸出口额大幅提升，达到 180 000 万美元之多。可见，东部产业集聚区投身国际市场的意愿强烈，且目前已经具备一定的发展基础。

总之，目前东部产业集聚区的产业外向化程度不断提升，积极利用外资、扩大产品出口，参与国际竞争。未来东部产业集聚区应主动提升自身竞争力，更加积极、自由地参与国际竞争，不断提升在国际上的发展地位。

5.1.6　现代服务业发展缓慢

当前，东部产业集聚区现代服务业发展比较缓慢。区内煤炭资源丰富，第二产业发展显著，产值比重较高，但现代服务业发展比较缓慢和落后。由表 5.2 可以看出，集聚区内现代服务业以非营利性服务业为主，可见东部产业集聚区的现代服务业发展仍较缓慢，以传统服务业为主，发展层次较低。

表 5.2　东部产业集聚区第三产业产值结构比重

行业名称	2005 年		2011 年		比重增减 /%
	总产值 /万元	比重 /%	总产值 /万元	比重 /%	
交通运输、仓储及邮政业	283 800	19.62	565 600	13.48	-6.14
批发和零售业	267 700	18.50	1 274 800	30.37	11.87
住宿和餐饮业	71 800	4.96	214 000	5.10	0.14
金融业	79 370	5.49	241 400	5.75	0.26
房地产业	142 100	9.82	292 600	6.97	-2.85
其他营利性服业	217 993	15.07	670 400	15.97	0.9
非营利性服务业	384 046	26.54	938 601	22.36	-4.18
第三产业总产值	1 446 809	100.00	4 197 401	100.00	0.00

总之，目前东部产业集聚区的现代服务业发展比较落后，以传统服务业为主。未来迫切需要提升现代服务业的发展水平，改造传统服务业，促进城市经济的快速发展。

5.1.7　农业以传统农业为主

目前，东部产业集聚区的第一产业发展以传统的种植、养殖业为主，农业产业结构比较单一和落后。近年来，畜牧业和农业服务业地位略有提升，种植业、林业、渔业产值地位稍有下降（表5.3）。

表5.3 东部产业集聚区第一产业产值结构比重

行业名称	2003 年		2011 年		比重增减 /%
	总产值 /万元	比重 /%	总产值 /万元	比重 /%	
种植业	386 939	54.57	987 323	52.80	-1.8
林业	12 506	1.76	18 946	1.01	-0.8
畜牧业	265 437	37.43	716 996	38.34	0.9
渔业	32 185	4.54	72 559	3.88	-0.7
农业服务业	12 049	1.70	74 126	3.96	2.3
第一产业总产值	709 116	100.00	1 869 950	100.00	

总之，目前东部产业集聚区的第一产业是以传统的种植、养殖业为主，但第一产业产值比重呈不断下降的态势，体现了东部产业集聚区工业化和城市化水平的不断提升，同时也反映出农业经济的相对落后。未来在保证粮食产量的情况下，要不断加大技术投入，鼓励发展现代高科技农业，增加农民的收入，并有序推进城市化水平的发展。

5.2 融合发展需求与潜力

济宁东部产业集聚区的融合发展势在必行。山东省政府提出加快鲁西隆起带建设的战略措施，为济宁的发展提供了机遇。但是，目前济宁在鲁西隆起带的领先优势正在缩小，面临着来自周边城市的发展压力；集聚区内的开发区内部竞争激烈，在山东的排名出现下滑；部分产业经开始了自发融合，需要因势利导；新兴产业发展雷同，迫切需要整合统筹；位于济兖邹围合区的采煤沉陷区未来需要整体谋划；集聚区的发展对都市区战略的实现也有重大意义；高新区、兖州、邹城、任城各地区产业特色鲜明，发展关联潜力巨大；各开发区产业发展的驱动动力各异，要素互补潜力显著；集聚区内产业集群模式多元、融合发展，有利于相互学习借鉴发展道路。

5.2.1 经济领先优势缩小

2013 年 8 月，山东省政府印发《西部经济隆起带发展规划》，制定一系列优惠政策支持鲁西地区加速发展，这一政策的出台为经济社会发展长期滞后的鲁西地区迎来了新的发展机遇，但与此同时鲁西各地区之间也掀起了新一轮的竞争。

济宁市经济基础相对于鲁西其他地区来说比较好，各主要经济指标在"西部经济隆起带"中稳居前列。2012 年，济宁 GDP 达 3189.4 亿元，地方财政收入达245.6 亿元，工业增加值为 1570.02 亿元，第三产业增加值为 1143.9 亿元，均大幅领先于德州、聊城、菏泽 3 市，在本区的首位度较高，区域中心城市地位显著（表5.4）。但是，目前济宁的经济发展呈现出发展势头不强劲，领先优势正在缩小的态势。

表 5.4　鲁西经济隆起带各地区 2012 年主要经济指标

地区	GDP /亿元	人均 GDP /元	地方财政一般 预算收入/亿元	工业增加值 /亿元	第三产业 增加值/亿元
济宁	3 189.4	37 651	245.6	1 570.02	1 143.9
德州	2 230.56	38 623	120.2	1 285.36	777.52
菏泽	1 787.36	21 436	140.3	858.05	572.13
聊城	2 145.65	36 905	104.49	1 193.36	699.87

5.2.2　开发主体地位下滑

济宁现有一个国家级高新技术产业开发区及 14 个各类省级开发区，是济宁产业发展的主体。兖州工业园区、邹城工业园区和邹城经济开发区的各项主要经济指标在山东 127 个省级开发区中位于中上游，发展态势较好，但邹城经济开发区和兖州工业园区在工业增加值和规模以上主营业务收入等指标上的排名下滑较明显，表明其投资的效益较低。而任城经济开发区和兖州经济开发区在全省排名靠后，且有继续下滑趋势。总体来看，当前济宁省级开发区存在的主要问题是综合竞争力较弱、发展后劲不足、投资效益较低等。

5.2.3　产业出现自发融合

经过长期的发展，东部产业集聚区内各地之间的产业转移扩散现象日益增多。其中，兖州的煤炭化工、医药、造纸等工业向邹城扩散；机械设备制造方面，高新区侧重于主机装配制造，而零配件的生产则向临近的任城区集中；济宁高新区则开始实施"腾笼换鸟"战略，对生物发酵、印染、化工等部分旧有企业实施转移，为高端新兴产业的发展腾出发展空间。

总体来说，出现了产业融合的现象和趋势，未来需要从集聚区整体的角度，因势利导。一方面，要尊重客观经济规律，充分保障市场机制在产业扩散及融合中发挥的基础作用，推进园区管理制度改革，打破阻碍产业转移扩散的壁垒，加快各开发园区的一体化进程；另一方面，在充分发挥市场机制的同时，保持政府在园区融合及产业分工中的统筹协调及指导管控作用，从而为其健康发展提供有利条件。

5.2.4 新兴产业发展雷同

近年来，随着国家及省内大力推进经济结构战略性调整，鼓励、扶持战略性新兴产业的发展，集聚区内的各开发区及工业园竞相引进新能源、新材料、生物医药、电子信息等产业，追求面面俱到，以济兖邹为例，3 地均将以上几类产业作为新兴产业发展的重点，事实上则是"处处皆重点，实际无重点"。

当前集聚区内各地产业雷同度极高，同质化严重。由此引发了各地区在项目引进上的恶性竞争，彼此难以形成凝聚力和向心力；同一产业的布局比较分散，使各园区无法形成相对完整的产业链，难以产生集聚效应，各企业陷于"小、弱、散"的局面，使得产业发展后继乏力，从而影响区域整体竞争力的提高。

针对以上问题，迫切需要对各开发园区统筹整合，明确各自定位和发展重点，根据自身产业基础和发展条件引进新兴产业，促使新引入产业与原有产业平滑对接、融合发展，形成差异化的产业格局及良性竞合关系，为产业集聚区的融合创造条件，促进整体实力的提升。

5.2.5 沉陷区产业需转型

济宁煤炭资源丰富，长期以来，对煤炭资源的开采使济宁出现了采煤沉陷区。煤矿沉陷区制约着济宁都市区的建设，也影响着区域产业的融合发展，为避免沉陷区成为产业空心带、经济低洼带和城市之间的鸿沟，亟须对其开展综合治理。

目前，兖州、邹城、任城根据自身现状，纷纷对本区的塌陷区进行了治理，采取了一些措施。例如，兖州针对兴隆庄镇和新驿镇煤矿开采形成的塌陷区，发展特色渔业生产，形成特色水产养殖示范区和休闲观光渔业区；邹城则依托泗河、白马河等原有水系，加大北宿、中心店、唐村、太平镇综合排水系统的建设，构建邹西煤矿塌陷区湿地系统，此外邹城充分利用中心店镇和北宿镇大面积塌陷地，建立农林牧渔游的综合大农业系统，发展网箱养殖，种植浅水藕或耐湿作物，获得经济及生态效益；任城区的煤矿沉陷区则采取"挖深筑高、超前抢土、种养结合"的生态治理策略，如在石桥镇南部煤矿塌陷区发展以网箱养鱼为主的高效生态渔业区，在镇北部煤矿塌陷浅水区建设以荷花特色生态园为主的生态农业区，从而最大限度地保护和利用土地资源，形成循环农业模式，取得经济、生态双重效益。未来，集聚区的建设必须实现对沉陷区种养殖业、林业、观光旅游业等的统筹治理，统一安排基础设施与环境设施建设等。

5.2.6　都市区战略性重构

区域竞争的实质是区域中心城市的竞争，城市发展规律证明，综合发展要素配置越合理、区域经济一体化程度越高，区域综合竞争力就越强。如何整合区域范围内的资源，辐射带动周边区域发展，使济宁真正成为鲁西、鲁南经济带发展崛起的龙头，进而在淮海经济区中心城市的竞争中脱颖而出，是今后相当长时期内济宁发展面对的关键命题。

济宁都市区确定的发展战略是"1+2"的发展战略，即济宁主城区一个强大的中心与外围邹曲嘉形成强大的组团。主要的战略举措包括任城与兖州的融合发展，共同打造区域中心城市；高新区建设"一区多园"，加强与外围地区的联系，扩展自己的辐射范围；在都市区内部建设"绿心"，实现都市区东西部的融合发展。东部产业集聚区的融合发展对都市区战略的实现起到关键性的作用。其中，任城与兖州产业协调路径、邹城与济宁产业关系、绿心的产业支撑是关键。

5.2.7　地区产业特色鲜明

目前，总体看来济宁各地区已形成差异明显、各具特色的产业格局。集聚区内的高新区、任城、兖州、邹城的三产结构比重都已达到较好水平，二三产业占绝对优势，已形成较好的产业基础，为下一步的产业关联和融合提供了较好的条件。分地区来看，各地的工业各有侧重，特色鲜明：高新区实力最强，以机械制造为主，纺织、汽车及零部件、医药、光电、信息、研发等高层次产业聚集；兖州造纸、橡胶、农机、食品、纺织、化工等产业已形成明显的集群效应；任城的工程机械配套企业和物流产业发展较快，特色鲜明；邹城以煤电、煤化工为支柱产业，基础雄厚，机械、医药等也正在快速发展。

分析各种产业的自身特征及济宁各地的产业发展现状，以下几种产业发展关联潜力较大，应作为推进产业集聚区融合发展的重点。

（1）机械装备

机械装备属于较典型的长链条产业，很容易开展纵向和横向分工，往往形成规模庞大的产业集群。济宁高新区、兖州区、任城区都有较雄厚的机械制造工业基础，并且各有侧重，高新区以工程机械制造为特色，兖州以农机制造为主，而任城则多是机械制造配套企业。今后应以高新区、兖州的机械工业为龙头和支点，开展大范围、高水平的分工合作，推进整体发展。

（2）纺织服装、食品、造纸、化工等

产品门类较多，产业链条较长，具有市场永存性，技术提升空间较大，济宁各地已形成较好的产业基础，尤其是煤炭化工的产业链延伸潜力很大，有利于在产品细化分工的基础上推进协作、融合。

（3）电子信息、研发、金融、物流等

此类新兴产业，发展空间广阔，产业链的自我衍生能力和对其他产业的服务带动力较强。目前，济宁发展尚比较薄弱，还处于起步阶段，但也便于统筹规划，协同发展，避免调整重组的阵痛与成本。

5.2.8 开发主体动力各异

产业集聚区内各开发主体的经济驱动要素有较大差异。高新区的各项经济指标在6个园区中均处于优势地位，尤其是实际利用外资和财政收入两项经济指标，其占比达到了集聚区的一半以上。近几年，高新区实际利用外资和外贸进出口的比重都有明显提高（表5.5），说明其经济外向度正不断提高。高新区的发展主要由外资、大型国企、海外市场、高新技术等高层次要素驱动，产业链较完整，上中下游兼具，增长稳定。

兖州的各项经济指标仅次于高新区，外贸进出口的比重近几年也有较大提升，说明其对外经济联系日益紧密，活力不断增强。邹城的产业具有"以煤为主"的资源驱动型特征，集中于煤炭采选、煤电、煤化工等上游产业，已有较雄厚的资本积累，但经济发展受制于产业链下游的市场环境，受国内经济周期的影响较大，具有一定的脆弱性；任城的主要产业是机械配件加工制造，以中小型民营企业为主，富于活力和成长性，发展前景广阔。

表5.5 各地区外贸指标变化情况 单位：%

地区	实际利用外资占比			外贸出口占比			外贸进口占比		
	2005年	2011年	比重增减	2005年	2011年	比重增减	2005年	2011年	比重增减
任城区	7.5	1.7	-5.8	11.0	12.0	1.0	0.2	0.3	0.1
兖州区	30.9	23.5	-7.4	12.4	36.2	23.8	58.1	50.7	-7.4
邹城市	19.3	14.8	-4.5	30.2	3.4	-26.9	14.0	8.3	-5.7
高新区	42.3	60.1	17.8	46.4	48.4	2.0	27.7	40.7	13.0

从以上分析可知，集聚区内各地的经济驱动因素有显著差异，产业结构各有优劣，具有较大的互补性和融合空间。在这样的情势下，推进各地区的产业分工协作和融合就显得尤为必要，其可以实现要素互补，提高整体效率，达到"1+1>2"的效果。

5.2.9 产业集群模式多元

目前，东部产业集聚区已经形成了机械、食品、医药、纺织、造纸、橡胶、化工等多个产业集群，分属于不同地区和开发区，并且每个产业集群都已涌现出了一批具有较大规模和较强市场竞争力的代表性企业，形成了龙头企业带动、中小企业配套协作的层次合理的企业梯队结构（表5.6）。结合各个产业集群的组织形式和发展模式，归纳来看，大致可分为以下3种类型：龙头企业与中小企业配套形成产业集群；民营中小企业成长为特大型企业；大型地域生产综合体。

各种类型的产业集群，拥有各具特色的发展模式，也都存在不同的优势与缺陷，推进各地产业的融合发展，有利于产业集群之间相互学习对方的发展道路，在相互比较、借鉴中不断完善自身，进而促进区域经济的健康、持续发展。

表5.6 主要产业集群和重点企业

产业集群	主导产业	重点发展产品	重点企业
装备制造	工程机械	发挥山推、小松带动作用，生产铲土运输机械、路面机械、特种功能机械等产品	山推股份、小松山推、沃尔华
	农用机械	发展大中型多功能拖拉机、收获机、耕播机等农用设备，开发农副产品精深加工设备	山拖农装、大丰机械、国丰机械、玉丰机械
	矿山机械	重点发展大型破碎成套设备、宽幅长距离输送设备、反井钻机及煤炭综采、洗选设备	大陆机械、鲁煤机械、天工机械
	机电装备	发展高精密数控机床、干式变压器等产品，配套发展机电关键功能部件、轴承、量刃具	永华数控、英特力、英克莱
	汽车及零部件	发展中高档载重汽车、改装车系列、特征专用车等产品	华勤集团、济信汽车配件等、重汽商用车

产业集群	主导产业	重点发展产品	重点企业
食品工业	生物制品及调味品	发展保健药物、现代生物农业，发展氨基酸系列生物制品，建成全国最大的味精生产基地	菱花、雪花
	粮油加工	发展中高档面粉、功能性蛋白等高附加值产品，扩大传统糕点、方便休闲食品和速冻食品市场份额	益海粮油、华龙、白象
	肉禽加工	发展肉制品加工产业区，禽畜加工规模化、系列化	绿源
	食品酿造	发展中高档优质白酒、红酒和低醇无醇啤酒	金钢山、燕京啤酒
生物医药		重点发展生物制药、化学制药、现代中药新品种、新剂型，积极发展医疗器械产品	辰欣药业、鲁抗集团、兖州希尔康泰药业
服装纺织		形成纺纱、织布、服装加工为一体的棉、毛纺织产业，重点开发高档紧密纺及中高档西服、时装、休闲服、家纺用品等	如意、德源、百隆色纺
造纸		发展以育林—纸浆—机制纸—纸制品加工—印刷为一体的产业链条，并延伸至造纸机械、助剂等相关配套产业	太阳纸业、利宝源
橡胶		围绕"轮胎、输送带"两大核心产品拉长产业链，配套发展钢丝帘线、钢丝绳、帘子布、橡胶、高压胶管等产品	华勤集团
煤化工		围绕煤炭深加工产业，重点发展煤焦化、煤气化两大链条	兖矿集团、兖矿国际焦化、碳素工业

5.3　发展目标与总体结构

5.3.1　目标定位

5.3.1.1　发展定位

东部产业集聚区是济宁经济发展的高地，未来也将是推动济宁发展的重要力量。东部产业集聚区的融合发展对构建济宁都市区，推动济宁发展具有重大的现实意义，未来要将集聚区打造成为济宁科学发展高地，济宁都市区产业转型升级与融合发展示范区，面向世界市场的工程机械、医药化工、造纸纺织、橡胶轮胎、光电信息产业基地。

5.3.1.2 发展目标

当前，东部产业集聚区形成了装备制造、机械配件、纺织、医药、橡胶、造纸等产业类型，成为主导济宁发展的重要力量。未来应继续扩大现有优势产业的发展规模，形成产业集群，扩大规模效应。按照平均年增速 25% 计算，到 2016 年，东部产业集聚区的高端装备制造产业集群产值规模达到 600 亿元，机械配件产业集群产值规模达到 300 亿元，纺织产业集群、医药产业集群、新材料产业集群、农产品深加工产业集群的产值规模达到 200 亿元，橡胶产业集群、造纸产业集群的产值规模达到 600 亿元，农业装备产业集群、煤机化工循环产业集群的产值规模达到 500 亿元，现代生态产业集群产值规模达到 400 亿元。按照平均年增速 20% 计算，到 2020 年，东部产业集聚区的高端装备制造产业集群、橡胶产业集群、造纸产业集群、煤机化工循环产业集群的产值规模达到 1000 亿元，机械配件产业集群产值规模达到 600 亿元，纺织产业集群、医药产业集群、新材料产业集群的产值规模达到 500 亿元，农产品深加工产业集群产值规模达到 400 亿元，现代生态产业集群产值规模达到 800 亿元。

5.3.2 发展思路

推进济宁东部集聚区产业融合发展，是济宁实现产业升级、优化经济结构的必然选择，是加快区域一体化进程，建成济宁都市区的客观要求，是增强济宁的区域竞争力，带动鲁西经济崛起的重要保证。为此要统筹安排，一体规划；宏观展望，整体研判；优化结构，提升链条；突出特色，强化集群；协调利益，兼顾各方；体制创新，机制保障。

5.3.3 产业体系

济宁东部产业集聚区现已形成了一系列发展基础较好的优势产业，未来必须构建合理的现代产业体系，支撑地区健康发展。

（1）新兴产业
新能源产业、新材料产业、生物医药产业、高端装备产业。
（2）先进制造业
机械制造方面，重点发展矿山机械、农用机械及机械配件生产；化工产业方面，重点发展精细化工和大型煤化工；重型商用车和汽车零部件的生产；高端纺织服装制造业；食品及农产品加工业。

（3）现代服务业

促进商贸物流业的发展；打造绿心休闲观光旅游区；促进科技研发产业发展；加强金融信息服务建设，积极促进现代服务业的快速发展。

（4）现代农业

发展以生态绿色农业、观光休闲农业、市场创汇农业、高科技现代农业为主的都市农业。

5.3.4 产业布局

根据集聚区现有产业的分布特点，结合未来各地区产业的发展方向，将集聚区产业空间布局确定为"一心三带四区"的结构。

"一心"：高新区创新服务中心，高新区在济宁具备独特的发展优势，未来将高新区打造为科技研发中心、信息服务中心、科技成果孵化中心、金融服务中心、保税物流中心，打造现代化的发展高地，辐射带动集聚区其他地区的发展。

"三带"：现代高端产业带——沿G327，高新、新兖、大安一线集聚现代服务业和先进制造业。生态休闲产业带——沿泗河两岸，发展滨河休闲、观光农业、工矿旅游。循环经济产业带——沿S342，接庄、北宿、太平一线重点发展循环经济。

"四区"：济宁先进制造业集中区，重点发展工程机械、汽车及零部件、医药、纺织、光电、造纸包装、橡胶轮胎、机械配件、医药物流等产业。邹西大型循环经济区，重点发展煤电煤化、医药、造纸、新材料、矿山机械等产业。绿心沉陷治理与观光休闲区，重点发展沉陷区农业、休闲观光等产业。兖北新兴工业区，重点发展农用机械、食品酿造、医药服装、光气化工、仓储物流等产业。

5.4 发展趋势与融合发展方向

5.4.1 工业发展趋势与融合发展方向

工业是济宁东部产业集聚区经济发展的主体，发展基础较好。当前，集聚区初步形成了工程机械、造纸、纺织、橡胶轮胎等产业类型，形成了山推股份、如意纺织、太阳纸业、华勤集团等龙头企业。工业经济的融合发展对推动济宁东部地区的融合意义重大。

5.4.1.1　工程机械产业发展方向

第一，以推土机械和挖掘机械为重点，不断提升产品的智能化水平。第二，完善产品系列化，开发不同需求环境的国际市场。第三，新产品重点发展特种机械设备、工程机械履带底盘及传动部件、液压部件。第四，建设国家级工程机械行业检测中心。第五，将高新区建设成为世界先进的工程机械生产研发基地。第六，将任城开发区建设成为具有国际竞争力的工程机械配件生产集群。第七，向都市区外围转移铸造件生产等污染项目。

5.4.1.2　矿山机械产业发展方向

积极鼓励成套设备发展，重点支持配件产业，如宽幅长距离输送设备、矿井支护成套设备、反井钻机、矿用电机车、防爆电机、煤炭洗选及深加工设备等。邹城矿山机械行业的配件产业已具备一定的发展基础，未来在高新区组织下，应与任城开发区协同突破液压件、智能化控制、环保化的研发设计。

首先，形成一批具有较强带动作用的龙头企业，打造兖州农机装备制造基地。其次，积极探索生产农作物秸秆集储运设备、精良低污染施药机械、农业航空作业设备等新型设备产品；鼓励农机主体生产企业由农机单机制造为主向农机成套装备集成为主转变，积极开发生产高效节能环保、多功能、智能化、资源节约型农机。再次，加强农机关键零部件的研发和生产，形成完整的产业配套体系。最后，提高企业研发水平和金融支持；建立健全农机制造企业品牌营销网络、专业农机流通企业销售网络相结合的新型农机市场体系；建立农机产品售后服务体系和信息服务平台，提高农机企业的服务能力。

5.4.1.3　生物医药产业发展方向

结合各地区的发展现状与基础条件，明确各地区的发展方向，调整现在布局相对混乱的局面。高新区因具备较好的技术优势与产业发展基础优势，未来应在高新区建设我国重要的生物医药创新生产基地，结合《山东省"十二五"生物医药发展规划》内容，生物产业重点开发生物化学、工程菌发酵、蛋白质工程、酶固定化、细胞固定化技术等创新前沿和关键技术，加强基础和应用研究。医药产业发展方面，依托鲁抗、辰欣现有的生产基础和优势，继续做大做强抗生素行业，建设我国重要的抗生素药物创新平台，同时积极研发生产创新药物（如心脑血管疾病药物、抗感染类、抗传染病类疫苗等）、新型生物试剂、生物医学工程产品，攻克并掌握一批关键核心技术，抢占我国生物技术药的制高点。

兖州工业园区建设兖州医药产业园，发挥产业集聚效应。现有医药企业布局较分散，缺乏统一的规划引导，造成资源浪费与环境污染等问题。依托希尔康泰、田园森科技、大禹药业、益宝生物、益康生物等龙头企业，采用新技术、新工艺、新设备，重点发展小容量注射剂及粉针剂、冻干粉针制剂、胶囊、片剂、现代中药等新品种新剂型，抓好新项目建设，积极开发替代进口和高附加值的系列药品，实现规模化生产。

任城开发区建设我国重要的医药物流基地，带动周边医药企业的生产。目前，任城经济开发区依托优越的地理位置、便利的交通运输优势，以工业园为载体，不断优化产业布局，形成了以瑞中医药、国药济宁、健桥医药、华润医药等项目为主的医药物流园区，集聚效应显著。未来要坚持以产业基地和生产企业为依托，把医药产业资源与物流资源进一步整合，促进医药生产、销售、物流等相关产业紧密衔接、共赢壮大，拉长上下游产业链。充分发挥龙头企业的带动效应，改变医药物流企业规模小、布局散、层次低的状况，代之以高起点、高标准、规模化、集约化的发展，推动整个物流园区快速扩张。

邹城工业园区重点发展医药循环经济，将原料药、现代中药纳入循环经济区建设。邹城依托丰富的煤炭资源建立起了较完善的煤化工工业体系，顺应可持续发展的理念，未来邹城市必须大力发展循环经济，将煤化工-医药产品生产纳入到统一的生产链条中，实现废弃物的循环再利用，减少污染物的排放，获得较高的经济效益和环境效益。

5.4.1.4 纺织服装产业发展方向

依托高新区现有的发展基础，将高新区建设成为国内先进的棉毛纺创新生产基地。济宁高新区现有如意科技、德源纱厂等龙头企业，初步具备技术优势，未来应立足于现有企业的发展基础，发展新型纺纱技术，提升配套装备水平，加快发展功能化化纤混纺、色纺纱等新技术产品，加大高科技毛精纺面料、半精纺面料等高附加值产品开发，生产高档、舒适面料，研发高科技特种纤维及产业用纺织品。不断提升行业的竞争力，开拓新的产品，抢占市场。

兖州工业园区及都市区的外围发展服装产业，承接高新区纺织服装低端制造的产业转移。充分利用劳动力资源丰富的优势，发挥如意龙头作用，利用如意旗下的国际品牌（日本瑞纳），发展服装代工，带动下游产业的发展，加强高新区与都市区外围的产业融合。

5.4.1.5 造纸业发展方向

将兖州工业园区建设成为我国重要的新型纸业生产基地。未来应提升产品的等级，开发高档印刷用纸、瓦楞箱纸板、特种纸及纸板、环保型纸等高附加值的新产品，不断开拓国内国际市场，促进产品的更新换代。引入高新区科研与政策资源，重点研发低消耗、少污染、高质量、高效率的制浆造纸技术，研发具有自主知识产权的先进适用装备，加快淘汰落后、低级产能，将消耗高、质量差的低档包装纸、普通印刷书写纸和生活用纸等生产向邹城等外围适宜地区转移。

要充分利用自身优势，实施名牌发展战略，具有资金和技术优势的造纸企业可以通过企业联合、重组、并购、租赁等形式，扩大企业规模，提高企业产量和市场占有率，打造企业品牌。同时，加强企业管理，强化企业品牌意识，提高企业科技创新能力，提高产品质量，保持良好的市场竞争力。

要拓宽营销渠道，强化网络体系建设，巩固国内市场份额，提高市场占有率；实施国际化营销发展战略，不断提高国际市场竞争力和份额，逐步建立造纸产品进出口预警机制，努力避免贸易纠纷。

5.4.1.6 橡胶轮胎发展方向

引进高新区科技与政策资源，加强产、学、研结合，拥有更多具有自主知识产权的核心技术和产品，优化产品结构。科学技术是第一生产力，目前国外橡胶轮胎企业的技术创新能力较强，具备较好的发展活力，华勤集团的橡胶轮胎、输送带生产主要依赖意大利倍耐力和美国固特异两大世界轮胎生产龙头，未来需要提升自主研发水平，形成自己的技术优势，减轻对国外技术的依赖。

实施品牌战略，加强名牌产品培育。高性能轮胎、环保轮胎及安全轮胎是代表我国安全优质轮胎的主导品牌。未来华勤集团及其他橡胶轮胎企业都应在公司内部强化品牌教育，增强品牌意识，使员工自觉投身到品牌培育、发展和维护的活动中去；并加大国内外市场建设，提高广告策划和宣传力度，进一步提升公司品牌的市场影响力。重点发展载重子午线轮胎、轿车轮胎、工程轮胎、强力输送带等产品。

5.4.1.7 新材料发展方向

结合各地区产业发展基础，有重点地布置产业发展类型。高新区目前有正和电子、英特力等企业，发展基础较好，未来高新区应依托现有发展基础，重点发展光电新材料，完善产品类型；目前，坐落在高新区的如意科技园已初步形成纺织服装产业集群，未来可结合如意科技的发展需要，重点发展纺织新材料产业，延伸产业链条；邹城煤炭资源丰富，煤化工产业发展实力雄厚且前景较好，随着煤炭资源储量的日益下降，未来必须加强精细化工的发展，因此邹城主要发展化工新材料产业。兖州工业园区主要推动玻璃纤维耐碱网格布、玻纤布、电工用绝缘套管、单丝涂塑窗纱等特种纤维的生产与制造，不断推进产品的更新换代。

要不断提升新材料产业生产技术水平。以纺织新材料、电子基础材料、特种纤维与复合材料为重点，依托高新区产学研优势，加快新材料企业技术中心建设，打造创新公共平台。

5.4.1.8 煤炭及煤化工发展方向

针对目前济宁东部产业集聚区煤化工产业布局分散、空气污染严重的现状，应当建立一个大型的循环经济集聚区。邹城煤炭资源丰富，煤化工产业基础雄厚，用地用水用电运输能得到保证，具有建立大型循环经济区的优势条件。从资源和地方发展出发，邹城煤电、化工及医药、造纸等产业已发展成支柱产业；但污染问题日趋严重，且威胁都市区生态安全（都市区上风向），需要转变发展路径，建立新型发展模式。都市区煤化工项目遍地开花局面必须扭转，逐步淘汰转移兖州、高新、任城煤化工产业，向煤化项目集中且相对远离济宁人口集中区的邹城集聚、建设大型循环经济区是较好的现实选择。

大力发展新型煤化工。煤焦化产业发展方向：济宁现在的煤焦化产品以焦炭、电石、乙炔为主，未来应积极拓展 PVA、PVC、BDO 等新材料产品，延伸产业链条。煤气化产业发展方向：目前济宁的煤气化以甲醇、合成氨生产为主，未来积极发展甲醇汽油等新型能源、低碳烯烃、酚醛树脂等附加值较高的新产品。煤液化产业发展方向：着眼于国家能源结构的调整，大力开发煤制油制气等新能源产品。

5.4.2 现代服务业发展趋势与融合发展方向

5.4.2.1 文化旅游发展方向

济宁文化旅游产业发展东西部联动薄弱，未来宜在济兖邹三地围合区构建"绿心生态旅游区"，作为东西部的衔接区域。济兖邹三地空间上形成三角形区域，存在大片的塌陷地，未来主要结合塌陷地的整治，围绕城市休闲旅游市场，建设绿心生态旅游区，发展城郊休闲游憩游。

"绿心生态旅游区"连接济宁文化旅游北线、南线，与东部儒家文化游、西部运河文化游与微山湖泊生态游互为补充，打造成为连接济宁东西部旅游的重要区域。"绿心生态旅游区"的建设，以打造绿心旅游区，开发绿心观光、体验、度假项目为主。以兖州农高园、邹城果林、农耕观光为吸引物，发展农业生态观光之旅；以兴隆庄煤矿、济宁高新区工业园等为吸引物，开发工矿探险游、现代工业观光游等产品；以塌陷地治理为契机，建立湿地公园、湿地科普博览园等项目；在沉陷区内的非沉陷土地，因地制宜地开发旅游服务设施、旅游地产、居民社区、公建等建设项目。

5.4.2.2 商贸物流发展方向

未来将东部产业集聚区建设成为以保税物流为龙头、公铁水联运、物流园区特色鲜明、集疏运发达的物流集聚区。

首先，建设高新黄屯保税物流中心。保税物流中心确定为 B 型，即经海关批准，由中国境内一家企业法人经营，多家企业进入并从事保税仓储物流业务的海关集中监管场所。高新区目前有山推集团、如意科技等一批知名骨干企业，日本小松、意大利倍耐力、台联电等世界知名企业在此设立制造基地，高新区已成为众多大型外贸企业和许多跨国公司重要的生产、采购、营销和研发基地。建立保税物流中心，就地解决贸易型企业的出口退税、保税等问题，有利于引进跨国公司、知名企业、国际新兴产业等大型项目来济投资，从而将带动济宁物流产业的国际化和现代化。

其次，进一步发挥任城医药物流园的生产带动功能。重点辐射鲁西南地区，以吸纳招引专门从事医药产品、保健品、医疗器械批发业务的医药流通企业为主，与国内外知名医药企业建立长期、稳定、友好的合作关系，建立覆盖全国的医药销售网络，引进制药类企业，力求打造成全国最具影响力的医药物流园。

最后，建设邹城煤与化工品物流园区。邹城煤炭资源丰富，依托煤炭资源建立了重化工业生产体系，未来在邹城建设煤炭与化工产品的物流园区，以促进煤炭、化工产品的生产和流通。

5.4.2.3 软件服务和动漫产业发展方向

未来软件、动漫和服务外包产业应在高新区实现集聚发展。以软件服务业和动漫产业服务外包为主导，优化配置人才、技术、资金、市场等资源，扩大国际交流与合作，不断吸引优质创新创意项目、企业进驻，推动创意产业由低中端向高端环节延伸。加快创意产业园建设，积极引进跨国软件服务外包企业分公司或接包中心，鼓励企业与院校、科研院所合作，建立服务外包产业联盟、技术联盟，形成整体竞争优势，进一步做强服务外包省级示范基地的品牌。支持企业突破软件外包和流程外包局限，走上自主发展道路。依托现有动漫公司，引进更多动漫、休闲软件游戏、工业设计等项目。

5.4.2.4 金融信息与科技研发产业发展方向

高新区将成为面向集聚区的服务中心，辐射带动集聚区内其他县市区的发展。一是建立社会多元化融资体系，支持和促进商业银行、保险公司设立专门机构服务科技型企业，积极发展村镇银行、科技租赁公司、小额贷款公司、担保公司等社会资本创新金融产品。二是积极引入技术评估、技术咨询、技术教育、技术交易等各类中介组织，完善科技成果转化、推广应用、技术咨询、人才培养等服务。三是深入推进高层次创新创业人才集聚工程，着力引进一批领军科研型、领头创业型、领办项目型高层次人才。四是不断推动以综合孵化器为基础、各类加速器为主体的多元孵化体系，继续提升创业服务中心、留学生创业园等综合孵化器的运行质量，从而为企业提供更加专业、规范的服务。五是提升公共创新载体能级，致力于科技新城产学研基地、科技中心、创业商务中心等技术创新载体建设。

5.4.3 现代农业发展趋势与融合发展方向

济宁地处黄淮海平原与鲁中南山地过渡交接地带，地形以平原洼地为主，属暖温带季风气候，雨热同期，水资源较丰富，光照资源充足。目前，济宁东部产业集聚区已形成了一批特色农产品生产基地，农业机械化、规模化、产业化水平不断提高，农村土地流转逐年增多。但是，目前集聚区的农业生产仍以传统的粮油作物种植为主，农业生产结构有待进一步提升。

5.4.3.1 农业发展的现状

济宁东部产业集聚区的农业生产以粮食、蔬菜、油料作物为主；地区结构差异明显；东部产业集聚区内各地区结合当地资源条件、市场环境及传统优势，开展农业差异化、专业化经营，形成了各具特色的农业产业结构；近年来，济宁结合各地区资源条件，以市场为导向，实行产业化运营、品牌化营销，已形成了一批各具特色的农产品生产基地；农业机械化、规模化、产业化程度较高；为改变传统农业生产小、弱、散的局面，推进农业现代化进程，近年来济宁多措并举，推动农村土地经营权流转。

5.4.3.2 集聚区现代农业发展方向

农业现代化不是一个孤立的进程，必须与工业化、城镇化相互统筹，协调推进，从政策、财税、科技、服务、管理等多角度着力，综合运用现代经营方式和产业体系、现代科学技术和物质装备、现代发展理念和新型农民来改造、提升、发展农业。

（1）统一规划，因地制宜，发展优势产业

济邹曲围合区域，靠近经济发达、人口稠密的大城市，具有市场、区位优势，应针对城市需求，大力发展都市型农业：一是创新农业组织、经营方式，以专业合作社、专业大户等形式发展高附加值的蔬菜、水果、畜禽、水产品，以及苗木、花卉的规模化、标准化、绿色种养，加强与市场的联系和对接，实行订单化生产；二是做大做强农产品加工企业，提高技术水平，对当地优势农产品进行精深加工，提升产品质量和市场竞争力，实施品牌化营销，利用优越的区位条件开拓市场，提高农产品附加值和农业综合效益；三是围绕各地特色农产品，如邹城食用菌、任城长沟葡萄等，以市场为导向，以提高效益为中心，进行统一规划布局，实施标准化生产、产业化经营，打造著名品牌，力争达到"一乡一业"、"一村一品"，实现规模效益和持续发展；四是对煤矿沉陷区统筹规划，进行治理、改造、再利用，发展水产养殖、林果、旅游等产业，改善生态环境，提高资源利用率；五是依托葡萄、草莓、西瓜、水产养殖等城郊型农业生产基地，以各具特色的节庆活动为平台，开展富有吸引力的休闲、旅游、观光活动，实现"农游合一"，促进城乡融合。

都市区外围区域，耕地资源相对丰富，粮油种植具备传统优势。一方面，要推进土地经营权流转，通过规模化种植提升农业机械化、标准化、生态化水平，提高粮油生产效率，保障本区的粮食安全，发挥商品粮基地的重要职能；另一方面，要在稳定耕地面积和粮食产量的前提下，结合当地优势，挖掘资源潜力，大力发展林、牧、果、菜、渔等多种经营，建立立体生态农业模式，并发展农产品加工，提高农业综合效益，促进农民增收。

（2）推进城乡融合，加快土地流转

促进农民向市民转变，为农业现代化创造条件。今后东部产业集聚区要通过外引内培，打造若干现代化主导产业集群，适当延长工业产业链，大力发展现代服务业，以工业化带动城镇化，加强产城融合，提高城镇及产业对人口的吸纳及承载能力，打破行政藩篱，促进跨区域城镇化，加速农村人口向城镇的转移；与此同时，依法推进农村土地经营权流转，培育和扶持以家庭农场为主的新型农业经营主体，支持其运用农业新装备、新技术、新品种，提升农业的科技含量和管理水平，开展适度规模经营，实现农业增效、农民增收的目标。

发挥兖州在本区农业现代化中的示范、引领作用。兖州区位条件优越，经过30多年的发展，已具有一定的工业经济基础，食品加工、农机制造都已成为该市的支柱产业，工业和农业呈相互支撑、协调发展的局面，已成为全国最大的方便面生产基地、全国农机生产基地，其农业高新技术示范园在山东乃至全国都有很大影响，该市近年来先后荣获"全国粮食生产先进县"、"全国平安农机建设示范市"、"全国农业现代化示范市"等称号。今后要发挥兖州在农业产业化、科技化经营中的品牌及示范效应，研究推广农业现代化的先进经验，借助其发达的农业机械制造业，推动东部产业集聚区的农业现代化进程。

5.5 开发主体发展与融合方向

5.5.1 高新区

5.5.1.1 发展现状

济宁高新区创建于 1992 年，2010 年 9 月经国务院批准升级为国家高新技术产业开发区，下辖两个镇、两个办事处，区内建有国家级创业服务中心、国家级留学生创业园、国家级博士后工作站，以及国家光电信息产业基地、生物技术产业基地、工程机械产业基地、纺织新材料产业基地。目前，在区内投资的世界 500 强企业有 17 家，工业企业有 760 家，形成了光电信息、装备制造、生物医药、软件及服务外包、纺织服装等特色主导产业。

目前，高新区形成了装备制造园、山推国际事业园、火炬工业园、如意工业园等 12 个园区，产业集聚效应日益显现；高新区的医药、光电等新兴行业规模还比较小，仍然高度依赖工程机械、煤炭电力、食品等传统行业；专用设备制造业、食品制造业、纺织业等产业的区位商较高，可见目前济宁高新区产业发展仍以传统的装备制造、食品加工、纺织服装等为主，新兴产业的发展比较薄弱。

5.5.1.2 产业发展方向：建设集聚区创新服务中心与高端制造基地

首先，将高新区建设成为集聚区的创新服务中心。目前，集聚区内各主要产业存在的普遍问题就是技术水平落后，缺乏创新动力，不符合经济可持续发展的要求。高新区目前拥有较好的科技服务产业发展基础，未来应继续支持高新区建设创新服务中心，为集聚区内企业、高校、科研院所、政府部门、科研人员等架起桥梁，通过整合社会科技资源，提供科技信息、科技成果转化、科技创业、人才培训等服务，促进科技与经济的紧密结合，辐射带动整个集聚区的发展。

其次，将高新区打造成为集聚区内的高端制造业基地。立足于高新区工程机械、重型汽车、生物医药、新型纺织、光电信息等优势产业基础，重点发展主机设备、重大创新攻关项目、新型产品及核心零部件的生产制造，加强科学技术投入，积极淘汰落后产能，将高新区打造成为集聚区的先进制造业高地。

5.5.2 任城经济开发区

5.5.2.1 发展现状

任城经济开发区是首批经国家发展和改革委员会（发改委）审核通过的省级经济开发区，2012 年实现 GDP 85 亿元，形成了机械制造、医药健康、新材料新能源、物流等主导产业（表 5.7）。从 2011 年任城经济开发区主要行业的经济指标来看，通用设备制造业的企业个数最多，工业总产值规模较大，但是企业的平均资产规模较小，仅为 593.1 万元。从任城经济开发区部分规模以上工业企业来看，任城经济开发区的企业以中小型企业为主，发展实力较强。从任城经济开发区工业主体类型构成来看，以内资企业为主，外资投资、港澳台投资企业数量偏少，高新技术产值占规模工业的比重较小，产业发展的层次还比较低，缺乏技术和人才上的支持（表 5.8）。当前，开发区基础设施建设资金紧张，入园企业普遍存在流动资金贷款难的问题，从而影响了任城经济开发区的长远发展。

表 5.7 任城经济开发区 2012 年部分规模以上工业企业信息

企业名称	就业人数/人	工业总产值/万元	利税总额/万元
济宁科尔森液压有限公司	120	7 482	900
山东山矿托辊制造有限公司	67	11 032	1 332
山东德立信液压有限公司	176	14 788	1 786
山东东宇工程机械有限公司	800	42 167	5 027
山东博特精工股份有限公司	688	7 122	—
山东山推胜方工程机械有限公司	46	22 955	2 777
济宁市华强化工有限公司	80	18 651	2 257

表 5.8 2011 年任城经济开发区工业主体类型构成

任城经济开发区	产值/亿元	比重/%
规模工业	253	—
港澳台商投资	7	5.9
外商投资	1	1.2
国有控股企业	88	70.9
股份有限公司	27	22.0

5.5.2.2 产业发展方向：培育行业"隐形冠军"中小企业集群

建设具有优势产品、核心技术和创新网络支持的中小企业集群，突出"专、精、特、新"，发挥高新区的融资、研发服务能力，在工程机械配件、医药物流、新材料新能源等领域培育细分行业"隐形冠军"。当前，任城经济开发区以中小型企业为主，尤其是在工程机械配件领域，形成了山推胜方、博特丝杠等实力较强的企业，未来要将集聚区的工程机械配件生产向任城经济开发区转移，在任城经济开发区建设工程机械配件生产基地，着力打造具有市场竞争力的中小企业集群。

5.5.3 兖州工业园区

5.5.3.1 兖州工业园区（新兖）

（1）发展现状

新兖是济宁市委、市政府确立的新型乡镇试点镇，与省级开发区山东兖州工业园区镇园合一，2012年工业园区实现GDP131.2亿元，形成了造纸包装、橡胶化工、煤化工、新型材料、生物医药五大国内优势产业，民营经济发达。但是，目前兖州工业园区在产业发展过程中也面临着企业自主品牌与核心技术发展较弱，创新意识不强，研发能力差，关键技术受制于人；兖州工业园区的龙头企业带动作用不强；兖州工业园造纸业与橡胶轮胎的生产给当地的环境产生了较大的压力，环境污染比较严重等问题。

（2）产业发展方向

第一，"引高迁低"，实现产业升级。引高：积极利用高新区的研发平台，培育自主品牌和核心技术，发展高档纸业和橡胶制品。迁低：迁出普通造、纸煤化工等低附加值、低环境友好度的项目。第二，加强原料林的建设及废纸回收工作，将农作物秸秆、芦苇蔗渣等非木纤维作为上游纸浆的来源，加强对上游纸浆的控制。加快淘汰落后产能，将消耗高、质量差的低档包装纸、普通印刷书写纸等生产向外围适宜地区转移。第三，加强产学研结合，获得具有自主知识产权的核心技术，研发生产具有自主知识产权的产品；实施品牌化战略，努力打造属于自己的名牌产品，加强名牌产品的培育。

5.5.3.2 兖州工业园区（大安）

（1）发展现状

兖州工业园区（大安镇）是省政府批准设立的省级开发区，1992年9月建区，2008年6月与济宁首批新型乡镇——大安镇实行镇区合一，2012年工业园区实现GDP107亿元。目前，形成了装备制造、农业机械、化纤纺织、食品加工、精细化工、高新技术、物流服务等七大主导产业。目前，兖州工业园区（大安镇）产业发展呈现的特点是产业门类多样，有农机生产、食品深加工、化工等产业类型，以中小企业为多，缺少大块头龙头企业，发展的用地条件和交通条件优越，增长潜力大（表5.9）。

表5.9　2011年兖州工业园区规模以上龙头企业主要经济指标

规模以上龙头企业	资产合计 /万元	主营业务 收入/万元	利润总额 /万元	利税合计 /万元	从业人员年 平均数/人	工业总 产值/万元
齐鲁特钢有限公司	146 168	833 980	27 842	44 452	1 480	868 712
山东联诚集团有限公司	73 783	202 600	18 628	25 311	3 094	202 688
兖州市天成化工有限公司	51 672	47 160	5 016	5 800	280	48 960
山东大丰机械有限公司	44 060	38 704	5 257	5 956	780	41 531
兖州市环宇车轮有限公司	85 478	108 087	9 428	10 660	629	109 458
今麦郎食品（兖州）有限公司	14 995	50 280	520	1 862	650	50 406
总计	416 156	1 280 811	66 691	94 041	6 913	1 321 755

（2）未来的发展方向

发挥地区农业与农业装备产业基础，大力发展农用机械、光气农药、食品加工、纺织服装及医药、仓储物流等产业。

未来要将兖州工业园区（大安）建设成为我国重要的现代旱作农用机械生产基地。主要研发生产轻便式收割机、采棉机、玉米剥皮机等收获机械；播种机、挖坑机、玉米精量穴播机等种植机械；生产现代、高效、大马力拖拉机，节能环保中小型拖拉机；以旋耕机、开沟机等为主的土壤耕整机械；研发生产齿轮、链轮、刀片等农机配件，针对国内市场，研发生产施药机械、喷灌设备等新型设备。目前，兖州的光气产业生产已取得了一定的成就，未来要继续支持大安发展光气产业，建设大安光气精细化工产业园。

5.5.4 邹城经济开发区、工业园区

5.5.4.1 产业发展现状

邹城经济开发区是山东省政府于 1992 年批准设立的省级开发区，2002 年更名为"邹城经济开发区"。建区以来，发挥了邹城煤电资源的比较优势，着重培植发展了生物工程、新材料、煤化工、铝制品、机械设备、轻工纺织、现代物流七大主导产业。邹城工业园区成立于 2003 年 7 月，总规划面积为 16.35km²，初步形成了以精细煤化工、高新技术为主，集新材料、纺织、食品加工、机械加工业于一体的新型工业。2012 年，邹城经济开发区和工业园区分别实现 GDP112 亿元和 102 亿元。

从 2011 年邹城区位商和工业总产值排名前十位的产业类型来看，目前邹城的煤炭开采和洗选业、电力、热力的生产和供应业、石油加工炼焦及核燃料加工业等产业具有良好的发展优势，但相对于煤炭及下游产业发展仍比较薄弱。

当前，邹城经济开发区、工业园区产业结构相似度较高，特色不鲜明，造成两地难以形成优势互补，有可能会带来某些行业的恶性竞争和产能过剩，未来需要针对两地的具体现状，打造各具特色的工业园区。

5.5.4.2 产业发展方向

建设"一区两园"：邹城经济开发区（北宿、中心店）建设大型循环经济聚集区；邹城工业园区（太平）建设现代生态产业园区。

邹城经济开发区（北宿、中心店）建设大型循环经济聚集区：统筹规划北宿、中心店地区的煤炭、煤电、煤化工、矿山机械、建材、沉陷区复垦等产业，综合利用东部产业集聚区及济宁市域的煤化工产业排放物，建设煤炭产业循环经济园区，通过产品链条的衔接和延伸，实现结构控污、挖掘经济价值。邹城工业园区（太平）建设现代生态产业园区：承接高新区、兖州工业园区等的产业转移，统筹精细化工、医药造纸、食品加工、生物产业、生态农业、港口物流等产业，建设现代生态产业园区，通过排放物的处理利用，加强工程治污、构筑生态产业体系。

5.5.5 启示

高新区在集聚区内的综合实力最强，但对周边地区的辐射带动能力较弱，且

内部已呈现出了转型升级的压力，未来对高新区的定位就是建设集聚区内的创新服务中心和高端制造基地，重点发展科技金融服务、孵化、创意产业、工程机械整机生产、生物医药、重型汽车、纺织服装、新材料等产业类型。

任城经济开发区的特点是拥有较强市场竞争力的中小企业集聚区，尤其是工程机械配件产业的发展实力较强，未来集聚区内的配件产业将主要向任城经济开发区转移，在工程机械配件、医药物流、新材料新能源等领域培育细分行业"隐形冠军"。济北新区的建设目标是建设集行政办公、商务、生活居住、旅游、文化、商业于一体的"宜业宜居宜商"型新区。

兖州工业园区（新兖）是大型民营企业产业区，但突出问题是自主品牌与核心技术较弱，龙头企业的带动作用不强，污染问题较严重。未来要积极利用高新区的研发服务平台，生产高档制品和橡胶制品，有序地迁出普通造纸、煤化工等低环境友好度的产业项目。兖州工业园区（大安）是综合性的工业园区，初步形成了以农机、汽车零部件、食品、化工、医药、酿造六大支柱产业，未来应继续发挥地区农业与农业装备产业基础，大力发展农用机械、光气农药、食品加工、纺织服装及医药、仓储物流等产业。

邹城经济开发区和工业园区是煤电煤化主导下的集聚区，形成了煤电、煤化工、金属加工等优势产业门类，但污染问题较严重。两区的产业结构相似度较高，特色不鲜明；未来在邹城经济开发区建设煤炭产业循环经济园区，通过产品链条的衔接和延伸实现结构控污、挖掘经济价值；在邹城工业园区建设现代生态产业园区，通过排放物的处理利用，加强工程治污，构筑生态产业体系。

总之，未来集聚区的发展离不开高新区创新服务中心的建设，高新区要扩大创新服务功能的辐射范围，为集聚区内的产业发展提供技术创新支持。各地区的产业发展本着高端化、生态化、专业化的发展要求，进行合理的定位，打造现代产业发展高地。各地区之间要进行合理的产业转移、集聚，有效配置资源。

5.6 体制机制的案例借鉴设计

5.6.1 产业集聚区融合发展的案例借鉴

济宁东部产业集聚区是在建设济宁都市区的背景下提出的，其规划区地跨多个行政区域，作为核心支撑的各个开发区和工业园区，分属于不同的行政单位，长期以来沟通有限，关联度低，协作经验不足，如何构建合理、高效的体制机制，统筹各方，分工协作，增强合力，真正实现融合发展，是产业集聚区建设面临的最关键的问题。为此，选取了几个国内较典型的案例，以期对济宁东部产业集聚区的建设起到借鉴作用。

5.6.1.1 西咸新区——五城十组团，省市共建，以省为主

西咸新区位于陕西西安、咸阳两市建成区之间，规划区总面积为 882km²，其中规划建设用地为 272km²，包括空港新城、沣东新城、秦汉新城、沣西新城、泾河新城 5 个组团。2011 年 5 月，西咸新区开发建设管理委员会成立，建立"省市共建，以省为主"的开发建设模式，不打破行政区划，设立省级层面的推进新区建设工作委员会办公室，同时设立沣渭新区和泾渭新区两个副厅级管理委员会。新区在体制建设上建立了十大支持政策（表 5.10），但在政策考核中面临产业发展与历史文化遗产保护过程财税收支不平衡的问题。

表 5.10　西咸新区十大支持政策

体制机制	支持政策
管理委员会管理权限	管理委员会是省人民政府的派出机构，在重大项目、城乡统筹及规划实施方面赋予其市级管理权限及部分社会事务管理职能。支持西咸新区改革创新，先行先试
建设用地单列	西咸新区建设用地按土地利用规划、年度计划指标实行单列，建设用地在年度指标内单独报批，并履行辖区内土地、房屋管理职能
统筹土地占补平衡指标	规划建设用地需要调整的基本农田和占补平衡指标，可在西安、咸阳及全省范围内调整统筹解决
集体土地流转	加快西咸新区城乡统筹发展和建设现代田园城市，发展都市农业，开展农村集体建设用地流转制度改革试点，创建集体农用地流转补偿机制
税收分成	西咸新区与所在西安、咸阳各市、县（市、区）税收收入在确定基数的基础上，新增税收收入由西咸新区管委会与所在市、县（市、区）实行比例分成
科技改革基地	按照省政府关于关中–天水经济区科技资源统筹规划和政策，在西咸新区建设国家级统筹科技资源改革示范基地
综合保税区	依托西安咸阳国际机场，在空港新城建设西安综合保税区 B 区。加快建立具有全面保税功能的大型综合性海关保税监管区域，支持机场口岸大通关建设
企业投资	在西咸新区 5 年内有重大投资的企业，可优先参与陕北资源开发。鼓励支持在陕资源开发企业积极参与西咸新区建设
金融机制	支持西咸新区建立发展基金和发行城市建设债券，积极开展科技型企业和小型企业股权转让系统以及能源、矿产资源、碳排放、土地等交易试点工作
各级政策扶持	国家深入实施西部大开发政策，关中–天水经济区发展规划支持政策，全省重点示范镇建设支持政策，以及省、市政府赋予开发区的各项优惠政策，均适用于西咸新区

5.6.1.2 南沙新区——一城三区，加大放权力度

广州南沙新区位于广东省广州市南端，按照《广州南沙新区发展规划》战略定位，南沙规划形成"一城三区"的总体空间格局，即中心城区，围绕核心湾区进行布局，与港澳合作发展高端商贸、特色金融与专业服务、科技研发、总部经济和文化创意产业。"三区"，即中心城区外围的特色化组团，分别为北部组团、西部组团和南部组团（表 5.11）。

南沙新区建设主体仍为广州市，但可享省级管理权限。国家级新区因有国务院批复体现国家级战略和新区发展需要，所在省按要求需下放省级管理权限，其实质均拥有副省级管理自主权，而与新区所处区域行政级别无关。

表 5.11 南沙新区政策体制需求

政策支持	具体需求
国家级战略支持	将南沙上升为粤港澳全面合作的国家级新区，给予财税支持和项目安排倾斜，赋予粤港澳合作体制机制改革和社会管理创新的先行先试权
管理权限与考核制度支持	赋予南沙新区管理机构省级管理决策权限；按照对不同区域的主体功能定位，实施差别化的评价考核原则，对南沙重点进行先进制造业和生态保护的评价
财税政策支持	设"南沙发展基金"并给予专项补助资金；实行企业所得税"三免三减半"，在一定期限内按15%税率征收企业所得税；建设免税购物商店，率先进行增值税扩围和深化增值税转型改革
金融创新支持	支持建设国家金融综合配套改革试验区和国际性加工贸易结算中心；建设航运交易所和华南商品期货交易所；发展离岸金融、融资租赁、产业投资基金；试点外汇制度改革
土地管理制度改革	扩大南沙规划范围；用地计划指标国家单列并在指标安排上予以倾斜；允许港澳企业与内地企业成立项目公司，进行土地一级开发和连片开发；对以土地作价入股参与具体项目建设的，不视为土地使用权转让
口岸管理与创新通关支持	探索粤港、粤澳游艇出入境便利化措施，试点"两地牌-证通"政策；建立"一地两检"农产品检验检疫制度；将南沙港区口岸作为汽车整车进口口岸；授权南沙相关机构签发赴港澳通行证业务
航运和物流政策	扩大南沙保税港区范围；注册在保税港区内的纳税人从事海上航运、货物运输仓储、装卸搬运取得的收入免征营业税；注册在南沙新区的保险业从事国际航运保险业的收入免征营业税；对南沙保税港区的企业建设自用设备免关税和进口环节税
教育与科技政策	支持粤港澳在南沙合作建设国际教育合作特区，率先实现内地、港澳与国际职业资格的"一试三证"；开展港澳和国外高校在南沙合作办学试点；支持引进各类国际教育培训机构

政策支持	具体需求
产业和重大项目支持	将南沙客运港确定为珠三角邮轮母港；优先布局安排一批国家级、省级和市级粤港澳合作项目、重大科技专项、战略性新兴产业和公共服务设施项目；支持南沙新区申办重大国际性展会和活动
人才和社会保障政策	支持南沙开展与港澳在社会保障服务衔接和居住证改革试点

5.6.1.3　外高桥（启东）产业园——股份制联合办园

外高桥（启东）产业园建于 2008 年 1 月，产业园以高端机械、电子产业为目标定位，重点引进世界 500 强企业及国内知名大企业，打造上海北翼重要生产制造业基地，主要引进大型装备、精密机械、电子信息、生物医药、船舶配件业，以形成产业集聚效应。产业园由上海外高桥（集团）有限公司与启东滨海工业园合作开发建设，开创长三角跨区域合作新模式，双方实行现金出资的合资模式，启东以土地入股 40%，上海外高桥现金入股 60%，税收等收益按照 6∶4 分成。

5.6.1.4　上海杨浦工业园大丰和海安工业园——一园两基地

2009 年 9 月，位于江苏大丰和海安的上海杨浦工业园正式开建，工业园采取"一园两基地"的布局模式，即一个园区分设在两个基地上，统一开发，共同管理。以"企业组团"和"政府间协议"形式，形成区域间异地工业园区，引导传统制造业构建合理运营布局。开建异地工业园是杨浦区破解城区转型和发展难题的创新之举，也是杨浦融入长三角构筑产业梯度衔接共赢模式的重大战略举措。

异地工业园的运作模式是总部经济在上海、异地生产、统一经营。入驻异地工业园的企业，总部不迁移，其研发和经营职能仍留在上海，生产在异地；政府搭台，企业主体、市场运作。

5.6.1.5　武汉国家高新区——园外园模式

目前，武汉有两个国家级开发区，分别是武汉经济技术开发区和武汉东湖新技术开发区。为带动武汉城市圈及省内其他兄弟城市的发展，武汉两大国家级开发区在保证自身发展的同时，将大量投资资金和项目资源分配给城市圈及省内城市，建立工业园"园外园"，壮大经济规模，发挥辐射带动作用，促进城市圈的资源整合（表 5.12）。

"园外园"的建设有效破解了国家经济开发区土地空间相对不足，而周边中小城市"筑巢难引凤凰来"的难题，一方面有利于延伸国家级经济技术开发区的政策、人才、资金、管理、产业等优势，另一方面可促进当地产业结构升级，由劳动密集型产业逐步转向高新技术产业。另外，武汉高新区的"园外园"模式在共建机制、利益协调、产业合作等方面还进行了体制机制建设，因此提供了良好的政治保障。

表5.12　光谷园外园体制机制建设策略

项目	体制机制建设
共建机制	双方按照"优势互补、利益共享、良性互动、协同发展"的原则，充分发挥高新区的政策、品牌、管理、经济等优势与当地的区位、资源、交通等优势，在技术创新、人才交流、项目合作等方面开展共建，建立信息共享、技术协作、产业支持、联席会议四项机制
利益协调	税收等按比例分成，率先探索城市圈内区域税收分成制等利益协调机制、税收共享机制，切实推进工业协作配套基地建设
产业合作	形成一个"研发在武汉，基地在周边"、"总部在武汉，创业在周边"的创新企业群，建立通畅的联络机制，促进双方企业建立产业链式合作关系
国家高新区	国家高新区充分利用品牌、管理、经济等优势，为在"园外园"开展技术创新、人才交流等项目提供免费服务，不收取利润分成。高新区为"园中园"培养人才。定期迎接周边县市到招商局等部门进修学习
当地园区	周边县市作为国家经济开发区的产业配套区，与开发区统一规划、统一建设、统一招商，为"园外园"落户制定了土地供给、税收分享、园区服务等一系列特殊政策。"园外园"搭建高新技术孵化平台，为当地县市科技型中小企业的迅速成长提供服务

5.6.2　济宁东部产业集聚区体制机制建设要点

5.6.2.1　在都市区构架下推进集聚区工作

济宁东部产业集聚区的建设是构建济宁都市区的重要举措，必须进行统筹规划。借鉴西咸新区经验，从济宁、济宁都市区角度，成立都市区协调委员会，由济宁及各地区主要党政领导参加成立领导机构，负责议事、协调与决策职能，其下可逐渐设立负责地区统筹发展、规划编制实施、重大项目建设、生态环境保护、投融资平台等职能部门，协调各地区相关职能。东部产业集聚区在都市区委员会下成立领导小组，协调各地区及统筹都市区协调委员会各相关职能部门工作。

5.6.2.2 建设一个投融资平台

企业的发展离不开资金，当前济宁东部产业集聚区的大部分企业都存在投融资困难的问题。未来应统筹济宁及各地区财力、发展需求和受益程度，依托济宁和各地财税力量，并结合各类相关的财政专项资金，负责集聚区土地经营、规划编制、重大交通设施、重大生态工程、沉陷区整治、重大产业与园区项目前期建设等的投融资及组织开发建设工作。投融资平台也应从属于都市区协调机构。以整合济宁现有的城市建设投资主体、基础设施建设投资主体、土地储备中心等为基础，明确济宁国资委为出资人，建设方式可采取市场化的 BT、BOT 等模式。

5.6.2.3 建设若干融合发展示范区

选取 2~3 个统筹建设需求强烈、辐射带动作用显著的区域，建设融合发展示范区，建议近期选择高新区创新服务中心、邹西大型循环经济区和绿心沉陷整治与生态观光区为建设对象，重点开展规划编制、基础设施建设、生态环境建设、土地整理、拆迁征补、招商等工作，推动集聚区内的产业转移、转型与融合。

5.6.2.4 建设高新区"一区多园"

发挥高新区科技研发与金融信息平台优势，推动高新区分别与任城经济开发区、兖州工业园区和邹城经济开发区及工业园区合作，设立高新分园，侧重围绕机械、造纸、橡胶、化工、医药、新材料等产业领域，提供科技研发、工业设计、软件外包、科技企业孵化、中小企业融资等服务，并将高新区相关的孵化创业企业和部分受到空间制约的项目向分园转移，发挥高新区对集聚区的辐射带动作用。

5.6.2.5 启示

体制机制的建设是济宁东部产业集聚区融合发展的难点和重点。济宁高新区、任城区、兖州、邹城的融合发展涉及行政体制分割、空间地域分割等约束性问题，必须进行合理的体制机制建设，获得较好的体制机制保障，才能促进各地区的融合发展。

济宁要充分借鉴以上先进案例的经验，建立健全体制机制，创新融资、建设、管理和合作方式，处理好政府与市场的关系，加强政府的服务和引导作用，充分发挥市场的主体作用，为东部产业集聚区的建设创造良好的制度平台和政策环境，推进产业的空间优化布局和结构调整升级，实现各地优势互补和整体提升，促进区域协调发展，为济宁都市区的建设提供有力支撑。济宁可成立都市区协调委员会，负责议事、协调与决策职能；赋予其充分发展自主权，在财税、土地、人才政策上给予更多优惠；将管理、运营职能与生产职能相分离，实现信息、技术、人才、管理等优势与土地、劳动力资源优势的互补。

第三篇　大城市边缘区域的城乡空间优化

6 莱州：城乡空间战略与空间优化

近年来，由于城市工业的扩散和快速交通网络的建设，大量的城市人口由城市向郊区和小城镇迁移，同时城镇企业的增长和集聚，给城市郊区和小城镇带来了新的发展契机，这成为城乡一体化发展过程中的一个新趋势。本章以山东莱州为例，介绍在新型城镇化潮流下，作为烟台边缘区域的县级市莱州，如何构建城乡空间战略体系，实现城乡空间优化。

莱州位于山东东北部、渤海莱州湾之滨，总面积为 1878km²，海岸线长 108km。第六次人口普查常住人口为 88.39 万人，2012 年全国县域基本竞争力百强县排名第 37 位，地区生产总值为 578.7 亿元，公共财政收入为 36 亿元。在国家发展海洋经济、山东建设"蓝黄"经济区、烟台建设"西部增长极"的战略之下，莱州发展处在了新的起点。

6.1 城乡空间格局评价

6.1.1 城镇化发展和城镇体系

6.1.1.1 城镇化发展历程

莱州位于渤海之滨，气候温和，适宜农作，富产渔盐，早在 6000 多年前的新石器时代就有人类居住。从夏代到春秋战国，均为侯国，西汉置掖县后，历代为州、郡、府治。可见，在古代莱州就是经济发达、人口众多之地。莱州历史上由于自然和社会等原因，人口增长、城镇化进程经历波动较大，新中国成立后人口逐渐增多，城镇化发展水平逐渐提高，城镇化水平由 2000 年的 41% 提高到 2010 年的 45%。

6.1.1.2 城镇化发展现状

莱州第六次人口普查（2010 年 11 月 1 日）常住人口为 88.39 万人，其中城镇人口为 39.78 万人，城镇化率为 45.0%。2011 年年末全市户籍人口为 85.81

万人,其中非农人口为36.60万人,暂住人口为33 027人,城镇化率为44.8%。

莱州2011年全社会从业人员为48.6万人,其中一产从业人员为15.0万人,第二产业从业人员为18.5万人,第三产业从业人员为15.1万人,三次产业从业人员比例为31∶38∶31。从历年来三产从业人员比例来看,一产从业人员比重不断下降,第二产业、第三产业从业人员比重不断增加。

从现状城区和镇区人口规模来看,城区四街道人口规模远远大于外围其他镇街驻地人口,中心城区单极化现象非常突出,其他镇街驻地人口规模过小,缺少集聚和规模优势。

6.1.1.3 城镇化发展特征

从城市化发展历史和现状来看,基本属于主动扩张型。由工业化的发展带来了人口、资金及各种设施的聚集,从而促使作为空间聚焦点的城市的迅速发展,这种类型是由工业化为主带动的城市化。

(1) 基本特征

一是处于扩张期,实施东进南扩、北融西展战略;二是处于投资期,基础设施集中投入,几年后才能进入回报期;三是处于阵痛期,伴随新区的扩张,旧村改造又拉开了序幕。

(2) 地域特征

全市城市化水平以市区为最高,西部高于东部,南部高于北部。

(3) 动力特征

地方经济的发展和农村富余劳动力向城镇转移,是城市化的主要动力,城镇人口构成呈现多元化的结构。

6.1.1.4 城镇体系和城镇空间布局特征

莱州下辖6个街道办事处和11个建制镇,24个居委会,1002个村委会,1067个自然村。6个街道办事处是文昌路、永安路、城港路、三山岛、文峰路、金仓街道办事处。11个镇分别是沙河、朱桥、郭家店、土山、虎头崖、平里店、驿道、柞村、程郭、夏邱、金城,其中沙河、朱桥为省级中心镇,土山、郭家店为烟台市中心镇。中心城由6个街道办事处和2个镇组成,基本构成了"一城两区"的格局,即中部掖城片为主城,北部为三山岛片区,南部为柞村-夏邱片区。市域城镇体系结构清晰,功能合理,规模有序。

6.1.2 城镇化质量评价

6.1.2.1 城镇化发展质量综合评价

城镇人口不断增加，城镇集聚功能明显增强。截至 2011 年年末，常住人口为 85.81 万人，其中城镇人口为 40 万人，城镇化率为 45.0%。

城镇吸纳就业能力增强。从 2006 年三次产业从业人员比例（47.4∶29.4∶23.2）与 2011 年（30.9∶38.0∶31.1）三次产业从业人员比例来看，一产从业人员比重下降，第二产业、第三产业从业人员比重上升。2012 年，就业形势总体平稳，新增城乡统筹就业 2.01 万人，城镇"零就业家庭"实现动态消零，城镇登记失业率为 1.19%。

城乡居民收入较快增长。2012 年，城市居民人均可支配收入为 29 486 元，增长 14.0%，全市农民人均纯收入达 14 387 元，增长 14.5%。

社会保障继续完善。2012 年末全市基本养老保险、医疗保险、失业保险、工伤保险、生育保险参保缴费人数持续增加，医疗、保险、社会救助等制度建设不断健全。

城市环境卫生质量不断提高，2011 年生活垃圾处理率为 100%，建成区绿化覆盖率为 41.89%。

6.1.2.2 城镇化发展问题

（1）城镇化水平与工业化水平不协调

2011 年，工业化率为 57.5%，城镇化率为 45%，城镇化滞后于工业化，给经济社会持续、快速、健康发展带来一系列的内在矛盾。

（2）城镇体系有待进一步健全

全市城镇空间组织有待完善，发育程度尚需提升，城镇体系的整体合力发挥不够。发展重点不突出，中心城镇带动作用不强，各乡镇之间联系较弱。

（3）城乡和区域发展不平衡

城乡基础设施和公共服务设施水平差距明显，农村商业服务、文化娱乐、医疗卫生设施普遍缺乏。城镇人均可支配收入和农村人均纯收入差距较大，2000 ~ 2012 年，城乡收入差距持续保持在 2.0 左右。

（4）与资源环境的矛盾比较突出

城镇发展的模式仍比较粗放，较多依赖土地、水、矿产等资源，对这些资源的回收和再利用不足，加之对生态安全的重视不够，使城镇发展与资源、环境之间不协调。

（5）城镇综合支撑能力不足

市政管网不配套而且老化严重，城市交通和停车问题严重，垃圾无害化处理率低，防灾减灾设施比较薄弱，公共文体设施偏少，住房供应结构不尽合理，融资渠道单一等。

6.1.2.3 区域城镇化发展规律

进入 21 世纪以来，山东城镇化发展速度较快、质量较高、城乡面貌变化较大。初步形成以济南、青岛等核心城市为龙头、大中城市为中坚、小城市和小城镇为基础的城镇层级结构，山东半岛城市群、济南都市圈、黄河三角洲城镇发展区、鲁南城镇带 4 个城镇化地域单元互动发展的格局逐渐清晰，山东半岛蓝色经济区城镇对海洋经济发展的支撑和带动作用开始显现。全省城镇经济实力不断提升，城镇综合承载能力明显增强，城乡产业结构不断优化，城乡人居环境得到明显改善。

全省城镇化进程正在进入新的发展阶段，这一阶段所面临的经济发展背景是工业化中后期阶段，技术密集型的制造业和新兴第三产业迅速发展，成为支持城市化水平进一步提高的主要产业。伴随经济社会发展的结构性转变，城镇的规模、性质、形态和发展重点开始发生转折，城镇职能分工逐渐深化、城镇之间联系日益网络化、城镇空间区域化进程加速。烟台在全省城镇化发展进程中位于前列，在当前全国及山东的大背景下，近期及未来城镇化水平将会得到较大提高，根据《山东省城镇体系规划（2011～2030 年)》，烟台 2030 年城镇化水平有望达到 79%。

6.1.2.4 城镇化发展的趋势

国家提出大力推行"以人为本"的新型城镇化，对民生领域的重视达到一个前所未有的高度，山东半岛蓝色经济区建设、黄河三角洲高效生态经济区建设为莱州提供较大的发展机遇，莱州在建设烟台西部增长极的进程中具有明显的比较优势，这些发展大背景都为莱州城镇化发展提供了良好的契机。从莱州发展趋势来看，莱州具备港口、铁路、高速公路等发达的交通条件，依靠外向型经济来带动城市化发展的可能性较大。莱州人口稠密，农业人口基数大，随着农业生产技术的进步，将产生大量的农村富余劳动力，这部分人将来必然要流入各级城镇。另外，莱州处在梯度较高的沿海发达地区，根据区位条件和国家的政策，今后经济发展水平必将大大高于内陆地区，因此对位于较低梯度的内地就会产生较大的吸引力，内地劳动力还会涌入本市，莱州今后城市化发展水平将有较大的提升空间。

6.2 城乡人口空间格局优化

6.2.1 城乡人口分布现状

6.2.1.1 市域人口变化态势

2000 年以来，莱州市户籍人口由"正自然增长、负机械增长"转为"负自然增长、正机械增长"。2000～2003 年，户籍人口逐年减少，主要原因为人口净迁出；2004～2007 年，户籍人口较为平稳，原因为正自然增长与负机械增长相抵；2008 年以来，户籍人口总体上也保持平稳，原因为负自然增长与正机械增长相抵。

6.2.1.2 市域人口分布

2012 年，莱州市域常住人口为 85.58 万人，镇街域总人口规模为 4 万～6 万人。人口最多的镇街是沙河镇，超过 10 万人；人口最少的镇街是文峰路街道，仅有 2 万人。

莱州镇街总人口规模为 4 万～6 万人。人口最多的镇街是沙河镇，超过 10 万人；人口最少的镇街是文峰路街道、金仓街道，仅 2 万人左右。

6.2.1.3 城乡人口流动情况

近年来，莱州市域流动人口数量总体上呈现较快的增长趋势，并且暂住一年以上的人口逐渐增多。2002 年以来，流动人口保持增长势头，半年以上流动人口增速达到 11.2%。

从各乡镇流动人口分布来看，沙河镇、文昌路街道、城港路街道分布较多，其次是永安路街道、夏邱镇、柞村镇，这些流动人口的分布主要是由各镇的产业发展带来的就业引起的。把莱州市域分成北部、中部、南部三大板块。中部板块：人口主要向文昌路街道、城港路街道（中心城区）集中，平里店、郭家店、驿道户籍人口净迁出；北部板块：三山岛流动人口较少，但户籍人口净迁入，朱桥、金城户籍人口净迁出；南部板块：人口主要向沙河集中，夏邱户籍人口净迁出，柞村户籍人口迁入迁出平衡。

6.2.2 城乡人口规模预测

根据莱州2002～2011年的户籍人口增长情况和流动人口增长情况来预测近期及远期人口规模，规划莱州2015年、2020年、2030年总人口规模分别达到92.7万人、97.5万人、105.7万人。

近几年，莱州人口自然增长率保持在-0.03‰左右，随着计划生育政策可能的调整，户籍人口负自然增长将得到一定程度的扭转；而人口机械增长则可能在现有趋势基础上进一步增强，户籍人口增长主要依靠机械增长，近几年机械增长率大概保持在0.03‰。2010年，户籍人口为85.9万人，按0.3%的增速，预测2015年、2020年、2030年的户籍人口规模分别为87.2万人、88.6万人、91.2万人。

2010年，半年以上流动人口为3.4万人，根据当前经济发展良好趋势及今后城区较大的人口承载力状况，2010～2020年流动人口增长比例假设为10%，远期城镇化的步伐将会减缓，2020～2030年流动人口增长率假设为5%，预测得出莱州2015年、2020年、2030年的流动人口规模分别为5.5万人、8.9万人、14.5万人（表6.1）。

表6.1 莱州市域人口和城镇化水平预测

项目	2015年	2020年	2030年
总人口/万人	92.7	97.5	105.7
户籍人口/万人	87.2	88.6	91.2
流动人口/万人	5.5	8.9	14.5
城镇化水平/%	52.5	60	75
城镇人口/万人	48.7	58.5	79.4

2030年，规划中心城区达到55万～60万人；三山岛城区达到8万人；沙河城区达到10万～12万人。中部板块平里店为1万人，驿道为0.5万～1万人，郭家店为0.5万～1万人，虎头崖为2万人。北部板块金城为1万人，朱桥为2万人。南部板块土山为3万人，柞村为1万人，夏邱为2万人。

6.2.3 城乡人口分布引导

市域城乡居民点体系依据各地发展现状、发展潜力、市域整体需求来指引分布，划定中心城区为人口重点集聚区，新市镇为人口适度集聚区，一般镇、新居民点为人口控制优化区，基层村为人口适度外迁区。在优化利用城乡土地、集约利用城乡土地的原则下，规划调整现有以村庄为主体的居民点体系，引导人口向土地集约高效利用的中心城区和新市镇集中，形成以中心城区、新市镇为主，一般镇、新民居（中心村）和基层村为补充的居民点体系格局。

中心城区：由主城区、滨海新区、经济技术开发区三大结构组图构成，规划2030年人口规模达到55万~60万人。

新市镇（辅城）：包括三山岛城区和沙河城区，规划2030年三山岛城区达到8万人，沙河城区达到10万~12万人。

一般镇：包括土山、夏邱、柞村、虎头崖、郭家店、驿道、平里店、朱桥、金城9镇。规划2030年土山镇3万人，虎头崖2万人，朱桥2万人，夏邱2万人，柞村1万人，金城1万人，平里店1万人，驿道0.5万~1万人，郭家店0.5万~1万人。

6.3 城乡空间布局体系构建

6.3.1 城镇空间布局

6.3.1.1 原则、要求和目标

（1）原则
镇街协调、城乡一体、陆海统筹。
（2）要求
适度均衡、点轴集中。
（3）目标
改变中心城区过度极化状况，构建南部中心沙河城区、北部中心三山岛城区，实现市域多点带动、适度均衡发展。

有条件的农民居住（城中村、城边村、镇驻地村等就业非农化）逐步向城镇、新型社区集中。

到2015年，完成三年村庄整治任务，全市半数农户住进新房，农村社区成为城镇化的新亮点；到2020年，全部完成城中（郊）村改造任务，农村社区基础设施、公共服务和社会保障与城镇全面接轨。

6.3.1.2 新型城镇体系构建

在优化、集约利用城乡土地的原则下，规划调整现有以村庄为主体的居民点体系，引导人口向土地集约高效利用的中心城区和新市镇（辅城）集中，形成以中心城区、辅城区为主，一般镇、新民居（中心村）和基层村为补充的居民点体系格局。规划市域形成由1个中心城区、2个辅城区、8个一般镇和若干新型农村社区组成的城乡居民体系。

（1）中心城区

1个中心城区是指在现有城区的基础上，由主城区、滨海新区和高技术产业集聚区（经济技术开发区）三大组图构成。中心城区是莱州市域综合性公共服务主中心，人口承载的主体，现代服务业、先进制造业及新兴产业的集聚区，包括生产、服务、金融和流通等多种职能，是莱州政治和行政管理中心、交通运输中心、信息与科技中心和人才密集之地。

（2）辅城区

2个辅城区是指三山岛城区和沙河城区。强化辅城区作为县域公共服务副中心的地位。三山岛城区作为北部辅城，是莱州北部板块的中心，除了集聚人口之外，还是全市临港加工制造、临港仓储物流等临港型经济的中心。沙河城区是莱州南部板块的中心，起到集聚人口和承载机械制造、再生资源利用等劳动密集型经济的作用。

（3）一般镇

8个一般镇是指夏邱、柞村、虎头崖、郭家店、驿道、平里店、朱桥和金城。完善一般镇的基本公共服务和农业服务功能；山区镇加强水源保护和水土保持功能，搬迁污染企业，重点发展特色林果蔬、高效农业、农产品加工和乡村旅游；城郊镇和平原镇保留现状无污染工业，鼓励新增工业向产业园区分类集聚。

（4）新型农村社区

新型农村社区是农村地区的新型居民点，主要功能是就近为周边农民提供基本公共服务，解决一般村庄规模过小、分布过散、配套服务成本过高的问题。新型农村社区可以在现有村庄的基础上改造而成，也可以是规划集中新建的农村社区。通过特色产业、农业产业化与规模化带动社区建设。重点发展第一、第三产业，结合新农村社区实际情况，沿海地区新农村社区发展渔业，内陆地区新农村社区发展生态农业、果蔬业和畜牧业。

同时，为积极促进板块内部城镇之间的协调发展，分别将程郭纳入中心城区、金仓纳入三山岛城区、土山纳入沙河城区，进行统筹安排。

6.3.1.3　社区和村庄体系构建

（1）社区和村庄分类

1）社区分类。将莱州市居委会和行政村统一划分为 3 类社区，分别为城市社区、镇驻地社区和新型农村社区。

城市社区是指规划纳入城市建设用地范围内的居民点，是市域人口和第二、第三产业的聚集地，应根据城市总体规划确定的发展方向和建设要求，以中等城市标准为发展目标，进行社区规划建设和管理。

镇驻地社区是指规划纳入各镇驻地建设用地范围内的居民点。镇驻地社区主要功能是衔接城乡，为农村发展非农产业，特别是镇村工业提供载体，为农村生产生活提供全面系统的服务，其基础设施和公共服务设施配置应达到各乡镇总体规划的要求，并朝小城市设施配置目标迈进。

新型农村社区是指规划未纳入城市和各镇驻地建设用地范围内的其他居民点。新农村社区是农民主要聚集地，以发展第一、第三产业为主，生活设施按山东和莱州相关标准进行规划，并朝小城镇设施配置目标迈进；生产设施主要与第一、第三产业和手工业发展相适应，其主要功能是为农村公共服务提供载体，为从事农业生产的农民提供符合现代化要求的生活场所，并为其兼营一般性非农产业提供条件。

2）村庄分类。依据村庄与未来城镇布局、生态保护和农业发展的关系，规划将现有村庄分为 5 类：城镇转化型、过渡控制型、新型社区转化型、特色培育型、生态迁并型。

城镇转化型村庄是指位于城镇近期、中期规划建设用地范围内的城中村、城边村，未来将逐渐改造为城镇型的高密度聚居形态。

过渡控制型村庄是指位于城镇远期规划建设用地范围内的城边村，未来将逐渐改造为城镇型的高密度聚居形态，但近中期将长期保持传统村庄形态或新民居（中心村）形态。

新型社区转化型村庄是指位于远期规划新型农村社区附近的村庄，未来应逐步引导向规划新民居社区附近集中。

特色培育型村庄是指具有风貌、历史、文化等某些方面的特色，未来应予以保留并不断完善其特色的村庄。

生态迁并型村庄是指位于生态敏感地区，受环境公害、地质灾害影响较大的村庄。

（2）社区和村庄发展引导

1）社区分类发展引导。城市社区建设应体现现代城市特色，交通组织宜采用人车分行系统，考虑集中停车，色彩清新淡雅，布局错落有致，与周边环境协调。

镇驻地社区建设应体现小城镇特色，各个镇内部的若干社区建筑风格应统一协调、特色鲜明；各乡镇之间应避免相互参照，千篇一律，缺乏特色、活力。

新农村社区建设应体现乡村风格和特色，坡屋顶宜用暖色调，色彩清新淡雅，塑造绿树红瓦的整体效果。公共建筑色彩以暖色调为宜，忌用亮色。部分城镇边缘地区或有景观要求较高地区，可以按照低层建筑形式建设。

2）村庄分类发展引导。城镇转化型村庄的空间发展以推动改造、促进向城市社区和镇驻地转变为重点。按照城市规划、建设的相关标准，稳妥推进"城中村"和"城边村"改造，采用"村改居"的模式，推动村庄向城镇社区转化、农民向市民身份转变，为居民提供城市型社会保障。推动城市型公共服务设施建设，完善文化、体育、医疗和教育等公共设施配置，提升居民生活品质。

过渡控制型村庄应充分考虑过渡期农业生产、生活的需要，近期需要改造的村庄应充分考虑未来农业生产的需要和向城镇再次转化的要求。

新型社区转化型村庄应充分考虑新农民长远的生产生活需要，不仅要考虑生活空间，还需要考虑一定的副业发展空间。

特色培育型村庄应传承乡村文化、农业文明，发展村庄旅游，引导其向多功能的乡村方向发展。

根据轻重缓急，生态迁并型村庄应逐步搬迁安置到安全、宜居的城镇或新型农村社区聚居点中。

（3）社区发展策略

1）城乡统筹发展。立足于城乡人口发展、产业发展、空间布局、公共服务、基础设施及社会保障6个"一体化"建设，继续加大"以城带乡，以工促农"力度，在蓝色半岛经济区和黄三角地区率先形成城乡经济社会发展一体化的新格局。

2）产业优化发展。加快产业结构优化升级，巩固提升传统产业，培育发展战略新兴产业，形成以现代农业为基础、先进制造业为主体、服务业为支撑，优势突出、特色明显、富有竞争力的产业体系。

3）资源集约发展。通过"产业集聚、人口集中、配置优化、资源节约"推进集约化发展，有效促进区域产业升级、城镇化推进、经济与社会建设协调及可持续发展等重大战略部署的实施，这4方面互相联系，协动互补，既符合集约化发展的内在要求，也可以在加快发展模式转型中起到整体的推进作用。

（4）社区设施配置标准

参照《山东省村庄建设规划编制技术导则》和《城市居住区规划设计规范》

中制定的公共设施的配置标准，有针对性地制定城市社区、镇驻地社区和新型农村社区的建设控制形态和控制标准。

6.3.1.4 市域城镇空间布局

规划构筑"两区、两轴、三板块"的市域空间结构。保护"两区"，强化"两轴"，构建"三板块"。其中："两区"是指沿海生物多样性保护区和山区水源涵养和水土保持区；"两轴"是指莱青发展轴和烟潍发展轴；"三板块"是指市域中部板块、南部板块和北部板块。

（1）两区

沿海生物多样性保护区包括湿地保护区、浅海贝类保护区、莱州浅滩增养殖放养保护区、沿海防护林保护区。其中，土山滨海湿地是鸟类东迁路线的主要通道，主要以鸻鹬类为主，如大勺鹬、青脚滨鹬、红腹滨鹬等；石虎嘴湿地分布有鸥类、野鸭类等鸟类，包括中华秋沙鸭（国家一级保护鸟类）、黑嘴鸥（濒危鸟类）等；刁龙嘴西北部地区为莱州浅滩海洋保护区所在范围，保护对象为莱州浅滩海洋生物资源产卵、育幼场；莱州沿海沙滩黑松面积达到 5 万余亩，从根本上改变了沿海地区的自然面貌和生产条件，促进了生态平衡，保障了农业丰收，沿海居民得以安居乐业，10 万亩农田免受风沙危害。

山区水源涵养和水土保持区是市域东南地势高、坡度大、汇水区上游、林木覆盖度高和生物多样性高多因素叠合集中的地区。

（2）两轴

烟潍发展轴是指依托国道 206、荣乌高速 G18 和规划东营－烟台城际铁路，东连烟台，西接潍坊的城镇发展轴线。莱青发展轴是指依托省道三城线和规划莱州至平度、青岛的市域轨道，南连平度、青岛，北接莱州港的城镇发展轴线。

（3）三板块

中部板块由沿海镇街城港路街道、永安路街道、虎头崖镇和内陆镇街文昌路街道、文峰路街道、程郭镇、驿道镇、郭家店镇、平里店镇部分和柞村镇部分构成。中部板块以中心城区为核心，主要包括南阳河、苏郭河两个流域，面积约为 $1008km^2$。

北部板块由沿海镇街三山岛街道、金仓街道、金城镇和内陆镇街朱桥镇和平里店镇部分构成。北部板块以三山岛城区为核心，主要包括王河、朱桥河流域，面积约为 $436km^2$。

南部板块由沿河镇街沙河镇、土山镇和内部镇街夏邱镇和柞村镇部分构成。南部板块以沙河城区为核心，主要包括沙河流域，面积约为 $434km^2$。

6.3.2 基础设施空间布局

6.3.2.1 道路交通布局

（1）交通发展目标

对接区域，建成多元化、一体化的综合交通体系。

构筑区域交通节点，支撑莱州滨海城市、中心城市目标的实现。

公路与烟台、潍坊、青岛3个中心城市1h互通；市域三板块城镇间出行30min到达；铁路15min出莱州，与区域铁路网相连；高铁实现与烟台、青岛、东营等城市的互通；中心城区及乡镇15min能上高速公路和干线公路；公共主导，慢行兼顾，居民平均通勤时间小于30min；到2015年全市农村公路和通班车线路硬化率达到100%。

（2）交通发展战略

对接区域骨架路网，强化与青岛的交通联系，提升莱州交通地位。

协调内外交通设施建设，强化市域板块之间和功能组团之间的联系，构筑走廊式多中心发展格局。

以汽车站、城际站等交通枢纽建设为契机，协调交通设施建设和城市功能开发。

（3）公路系统规划

1）市域干线公路规划。对接区域骨架路网。规划6条南部板块与青岛平度和潍坊昌邑的联系通道（土山至董家口港公路、滨胶莱河公路、土山-昌邑公路、海滨公路、沙河路西延，以及省道308西延）。

强化市域板块之间和功能组团之间的联系。规划7条市域板块之间或板块内部功能组团之间的联系通道（省道文三线、规划中心城区北环线、省道海莱线、玉海路、北苑路、省道小莱线和沙河北环路）。

协调交通设施建设和城市功能开发。规划虎沙路与沙河高速公路出入口相接，促进滨海新区和滨海旅游度假区建设；规划三城线在西侧建新线，将三山岛城区、中心城区与胶州至平度高速公路连接；规划国道206改经南环线、东环线通过中心城区。

着力改善莱州至青岛公路等级低、路况差的状况，新建莱州至平度和土山至董家口的一级公路。莱州至平度一级公路与胶州至平度高速公路连接，由此莱州至青岛中心城区、流亭机场可减少绕行27km，至胶州（青岛新机场）、黄岛、胶南可减少绕行40km。莱州市域段不与三城线共线，沿夏邱、柞村西侧新建道路，连接中心城区南环路和西环路。

2）公路客运枢纽规划。规划市域布置北、中、南 3 个公路客运枢纽。整合中心城区现有 3 个公路客运站，组建莱州客运新站，兼备长途、公交枢纽等功能，具备一级站能力，成为市内中心枢纽，同时预留中心城区客运南站。新增三山岛、沙河两处综合客运枢纽，对外客运不再仅依赖中心城区，具备二级站能力。

3）客货运通道规划。合理组织市域公路交通，做到客货分离，减少客货运输之间的相互干扰，减少货运交通对中心城区的干扰。

客运主要道路为组团间客运联系的重要道路、连接对外高速一级公路的道路、区内重要客运走廊；货运主要道路是服务于港区产业集聚区的货物集疏运、过境货运交通、连接对外高速一级公路的道路。

（4）港口体系规划

1）莱州港发展策略。与城镇、产业布局相适应，完善莱州港区功能分工和疏港交通体系，积极发展多方式联运；不断拓展港口腹地范围。

2）港口功能分工。根据城镇、产业空间布局，调整部分港口功能定位；新建莱州西港区（工业港），支持海洋经济产业区发展；保留莱州港（东港区）为综合港，支持临港物流和临港临电产业区的发展。规划莱州港（东港区）、莱州港（西港区）、海庙港、朱旺港、刁龙嘴港和石虎嘴港 6 个岗区。

莱州港（东港区）为综合港、莱州门户，以石油制品和集装箱运输为主；莱州港（西港区）为工业港，服务于土山、沙河等三市交界地区的商贸物流，支持海洋经济产业区发展，以化工产品、矿建产品、装备机械运输为主；海庙港、朱旺港现状为散货港，逐步调整两港散货功能，远期发展成为旅游码头；刁龙嘴和石虎嘴现状为渔港，规划逐步发展成为旅游观光码头。

3）莱州西港区规划。结合南部经济板块和海洋经济产业区的建设，规划建设莱州港西港区。西港区地处莱州湾南段，属淤泥质堆积海岸，沿岸形成宽阔沼泽、盐碱滩地，前沿水深 8~10m。西港区的浅滩泥沙淤积的来源主要为胶莱河、淮河带来的入海泥沙，胶莱河多年平均含沙量为 0.24kg/m³；泥沙带入量与环渤海地区其他淤泥质港口相比（如天津、东营），属于轻淤港。

规划西港区为工业港，货物主要以盐化工、铁矿石及产品、装备机械和集装为主，建设万吨级液体化工品泊位及配套设施。规划建设万吨级泊位 2~3 个、万吨以下泊位若干。根据规范以万吨泊位能力标准，建议港池宽度为 250~300m；按港池单侧 3 个泊位计算，建议港池长度为 400~450m。由于万吨船只水深要求不小于 6m，前沿水深可满足需求。规划需要将现岸线以北 10km 内泥滩进行清淤和港内造陆。但清淤泥沙仍为建港和后续维护的重要工作，应对泥沙进行充分再利用，用于建设陆域吹填、泥沙上岸回填等作业。

（5）铁路系统规划

改造大莱龙铁路，提升为复线，建成德龙烟铁路，强化与烟台的货运联系；利用大莱龙铁路通道，规划东营经莱州至烟台的城际铁路，强化莱州对外的客运联系；借助海青铁路，实现现状"一"到"T"型结构的转变；改变莱州与青岛间无铁路（轨道）联系的现状，规划莱州至平度、青岛的市域轨道（L3 线），强化与青岛的客运联系。

（6）通用航空规划

适应通用航空业的发展趋势，规划建设莱州通用机场，推动旅游业发展，吸引高端商务、疗养休闲客户，促进地方旅游业升级。

规划通用机场位于滨海开发北部起步区，滨海旅游度假区南侧。规划通用机场为 3C 级，跑道长为 1500m，宽为 40m，满足旅游和商务需求。

（7）公共交通规划

1）公交运营改革。面对公交吸引力、出行比例持续下降，公交企业举步维艰，市民诸多怨言的现状，为确立公共交通的主体地位，莱州公交迫切需要进行全面改革。

市域实行城乡公交一体化。规划将市域城乡客运班线变为公交化运营，城区公交增加线网密度、乡镇线路实现准公交、规范化运营组织形式。具体实施措施如下：理顺管理体制，改变城乡公交、城乡客运分属不同部门的管理现状，由交通部门统一管理；对接管理机制，对城乡客运的旅客运输属性、线路审批、管理监督、服务标准等进行明确界定。交通部门依据公交发展规划和现状线路经营权归属，划分公交线路；衔接运营组织，对线路布局、站点布设、场站设置、票价水平等运营组织和管理方面进行相应的衔接；改革产权制度，市域城乡客运班线变为公交化运营，要确保原城乡客运企业权益不因改革而遭受损失，必要的情况下可进行适当补贴。

中心城区公交采用票运分离的经营模式。票运分离经营模式的核心要素为总成本合约制度；运营体系根据分工可分为政府层、管理层和运营层 3 个层次。由政府统一对公交网络进行规划，收取票款，通过成本核算，以政府购买服务的形式向企业购买公交服务；企业仅负责运营，不负责票务管理；由交通共同体管理中心以公交车平均千米成本作为依据，以一定的利润率（6% ~ 10%）对运营企业支付费用。

2）公交系统改善规划。大力改善公交服务水平，目标至 2030 年公交出行比例（全方式）达到 30%，占机动化出行比例的 50% ~ 60%。规划公交线路分为骨干线路、普通线路两个主要层次，骨干线路主要服务于城市主要客运走廊、客流集散点。规划骨干线路 15 条，以提高服务水平为目标，平均长度为 20km，设计运速大于 20km/h。

构筑布局合理、层次清晰、功能完善、衔接高效的两级公交枢纽体系。市区级公交枢纽布局于对外交通枢纽、大型客流集散中心、城市重要功能中心；片区级公交枢纽布局于地区级中心、客运系统主要接驳站等。规划市区级公交枢纽 4 处，包括老城区的城市中心枢纽（新客运站）、莱州站枢纽、南部片区的沙河站枢纽和北部片区的三山岛枢纽；片区级公交枢纽 6 处。

6.3.2.2 电力能源工程布局

完善电网主网架，改造升级农村电网，着力打造结构优化、布局合理、技术实用、供电质量高、电能损耗低的新型智能化电网。新建华电莱州电厂 500kV 送出工程，扩建 500kV 光州变电站，建设 220kV 岳里变电站及其 110kV 配出工程，新建程郭、虎头崖、沙河、平里店、开发区、过西 6 个 110kV 输变电工程及其相关配套线路。着力推动华电国际莱州电厂为重点的电源工程建设，在一期工程建成并网发电的基础上，进一步扩大装机容量，到 2015 年火电装机容量达到 500 万 kW。

6.3.2.3 燃气热力工程布局

加强城镇燃气、热力等地下管网建设，统筹抓好各类管线的规划、建设和管理，建设地下公共管沟。充分利用现有管网设备设施，改造老化管网，适度新建管网，以天然气为主气源，提高供气规模和管道燃气供气普及率。加强基础设施建设，完善运行管理体系，保障社会服务功能。

6.3.2.4 通信工程布局

加大信息网络基础设施建设力度。完善电信传输网、移动通信网、有线广播电视网等基础设施，推进有线数字电视整体转换，推进电信、电视、计算机三网融合。加快电子商务、电子政务工程、现代远程教育建设，推进商务信息和政务信息的开发利用，实现政府、企业和社会化信息互动发展。全面完成劳动保障、社会救助、文化教育、医疗卫生、市民卡等社会事业信息化工程。

6.3.2.5 供排水工程布局

扩大水源地规模，保障水源水质，加强城乡水厂和配套管网建设，抓好备用水源和水质监测，确保供水安全。加快城市供排水管网更新改造，扩大现有水厂供水能力。完善供水网络，加快城市供水和农村饮用水工程建设，构建城乡一体化的供水保障体系。新建三山岛水厂和三山岛污水处理厂，改扩建饮马池水厂、留驾水厂、王河地下水库水厂、河套污水处理厂。建立完整的管理体制，加强对河道、明沟的管理及综合治理，保证河道、明沟等汛期雨水泄水通道具有良好的泄洪能力。

6.3.2.6 减灾工程布局

加强城镇防灾减灾基础设施建设，健全防洪、防灾、人防设施和地震监测救援体系，完善公共事件应急处理机制，提高应对各类突发事件的能力。把物防、技防建设纳入城镇规划，综合设计、同步建设，提高城镇治安防控水平。

6.3.3 公共服务设施布局

6.3.3.1 发展现状

改革开放以来，特别是进入 21 世纪以来，莱州城乡社会面貌发展了巨大变化，基本公共教育、基本医疗卫生、公共文化体育、人口和计划生育、就业基本公共服务、基本住房保障、社会保险福利、困难和特殊人群帮助等各项社会事业发展取得了长足进步，社会组织开始在社会建设中发挥重要的协同作用，城乡社区管理迈出了新步伐。

当前，莱州保障改善民生还需要加大努力，基本公共服务和社会管理仍存在薄弱环节，社会建设的责任重大。具体表现在解决校车服务和校舍安全工程建设问题资金困难，农村中小学布局调整还没有完成；城区之间、城乡之间卫生资源配置不够合理；基层便民公共文化体育设施缺乏；人口分布"近海拥湾"集中度偏低，现代海滨城市面貌特征不突出；劳动者职业技能素质落后，农村富余劳动力本地转移难度加大；镇街老旧小区、旧村社区改造任务繁重；新农合大病保障能力不足，老年福利服务中心数量少、规模小；城乡低保标准差距较大；社会组织数量较少，协同社会建设的力量还比较小，社会组织和社区工作者人才匮乏。

6.3.3.2 发展目标

到 2020 年，莱州基本公共服务与社会管理发展的总体目标任务如下。

在基本公共服务方面，实现"严格控制、全民均等"。社会资源分配不平衡现象受到严格控制，新建设的基本公共服务项目不能造成新的分配不平衡；以扶助弱势人群为重点的社会公平进一步向前推进，各种基本公共服务待遇差距控制在20%以内，基本实现全民均等。

在基层社会管理方面，实现"公民主体、充分自治"。以公民社会建设为核心，城乡社区内注册登记或备案的基层社会组织数量有较大幅度的增长，基层社会自治的空间领域明显扩大，社会组织协同、公众参与的作用更为明显，广泛覆盖社会诉求源头，简便运行、通达快捷。

在政府转变基本公共服务和社会管理职能方面，实现"服务购买、权力下移"。政府从直接提供基本公共服务中退出，一切基本公共服务都要通过招标向包括社会组织在内的第三方进行购买；充分依靠人民群众创造历史的智慧，凡是基层社区能自行解决的决策权、审批权、管理权、民主监督权都要下移，还权于社区。

6.3.3.3 政策措施

（1）率先实现基本公共教育服务均等化

全面贯彻党的教育方针，认真落实教育优先发展战略，按照育人为本、改革创新、促进公平、提高质量的要求，大幅增加教育投入，保证财政教育经费增长明显高于地区生产总值增长，财政教育经费支出占生产总值比重提高到4%。合理配置教育资源，优化教育结构，统筹城乡各级各类教育均衡发展。完善以政府为主导、多种方式并举的家庭经济困难学生资助政策，加快落实基本公共教育服务国家标准，根据建立健全基本公共教育体系的需要，实施一批保障工程，着力加强薄弱环节，改善薄弱学校办学条件，有效缩小城乡区域间教育发展差距。大力发展现代远程教育，引导各级各类学校、图书馆、文化馆等公共资源向全体社会成员开展继续教育。

（2）合理配置基本医疗卫生服务体系

加快推进医疗卫生体制改革，推动公立医院管理体制、运行体制、监管机制和补偿机制改革，落实公立医院的法人自主权。鼓励和引导社会资本举办和发展医疗机构，形成公立医院与非公立医院相互促进、共同发展的格局。按照人人享有基本医疗卫生服务的目标要求，加快建立健全覆盖城乡居民的医疗服务体系、公共卫生服务体系和疾病预防控制体系。新增医疗卫生资源重点向农村和城市社区倾斜。搞好城乡社区和广大农村医疗卫生服务机构建设，改善基础设施条件，健全服务网络，为基本医疗卫生服务供给提供有力支撑。完善医疗卫生机构管理运行机制，加强对各类医疗卫生机构监管，提高基本医疗卫生服务的公平性、可及性和质量水平。

（3）繁荣城乡公共文化体育事业

坚持公益性、基本性、均等性、便利性原则，加强城乡公共文化和体育设施建设，健全服务网络，有效提升公共文化体育服务能力。大力发展公共文化事业，增强公共文化产品和服务供给。以农村基层地区为重点，继续推进广播电视村村通、农家书屋工程、文化资源共享等文化惠民工程。加快面向大众的城镇公共文化设施建设，完善城镇社区文化设施，促进基层文化资源整合和综合利用。大力发展公共体育事业，加强公共体育设施建设，广泛开展全民健身运动，提升广大群众特别是青少年的体育健身意识和健康水平。加快建设一批面向群众、贴近基层的中小型全民健身中心，充分利用城市绿地、广场、公园等公共场所和适宜的自然区域建设全民健身活动设施。

（4）构建城乡统一的就业服务体系

加快建立城乡统一的人力资源市场，健全劳动者自主择业、市场调节就业、政府促进就业相结合的机制，创造城乡劳动者平等就业机会，提高就业质量，努力促进充分就业。实行积极的就业政策，以高校毕业生、农村转移劳动力、城镇就业困难人员和零就业家庭为重点服务对象，为全体劳动者就业创造必要条件，千方百计地扩大就业创业规模。适应莱州未来经济调整和加快发展战略性新兴产业的要求，近年来随着企业技术设备更新换代加快，很多企业实现了自动化、数字化生产，对高级专业技术工人需求的急剧增加，根据需要培训适合经济发展需要的产业大军队伍。努力提高农民工就业技能，增强竞争就业能力，有效缓解劳动力总量性与结构性矛盾。

（5）不断完善社会保障体系建设

全面建立基本养老保险、基本医疗保险、工伤保险、失业保险、生育保险等社会保险制度。适应多种所有制经济和灵活多样就业形式的发展，健全与劳动力市场相适应、权利和义务相对应的企业社会保险制度，将企业社会保险的覆盖面扩大到所有从业人员。逐年扩大农村五保集中供养覆盖面，提高集中供养率、集中供养标准及分散供养标准。加强公益性养老服务设施建设，鼓励社会资本兴办具有护理功能的养老服务机构。拓展养老服务领域，实现养老服务从基本生活照料向医疗健康、辅助器具配置、精神慰藉、法律服务、紧急援助等方面延伸。增加社区老年活动场所和便利化设施。

（6）大力培育发展社会组织

完善社会组织登记办法，降低社会组织登记门槛，着力扩大社会组织覆盖面。加快枢纽型社会组织建设，并通过枢纽型社会组织，联系更多数量、覆盖更全面的各类社会组织。推进事业单位深化改革，将审计事务所、统计事务所、产权交易中心、电子政务中心等一部分事业单位转制为"枢纽型社会（事业）组织"，而不是完全将企业化推向市场。坚持政府推动加政策导向，通过政府部门向社会组织转移职能，建立社会组织孵化基地，向社会组织开放更多的公共资源和领域。重点培育、优先发展经济类、公益慈善类、民办非企业单位和城乡社区社会组织，加快培育和打造一批专业性强的社会组织、社会工作者队伍。加强社会组织自律性建设，健全内部治理机制，使其规范健康地发展。

（7）加强和创新城乡社区社会服务与管理

创新社区社会治理结构，实施城乡社区综合服务平台建设工程，社区服务人才专业化、职业化队伍建设工程，建设"纵向到底、横向到边"的网格化城乡社区管护模式，实现社区社会自治与政府辖区行政社会管理顺利对接。遵循"三农"时代发展要求，以"空心村"农民宅基地流转为主要突破口，加快推进大型农村新社区建设，通过加快农村社区农机专业合作社组织发展，健全农村社区调解制度，巩固落实社区事务公开和听证制度、居民监督委员会制度，健全农村社区不安定因素排查和快捷灵活的信息交流反馈机制等措施，构建农村社区特色社会管理模式。壮大城乡社区即有集体经济，大办群众福利事业，为社区居民谋福祉。

6.3.4 生态保护布局

6.3.4.1 原则、目标和措施

（1）原则

1）城乡互动互补，可持续发展的原则；

2）经济发展与生态环境保护建设的"双赢"原则；

3）强化保护的原则；

4）实用性和可操作性原则。

（2）目标

1）通过生态环境保护，遏制生态环境破坏，减轻自然灾害的危害；

2）促进自然资源的合理、科学利用，实现自然生态系统良性循环；

3）维护生态环境安全，确保经济社会的可持续发展。

到 2015 年，城市建成区绿化覆盖率达到 45%；城市建成区全年空气质量优于二级标准的天数占比达到 90% 以上；适合改造的即有建筑节能改造率达到 40% 以上；城市污水处理率达到 100%。到 2020 年，90% 以上村庄达到省级生态文明村建设标准。

（3）措施

1）严格保护极度敏感区和重度敏感区，规划建设用地不得占用，其占市域总面积的 21.78%；划定基本生态控制线——水源保护区、水源水库、自然保护

区（核心区和缓冲区）、重点公益林、一般公益林、地质灾害重点防治区、坡度25°以上地区、高程在200m以上地区、河流水面控制线、规划水源涵养区。

2）多种措施主动治理污染。

6.3.4.2 生态敏感性分析

市域极度敏感区和重度敏感区总面积为419.53km²，占市域总面积的21.78%，主要分布在柞村镇东部、郭家店镇西部和南部、文昌路街道东部、程郭镇南部、驿道镇南部、金仓街道、三山岛街道、金城镇街道和土山镇的滨海地区，适宜生态保护；中度敏感区总面积为1050.18km²，占市域总面积的54.52%，主要分布在中西部大部分地区，较适宜生态保护，可以有限制条件地开展适度建设；一般敏感区和轻度敏感区总面积为456.52km²，占市域总面积的23.70%，主要分布在土山镇中部、沙河镇中部、夏邱镇南部、虎头崖镇北部、永安路街道东部、文昌路街道西部、城港路街道南部和西部、金仓街道西部、三山岛街道南部、平里店镇北部、朱桥镇北部，适宜进行城市建设（表6.2）。

表 6.2　市域生态敏感性区划统计表

敏感区划	面积/km²	比例/%
一般敏感	322.04	16.72
轻度敏感	134.48	6.98
中度敏感	1050.18	54.52
重度敏感	260.89	13.54
极度敏感	158.64	8.24

6.3.4.3 生态安全格局构建

（1）生态基本控制线

市域生态基本控制线包括水源保护区、水源水库、自然保护区（核心区和缓冲区）、重点公益林、一般公益林、地质灾害重点防治区、坡度25°以上地区、高程200m以上地区、河流水面控制线、规划水源涵养区。

（2）生态安全格局构建

规划市域形成"二带、五廊、七节点"的生态安全格局。

"二带"：东南林植水土保持生态带和西北沿海生物多样性保护生态带，构成市域生态基本骨架。

"五廊"：五条主要流域主干河道，构成穿城山海生态走廊，将自然生态和城市生态融为一体。五条主干河道为白沙河、海郑河、南阳河、王河和朱桥河。

"七节点"：七个主要生态要素，分别为土山湿地、金仓生态公益林、三山岛湿地、留驾水源地、临疃河-庙埠河-小沽河水源地、赵家-坎上水源地、白云洞水源地。

6.3.4.4 生态敏感区保护

（1）基本农田保护

莱州基本农田保护区分布于全市各镇（街道），是全市的高中产土地和部分可改造的中低产土地。发展方向主要是粮食、果树和经济作物，在空间管制上划为禁止建设区。

（2）一般农田保护

一般农田在全市各镇（街道）均有分布，其中土山镇、三山岛街道、郭家店镇分布较多，应划为限制建设区。

（3）水土流失保护

以坡度分布特征为依据，划分水土流失敏感区。25°以上区域为高度敏感区，20°~25°范围为中度敏感区，10°~20°为低敏感区，10°以下为不敏感区。

（4）生物多样性保护

现有的自然保护区和风景名胜区作为生物多样性保护的核心区，是重要的物种栖息地。应划为禁止建设区。

（5）矿产资源保护

按照"谁开发，谁保护；谁污染，谁治理；谁破坏，谁恢复；谁使用，谁补偿"的原则，建立矿山生态环境保护与土地复垦履约保证金制度；严格执行矿山地质环境影响评价制度和地质灾害危险性评估制度，以及矿山建设与矿山生态环境保护设施同时设计、同时施工、同时投产使用"三同时"制度；建立矿山生态环境保护与恢复治理年报制度和国土资源行政主管部门定期检查制度，做好矿产资源勘查、开发全过程的生态环境恢复治理工作，改善矿山生态环境。依法加强对矿山环境的监督管理，实现资源开发与环境保护的良性循环。

禁止在城市建设区、风景名胜区、地质灾害危险区内勘查、开采矿产资源。在重要交通干线可视范围内，山东及莱州划定的各类自然保护区、地质地貌景观保护区、地质遗迹保护区范围内，禁止露天开采矿产资源，严格限制地下开采矿产资源。城市建设区的现有矿山要限期关闭，关闭之前需制定保护性开采方案，以保证城市建设安全。严格限制在地质灾害易发区、生态功能保护、水源地等大中型水利工程范围内勘查、开采矿产资源。

6.3.4.5 污染控制

（1）控制目标

城市集中式供水水源地达到Ⅱ类水质标准以上；解决水源地水库富营养化；河流水质达到莱州水环境功能区划的规划目标；地下水实现采补平衡。空气清洁天数在 300d/a 以上。建立覆盖城乡，完善的垃圾收集、运输、处理系统，加强垃圾资源化利用。

（2）水污染控制和水生态环境保护

对水库等水源地的汇水区范围进行全面保护，取缔这一区域内的所有开山采石活动，不允许建设污染排放项目。在一级水源保护区建设绿色林带，禁止新建、扩建、改建一切与供水设施和保护水源无关的建设项目（包括农业）；水源地的汇水区内植树造林，使林地覆盖率达到 70% 以上，以有效涵养水源。库区内禁止网箱养鱼；位于保护区内但在水源绿化带以外的现有农田，已经开垦的土壤薄、产量低的农田和果园予以退耕还林、还草；限制高毒高残留农药、化肥的使用，发展生态型农业，减少对水体产生的污染。严格管理农村畜禽粪便污染问题，畜禽粪便不得乱排乱放，应通过收集进行集中处理。加强对主要河道的综合治理工作，进行梯级开发，通过污水截流、拆迁、清淤、河道整治及两岸绿化等工作，使河道达到相应的防洪标准，做到河道有水、水体还清，实现水功能区划目标。在立地条件较好的荒山秃岭，种植水源涵养作用较强的赤松林、落叶松、麻栎等湿生树种；在土壤瘠薄、立地条件差的地段种植芒古草、鸭嘴草等草本植物，改善土壤，逐步恢复环境。提高水的利用率，发展节水农业，至 2020 年节水灌溉面积达到农田总积的 85% 以上。采取中水回用等节水措施，降低居民综合用水配额，在居民楼、办公室等设置小型污水处理系统，建立中水管道系统。至 2020 年，90% 以上的楼房安装中水回用设施。

（3）大气污染控制

加强污染源的现场监督管理力度，确保污染治理设施的正常运转。实施燃煤电厂烟气脱硫示范工程、水泥粉尘治理示范工程，造纸行业黑液碱回收示范工程；开展污染物排放交易试点，建立流域、区域生态资源有偿使用机制；实施污染物排放浓度与总量双轨控制；对严重扰民的饮食娱乐服务业产生的油烟、污水、恶臭、噪声进行治理。

深入开展城市综合整治。调整城市燃料结构，控制大气污染，严格执行政府关于燃煤含硫量小于 1% 和灰分少于 15% 的规定，1t 以下锅炉和饮食大灶必须使用气、油、电等洁净燃料。加快城市污水集中处理设施的建设步伐。加快集中供热工程建设，进一步提高城市热化率。控制汽车尾气污染，推行使用双燃料汽车或燃气汽车。严格实行车辆报废制度。

（4）固体废弃物污染控制

对城市生活垃圾、固体废弃物和危险废弃物实行综合利用、处理和安全处置。生活垃圾实行无害化处理。农村按照"三清四改"的要求，综合整治农村环境，完善覆盖城乡的环卫系统。

（5）水土流失治理

保护水土流失敏感区域、控制水土流失程度，并对水土流失采取及时治理措施，至 2020 年全区水土流失面积低于 2000t/（km² · a），达到轻度侵蚀级别。为最大限度地减少水土流失造成的危害，充分发挥恢复工程的效果，水土流失的治理应分重点、分层次地进行；通过水土流失宜发区现状图与生态敏感区的叠合，确定治理区域。

6.3.4.6 污染防治对策

（1）建立完善资源节约和环境友好型社会的法规体系

在贯彻实施国家法律和地方行政法规、规章的同时，完善有利于资源节约和环境友好的法规体系，出台以节约减排、污染防治和生态建设为重点的地方性法规和规章。特别要重视水土资源节约、环境保护等方面法规的制定，使资源、环境管理有法可依，有章可循。例如，针对重点污染行业制定更为严格的污染物排放标准；提高企业准入门槛，健全环保准入制度和排污许可制度；制定切合当地实际的农业面源污染和畜禽养殖污染控制标准，完善并监督实施化肥、农药、农膜等农用生产资料的安全使用标准及生产操作技术规范，指导农民科学使用农用化学品；制定支持有机肥生产和使用的激励政策等。

（2）加快推进资源环境价格改革

推进土地、水、电、油、气等资源性产品及其要素价格改革，逐步建立能够反映市场供求状况、资源稀缺程度和环境损害成本的价格形成机制，引导和激励市场主体在充分竞争中节约资源，提高资源利用效率。推进土地使用制度改革，完善工业和经营性用地的招标、拍卖和挂牌出让制度，积极探索基础设施及各类社会事业用地实行有偿使用；加快水资源价格改革，完善水资源费、污水处理和排污收费制度，建立合理的水价形成机制；探索排污权有偿取得和交易制度，研究建立化学需氧量、氨氮、总磷等排污权初始价格，探索建立水资源使用权转让和主要水污染物排污权交易制度；严格执行环境准入制度，控制主要污染物排放总量，实行新建项目环保审批与排污总量控制指标和节能减排任务完成情况直接挂钩的制度。

（3）建立生态补偿机制

研究探索区域间、产业间生态补偿办法。加大对饮用水水源保护区、自然保护区等重要生态功能区的财政转移支付力度，探索建立政府、市场和社会多元化生态补偿模式，明确补偿主体、补偿对象、补偿标准、补偿范围、补偿资金来源和补偿方式等。研究城市对乡村、下游产业对上游产业、受益方对受损方、"双高"（高污染、高环境风险）产业对环境友好型产业的生态补偿政策。

6.3.5 历史文化保护与城市布局

6.3.5.1 原则、内容和重点

（1）保护原则

1）人文结合自然的整体性原则；

2）地域特色保护的原真性原则；

3）保护发展互动的可持续原则；

4）保护规划管理的分类别原则。

（2）保护内容

1）自然环境：山体、河流水域等；

2）人工环境：文保单位、保护建筑、特色构筑、古树古木、古遗址、古墓葬等；

3）人文环境：地方文化、商铺老字号、历史人物、风土民俗、地方艺术、地方信仰、地方美食、传说掌故等。

（3）保护重点

自然山体、水域；历史文化建筑、历史街区等遗址遗迹；云峰山、寒同山、大基山等碑刻文化及遗迹；东海神庙等海文化及遗址遗迹；曲艺、草编等非物质文化遗产；其他遗址遗迹及民间文化。

6.3.5.2 城市景观风貌架构

从莱州建设生态城市和滨海旅游城市的总体目标出发，在保护历史文化和自然环境的基础上，利用山海景观资源和历史文化资源，重点提升和塑造城市特色景观风貌。

综合考量城市发展定位和城市总体风貌，遵循"依据自然分隔、强化板块布局，多中心聚集、生态发展"的原则，规划"两带、三廊、三轴、五区"。"两带"指莱州西部滨海景观带和环城东西南三面的山体景观带。"三廊"指王河、

南阳河、沙河景观廊道。"三轴"指莱州古城中轴、山体联通景观轴和祭海文化景观轴。"五区"为北部黄金海岸景区、海神庙祭海文化景区、古韵莱州景区、南部云峰山景区，以及城西山海文化旅游区。

6.3.5.3 山体系统架构

（1）城中看山

山体对绿廊走向、街道布置、视廊沿线的城市形态和建设格局起总体控制作用。考量其在城市景观廊道中的视觉影响，保护观山视廊和周边山丘，展示"云峰拱秀"的传统意象，使得从古城向周边山上看，有种"采菊东篱下，悠然见南山"的意境。主要保证的公共活动节点视廊有以下8点：①南阳河视廊；②新一中南望云峰山视廊；③云峰湖北岸南望云峰山视廊；④云峰路南望云峰山、东环路南望寒同山视廊；⑤文泉路东望大基山、西望粉子山视廊；⑥东海神庙南望凤凰山视廊；⑦府前东街东望牛蹄山；⑧文化东路东望双凤山。

此外，为保证云峰山的景观视廊，规划城市轮廓线应中间高、南北低，主要保证的节点视廊包括以下3点：①保证自新一中门口看云峰山2/3高度以上不受遮挡，按此要求分街坊控制高度；②保证自云峰胡北岸南望云峰山2/3高度以上不受遮挡，云峰湖以南建筑高度应控制在30m以下；③南环路与云峰山、寒同山之间，西环路与粉子山之间，东环路与牛蹄山、双凤山之间，宜为低层，最高建筑高度不宜超过20m；建筑应掩映在树丛中。

（2）山上看城

为保证从周边山上俯瞰古城的景观视廊，规划应控制好高层建筑轮廓、建筑色彩、屋顶形式、与山丘之间距离，使城市的东-西轮廓线呈"M"形态。规划严格控制的建设高度包括以下几处：①古城区建筑高度以低多层为主，两侧可以为高层，到东西山边逐步降至低多层；②最高城市建筑高度不宜超过粉子山过多，即100m以下；③南阳河至粉子山之间的建筑，应为多层为主，局部小高层不超过35m；④东苑路至牛蹄山之间建筑应以多层为主，局部小高层不超过35m。

（3）第五立面设计

为保证城市整体天际线景观效果，规划要求所有小高层和多层、低层建筑原则上均为坡屋顶，所有新建筑坡屋顶颜色应统一成一个色系，高层建筑屋顶形式应注意自山上观看效果优美。

（4）建设云峰山旅游区

在保证保护云峰山与城区文脉联系，严格控制文峰山北侧建设规模的前提下，充分利用云峰山的自然文化资源，规划在云峰山南侧、临潼河水库保护区以外建设云峰山旅游区。

对云峰山文化资源的利用包括以下两点：①结合天然石刻资源，规划以石刻文化为主题的登山（徒步、车行）路线；②结合历史、艺术价值突出的石刻，规划登山路线的主要文化景观节点。

对云峰山自然资源的利用包括以下两点：①择自然景观较好地段，规划部分娱乐休闲设施，如滑索、茶馆、露营场地等；②根据不同时节的景观特色，规划对应的观景区。

（5）建设城西山海文化旅游区

规划在粉子山至虎头崖一带整体建设城西山海文化旅游区。积极开展粉子山周边、柞村石材开采区等地区的环境整治，在修复的过程中注意呼应东海神庙的祭海轴线，尽可能恢复最初的风水格局；利用自然生态环境，规划多功能乡村旅游度假胜地，主要包括以下几点：①择自然生态、观海景观较好的地段，规划以医疗、康复为主的生态疗养区；②择地势平缓地段，规划大面积的户外运动场兼顾露营、垂钓等多种郊野活动；③依据地形山势特点，规划徒步、自行车等登山线路；④结合现状耕地，规划农场体验娱乐区；⑤保留一定村户，依据当地民居民俗文化改造设计，打造独具特色的农家乐区；⑥以山海文化为主题，规划建设大型游乐设施，打造山间游乐园。

6.3.5.4 水体系统架构

（1）打造滨海景观带

城市西侧的生态本底是重要的自然景观资源和旅游资源，规划在起东侧设置制高点，与城市旅游功能相结合，布局看海节点；开发建设注重高度控制，形成观海序列；保留现有河流入海口，维系城市生态。

岸线利用原则：保护优先（生态自然岸线和未利用岸线比重为80%）；在保护的前提下，增加生活旅游岸线。

规划岸线利用调整：调整海庙港–朱旺港之间的岸线功能，由原来的港口岸线调整为生活旅游岸线；调整黄金海岸的岸线功能，由生态自然岸线调整为旅游岸线。

（2）打造三河景观廊道

沙河、南阳河、王河，贯穿整个莱州，联通山海，穿流城镇，是境内主要的景观水系，其对提升城市形象，打造城市宜居环境起着重要作用。规划建设应注重其在不同区段的不同形态、景观和风貌。提倡自然化、生态化的河道处理方式，尽量避免人工渠化的岸线。

（3）建设滨海旅游度假区

莱州北部具有优美的岸线景观资源及天然黑松林区，充分利用其天然自然资源，打造滨海休闲度假区，规划主要原则包括以下四点：①结合当地民居特色，规划海边度假兼疗养的休闲度假区；②限制黑松林防护区、湿地保护区等周边地段的开发建设，保护天然海岸带景观；③利用海岸带自然资源，规划大型天然浴场、沙雕艺术等娱乐区；④保护当地传统渔业活动，规划渔业体验参观区。

6.3.5.5 城市系统架构

（1）打造古韵莱州

莱州古城历史悠久，规划保护与传承莱州的历史文化，重塑其历史格局，具体包括以下几点：①保护和展示自然山水格局；②保护现存的古城街巷格局，鼓楼街、府前街、东关大街、西关大街等传统街巷格局是重要的历史遗存，通过地面或者街旁标示，提示古城街巷历史；③挖掘、保护好四关、四隅现存的历史建筑，避免大规模拆除现存低层庭院式建筑；④保护现状文物古迹；⑤在原城门、角楼、城墙的位置，通过标示，提示原有城池格局；⑥保护现状文物古迹，将近现代有价值的建筑纳入"历史建筑"保护范围；⑦在鼓楼大街或其他合适街道，适当恢复建设部分牌坊；⑧在广场、公园和街头绿地等公共空间，展示城市历史文化和民间艺术。

（2）建设东海神庙遗址公园

规划在近海处复建东海神庙，避免在原址重建过程破坏历史信息。祭海轴线要尽可能完整复原，同时结合现有部分遗址及自然资源景观，以最小干预为原则建设东海神庙遗址公园。

（3）城市特色构建

城市特色构建主要从3个方面来实现，包括对莱州城市绿廊、城市广场及新建筑风貌特征的引导。

1）城市绿廊包括两方面：交通绿廊——传承城市历史文化（整合快速交通绿廊、主要功能道路、串联文化文物为特色旅游景点、整合旅游线路等），生态绿廊——满足城市生态功能（整合河流、水岸、慢行绿道、公园、市民广场等景观元素）。

2）城市广场的建设是莱州城市的特色之一，规划坚持高密度均衡布局街头小广场，方便群众就近活动；同时，鼓励扶持广场文化活动，作为展示莱州文化艺术、精神面貌的重要场；此外，街头广场要保持亲切宜人的尺度，不盲目追求大广场。

3）对新建筑风貌特征的引导包括以下两大方面：①建筑风格方面，规划建设应结合地方气候条件和地方材料的现代建筑风格；除高层外，原则上采用坡屋顶；此外，莱州作为中国石材之乡，规划打造石材实验示范区，首先对于重要城市公共建筑采用石材；其次，选择某个重点片区示范使用各种类型、色彩石材，使莱州成为石材建筑应用的实验区和示范区；②建筑色彩方面：坡屋顶采用统一色系，可分区采用古民居灰色色系或近现代民居红色屋顶为主；墙面色彩以浅色为主；鼓励探索延续莱州传统建筑文化的建筑风格。

6.3.5.6　保障机制

（1）完善立法

制定相关法律法规，保证其权威性和严肃性，完善现有法规体系，通过法律手段完善历史文化保护工作，规范城市建设过程中的开发行为。对各个层次的保护规划要通过一定的法律程序予以批准，并制定相应的技术法规，使规划具有法律效力，增强规划的权威性。

（2）健全机构

建立健全历史文化保护管理体制，设立包括城市及主管部门领导、专家学者和市民代表在内的保护委员会，将其作为历史文化保护的领导、协调和监督机构，定期检查保护规划的工作情况，审查相关的规划设计项目，审议保护和城市建设中遇到的问题。

（3）加强宣传

加大宣传力度，增强全社会对历史文化保护的意识，扩大莱州的区域及国内外影响力，激发市民的自豪感，强化包括政府、开发商和市民在内的全社会的法律意识和舆论监督作用。

（4）落实资金

首先，应将历史文化保护专用资金列入政府财政计划，建立历史文化保护、管理和建设的专项费用。其次，在土地有偿使用制度及房地产市场逐步建立和完善的背景下，利用土地的级差效益等市场经济手段，为保护争取经费。再次，提倡"政府出一点、单位出一点、私人出一点"的模式，利用好地方财政性拨款、集体单位、社会赞助、居民筹款等资金。最后，结合旅游发展，收取合理的历史文化保护建设费，专门用于历史文化街区和历史建筑群、古城、古镇、古村的保护、服务和管理。

6.4 城乡空间发展战略

6.4.1 空间发展政策建议

6.4.1.1 深化户籍管理制度改革

坚持"积极稳妥、统筹兼顾、以人为本"的原则，逐步建立以公民经常居住地登记常住人口为基本形式，以合法稳定住所、合法稳定职业为户口迁移基本条件的新型户籍管理制度。放宽落户政策，鼓励农村人口到城市和小城镇就业、落户，解决已经在城镇稳定工作、生活的外来人员及与其共同生活的直系亲属的落户问题。创新流动人口服务管理，建立居住证制度，为暂不具备城镇落户条件的流动人口提供公共服务和权益保障。在尊重农民意愿的前提下，运用公共资源和市场机制，引导人口向各功能区迁移，形成合理的人口分布格局。

6.4.1.2 有序推进农业转移人口市民化

积极探索农业转移人口市民化的有效途径，降低人口转移门槛，促进农业转移人口个人融入企业、子女融入学校、家庭融入社区，实现城镇基本公共服务常住人口全覆盖。完善城乡平等的就业创业制度和服务体系，加大农民工创业政策扶持力度，推进提高农民工参与城镇社保的参保率，保障农民工享有国家规定的同等医疗卫生服务。完善农民工城镇住房保障的政策措施，逐步解决进城农民工基本住房问题。将农民工随迁子女义务教育纳入城市教育发展规划和财政保障范围。积极稳妥推进"村改居"工作，将城中村改造的原村（居）民整体转为城镇居民。

6.4.1.3 拓宽城镇建设投融资渠道

充分发挥政府资金引导作用，建立以市场融资和金融信贷为主、财政资金投入为辅、公益性和商业性基础设施开发相结合的多元化城镇建设投融资新机制。优化政府资金使用方式，集中用好各类城镇建设、城镇规划、区域发展等专项资金，加强建设、财政和金融政策的协调配合。鼓励多种方式吸引各类资金参与城镇基础设施、公共设施和功能区的建设运营。

6.4.1.4　深化行政管理体制改革

根据经济社会发展和城镇化发展需要，支持经济开发区、工业园区、旅游度假区及其他经济实力较强区域，通过合作共建、共享资源，拓展发展空间。支持撤村并点，鼓励旧村改造、村庄合并或整体搬迁。坚持权责利相统一，进一步简政放权，理顺管理权限，适当扩大镇街经济社会管理权限，调动建设积极性。

6.4.1.5　推动土地管理制度改革

在保证重大项目、重点区域用地的同时，土地利用年度计划指标应向城镇化方面倾斜。建立全市统一的城乡建设用地增减挂钩指标交易平台，建立城镇建设用地增加与农村建设用地减少相挂钩、城镇建设用地增加规模与吸纳农村人口进入城市定居规模相挂钩、新增城镇建设用地指标与土地开发整理数量相挂钩的机制。以市场体系建设为重点，积极推进土地承包经营权流转。引导和鼓励农民通过土地出租、入股、加入合作社等形式，有序流转土地承包经营权，促进土地规模经营和农业集约化发展。同时，积极探索宅基地权属化改革、宅基地使用权有偿退出机制，在维护农民自身权益的同时，为城乡资源优化配置、双向流动提供便利。

6.4.1.6　推行扩权强镇改革试点

稳妥推进沙河镇行政管理体制改革试点，将省、市级示范镇纳入试点范围。加大对试点镇的财政支持力度，探索建立试点镇财政金库，合理确定收支范围和上缴基数，逐步建立稳定、规范、有利于其长远发展的财政体制。整合各级有关部门村镇建设资金和涉农专项资金，集中用于试点镇建设。对省级示范镇，在省级财政安排专项补助资金的基础上，市财政原则上按照不低于省补助资金的规模进行配套；辖区内产生的土地出让金净收益、城镇基础设施配套费、社会抚养费等非税收入，属市以下部分，除国家和省规定有明确用途外，重点用于省级示范镇建设。对市级示范镇，市级财政安排专项资金重点用于扶持市政基础设施和公共服务设施建设。赋予试点镇更多的土地、建设、人事、项目审批、行政执法等权力，增强试点镇自我发展能力。

6.4.2　具体空间优化措施

6.4.2.1　近期重点建设区域

近期重点建议区域如表 6.3 所示。

表 6.3　近期重点建设区域表

<table>
<tr><th colspan="2">重点区域</th><th>建设措施</th></tr>
<tr><td rowspan="3">新区建设</td><td>中部板块：滨海新区</td><td>在莱州主城区西部建设滨海新区；建设北苑路、玉海路，强化滨海新区和主城区的联系；建设虎沙路，连接沙河城区及高速公路出入口；高规格建设东海神庙文化旅游区；建设科技创新服务中心；新建高中 1 所</td></tr>
<tr><td>北部板块：三山岛新城</td><td>在三山岛老城附近打造新的三山岛城区；推动滨海旅游度假区和三山岛城区融合发展。突出滨海旅游度假区旅游主题功能建设的同时，以集聚人气为导向，完善三山岛生活区学校、商业、居住配套等城市功能建设</td></tr>
<tr><td>南部板块：沙河新区</td><td>在沙河东侧规划建设沙河新区，提高沙河公共服务水平；启动先进制造业集聚区建设，推进工业退城入园；鼓励废旧塑料回收产业向海洋经济产业区搬迁；强化沙河对外交通联系和南部板块内部交通联系，重点建设东环路、沙河路、虎沙路、北环路和改造 308 省道</td></tr>
<tr><td rowspan="3">旧城改造</td><td>中心城区内的老城区</td><td rowspan="3">以重大基础设施建设、房地产项目开发推动老城区（老镇区）的改造和社区化；以文、教、体、卫的合理配套打造幸福和谐社区</td></tr>
<tr><td>三山岛-金仓片区内的老镇区</td></tr>
<tr><td>沙河-土山片区内的老镇区</td></tr>
<tr><td rowspan="4">城中村改造</td><td>中心城区的所有城中村</td><td rowspan="4">提高旧村改造的力度和速度，近期完成被城城区所有的城中村改造工作，完成部分城郊村的改造工作，提高城市居住环境，提升城市形象。
加快重点镇（沙河镇和朱桥镇）的城中村拆除重建和综合整治工作，兼顾重点建设项目（黄金海岸旅游度假区、东海神庙、云峰山山地旅游开发项目等）周边的旧村改造进程，加大力度整治城中村的居住环境</td></tr>
<tr><td>中心城区的部分城郊村</td></tr>
<tr><td>重点镇区的城中村</td></tr>
<tr><td>重点项目周边旧村</td></tr>
<tr><td>村庄迁建</td><td>因城镇建设、项目建设需要迁建的村庄（以中心城区和重点镇周边为主）、交通不便和相对偏远的村庄、生态脆弱和承载力差的村庄</td><td>978 个现有村庄中，167 个并入城市社区，主要分布在中心城区扩展范围内，占总数的 17%；98 个并入镇驻地社区，主要位于各镇驻地，占村庄总数的 10%；选取 169 个新农村社区中心村庄，占村庄总数 17%；并入新农村社区村庄 544 个，规划期内将向社区中心集聚，占村庄总数 56%。选取中心城区 60 个城市社区，以及每个街道的 1 个新农村社区进行近期建设</td></tr>
</table>

6.4.2.2　近期劳动就业目标

（1）城镇化及劳动就业目标

城镇化及劳动就业目标如表 6.4 所示。

表 6.4　近期城镇化及劳动就业目标

	指标	2015 年目标
城镇化水平	城镇化率	≥65%
	城镇人口	≥58 万人
	建成区人口	≥38 万人
	人均生产总值	≥10 万元
	服务业增加值比重	≥45%
	城市居民人均可支配收入	≥4 万元
	居民人均住宅建筑面积	≥35m^2
	城乡社会保障一体化覆盖率	≥96%
	农村公路和通班车线路硬化率	100%
	住进新房农户数	≥50%
劳动就业	年均新增就业岗位	1.5 万个
	年均新增城镇就业人口	≥1.2 万人
	其中：失业职工再就业	≥2000 人
	帮扶困难群体再就业人口	≥500 人
	年均新增农村劳动力转移就业人口	≥3600 人
	年均新增失业职工人口	≤3000 人
	城镇登记失业率	≤1.2%
	年均城镇失业人员、农民工、新成长劳动力培训人口	≥2000 人
	年均创业培训人口	≥1500 人

（2）劳动就业措施

1）加强公共就业服务机构建设。投资 200 万元，全面建成以中心人力资源市场为依托、镇街二级市场为辅助、社区三级市场为补充的布局合理、重点突出、辐射力强、资源共享、运行规范、服务高效的公共职业介绍体系，加强重点企业和项目用工服务，为"三区发展"提供良好的公共就业服务平台。

2）加强基层平台建设。通过加大投入，确保 16 家平台全部通过市级示范平台验收，市级示范平台达标率达到 100%。进一步加强劳动保障协理员队伍建设，村级协理员队伍建设达到 100%。完成镇街劳动保障机构的劳动力资源情况建设，运用劳动99软件开展职业介绍、招聘登记、农村劳动力转移工作。农村已转移和有转移愿望的人员入库管理率要达到90%以上，要不断提升基层平台服务水平。

3）加强职业技能培训，促进农村劳动力转移。充分发挥现有就业训练中心、各类职业培训机构，走"短平快"的路子，创新培训方式，开展"定单式"、"定向式"和"储备式"培训，把农村劳动力培训与市场需求结合起来，提高培训的针对性和适用性。围绕打造胶东半岛制造业基地，重点加强从事机械制造、电子信息、食品加工和黄金四大支柱产业的农民工的技能培训。鼓励经过定向或适应性转岗培训的农村劳动力，参加职业技能鉴定，实现持证上岗，以提升农村劳动力的就业能力，促进稳定转移。

4）深入推进困难群体就业援助工作。加强失业调控，对裁减人员20人以上的企业实行失业申报制度，缓解金融危机带来的就业压力。积极争取各级财政支持，进一步落实再就业优惠政策，对新申报援助的零就业家庭人员和"4050"灵活就业人员给予社会保险补贴，小额担保贷款实现重点突破。零就业家庭做到"动态消零"，有效解决困难群体就业难的问题。

5）促进以创业带动就业工作。搭建创业服务平台，实现创业服务市、镇街、社区三级联动；加强创业孵化基地建设，为创业者初次创业提供平台；全面落实创业带动就业专项扶持资金，加大各项创业补贴的发放力度，继续搞好小额担保贷款支持创业，增加担保基金和贴息资金投入，不断提高担保能力和扶持效果。

6.4.2.3 近期建设用地规模

根据近期新增城镇人口和产业布局状况，2013~2015年莱州新增建设用地主要集中在中心城区、三山岛片区和沙河-土山片区，其中 沙河-土山片区银海工业园的建设，新增建设用地规模较大。2015年，莱州规划新增旅游用地3.84km^2、工业用地31.98km^2、港区用地10.49km^2、居住用地18.44km^2、公共设施用地5.71km^2、教育科技用地1.19km^2、批发市场用地1.15km^2、仓储物流用地0.75km^2、镇街建设用地13.72km^2，共计87.27km^2。其中，中心城区片区28.98km^2、三山岛片区18.16km^2、沙河-土山片区48.31km^2，其他地区减少4.43km^2。

6.4.2.4 近期建设项目库

近期建设项目如表6.5所示。

表 6.5 近期建设项目库

类别		项目
交通设施	铁路	大莱龙铁路改造升级
		莱州电厂输运铁路专用线
		疏港铁路
	公路	疏港公路
		土山至青岛董家口一级路莱州段
		无棣至莱州沿海公路莱州段
市政工程	水资源配置工程	设 2 处分水口、新建 2 座水库、新建输水渠道引水到平原水库、新建水厂并铺设供水管道与市自来水管网对接
	水系联网工程	小沽河向庙埠河水库调水工程
		庙埠河水库向饮马池水库和临疃河水库调水工程
		白沙河下游向珍珠河调水工程
		王河向苏郭河流域调水工程
	农村饮水安全工程	建设集中式供水工程 20 处
	城镇供水	扩建饮马池水厂、驿道水厂、云峰水厂，新建三山岛水厂
	污水处理	扩建河套污水处理厂，新建三山岛污水处理厂，生活污水连片整治工程
	垃圾处理	垃圾处理厂二期工程，生活垃圾连片整治工程
	电力	华电莱州电厂 500kV 送出工程
		扩建 500kV 光州变电站
		220kV 岳里变电站及其 110kV 配出工程
		虎头崖、城东、开发区 3 个 110kV 输变电工程
文教体卫	文化	莱州市民文化活动中心、市老年服务中心、博物馆新馆、图书馆新馆等
		市文化馆、市博物馆、市图书馆
	体育	中型全民健身中心、体育馆、室内游泳池
		田径场（竞技体校）、体育公园（掖县公园）
	教育	高级技术学校扩建、文泉学校初中部建设、南十里育才学校、莱州一中附属学校
	卫生	三山岛中心卫生院
	旅游	三山岛旅游度假区
		东海神庙项目
		阳光海滩项目
		中华月季园
		云峰山、大基山、莲花山旅游开发
		凤凰山茶庄
		永大生态园

续表

类别	项目
产业投资	临港物流园、工业园、黄三角先进制造工业区、土山工业园区、华创工业园等
	国际石材城、柞村石材项目
	百万千瓦海上风电厂
	35 万 t/a PVC 项目
	新城金矿、焦家金矿采选扩建
	海洋钻井平台耐火胶管生产
	莱州港扩建
	万通集贸市场改造
	南阳河商务中心、西关商务中心
生态保护	黄金尾矿生态处理及综合利用
	沿海防护林建设

6.4.2.5　近期特色小城镇和重点社区建设

（1）特色小城镇建设

根据小城镇所处的区位条件和资源条件，将莱州小城镇分为滨海小镇、山区小镇、平原小镇 3 种类型。针对不同类型的小城镇，制定特色引导策略。

金城、虎头崖突出滨海渔民风情或生态宜居风情，建设滨海特色风情小镇。突出滨海渔民风情：保留海草房等胶东特色民居、再现古朴渔村风貌；挖掘当地海湾历史文化、渔业文化和祭海民俗文化；发展渔家体验和海鲜美食文化。突出滨海生态宜居风情：突出滨海原生态、宜居、休闲等特色，以阳光度假为主题，大力发展农家乐经济；塑造绿色生态品牌，提供健康绿色美食。

驿道、郭家店、柞村依托山区资源优势，突出避暑休闲、田园风情，建设山区特色风情小镇。保护山体自然生态、挖掘石刻等山石文化，发展道教养生文化，建设慢行养生绿道、开启自行车环山健康之旅等，强化山岳养生文化风情。保持良好自然环境，突出亲近绿色、天然氧吧主题，通过低密度建设，达到显山、借山、与山呼应的特色。

土山、夏邱、平里店、朱桥突出生态采摘与种植体验风情，或特色景观风情。突出生态采摘与种植体验风情：发展体验农耕、回归自然的特色，建立生态农业观光园，提供不同季节多种类型的农产品采摘，丰富乡村旅游消费需求，注重生态环保、绿化美化、传统农业等特色。依据石材、花卉等特定资源，因地制宜建立特色景观风情，发挥石都或月季之乡等资源特色，创建石头风情和花卉小镇，打造处处美景，四处花香的优良环境，塑造特色乡村游。

（2）重点社区（居委会）建设

选取中心城区60个城市社区、三山岛街道1个城市社区和2个新农村社区、金仓街道3个城市社区、程郭镇5个城市社区、虎头崖镇1个城市社区和2个新农村社区、沙河镇1个城市社区和2个新农村社区、其他乡镇各1个镇驻地社区和1~2个新农村社区，共计100个社区作为近期建设实施的社区，其中包括城市社区71个，镇驻地社区8个，新农村社区21个。

全面落实莱州城乡社区发展建设的总目标和各分项目标，以创新性政策促进规划实施，以规划指标体系检验规划实施，建立包括地方立法、公共政策、公众参与的综合规划管治体系。加强政府宏观调控力度，切实把社区建设摆在优先发展的战略地位。充分发挥市场机制，鼓励社区设施投资多元化。推行社区直选制度，组建社区业主委员会。

6.4.2.6　近期政策改革目标

（1）社会保障

完善覆盖城乡居民的基本医疗卫生制度，推进乡镇卫生院和村卫生室标准化、规范化建设。创新食品药品安全监管体制机制，强化流动人口服务管理。建立市场配置和政府保障相结合的住房制度，加强保障性住房建设与分配管理，规范房地产市场和住房公积金监管。完善城乡社会保障制度，健全城乡社会保险体系和救助体系，稳步实现城乡居民养老保险、医疗保险制度统一、服务均等。鼓励社会力量发展养老事业，构建以居家为基础、社区为依托、机构为支撑的社会养老服务体系。

（2）户籍管理制度

建立以公民经常居住地登记常住人口为基本形式，以合法稳定住所、合法稳定职业为户口迁移基本条件的新型户籍管理制度。放宽落户政策，鼓励农村人口到城市和小城镇就业、落户，解决已经在城镇稳定工作、生活的外来人员及与其共同生活的直系亲属的落户问题。创新流动人口服务管理，建立居住证制度，为暂不具备城镇落户条件的流动人口提供公共服务和权益保障。运用公共资源和市场机制，引导人口向各功能区迁移，形成合理的人口分布格局。

（3）就业居住

完善城乡平等的就业创业制度和服务体系。完善农民工城镇住房保障的政策措施，逐步解决进城农民工基本住房问题。将农民工随迁子女义务教育纳入城市教育发展规划和财政保障范围。积极稳妥推进"村改居"工作，将城中村改造的原村（居）民整体转为城镇居民。

（4）土地管理制度

完善土地产权、用途管理、市场配置、收益分配等制度建设。鼓励农户通过转包、出租、转让、股份合作等形式流转土地承包经营权。建立村有站点、镇街有中心、市区有市场的土地流转服务体系，促进土地向种粮大户、家庭农场和农民专业合作社等经营主体集中。实行差别化的土地利用和管理政策，引导新增建设用地向重点地区、重要领域倾斜。建立全市统一的城乡建设用地增减挂钩指标交易管理平台，逐步提高挂钩奖补标准，做好农村土地整治和城乡建设用地增减挂钩工作。

（5）城镇建设投融资

建立以市场融资和金融信贷为主、财政资金投入为辅、公益性和商业性基础设施开发相结合的多元化城镇建设投融资新机制。优化政府资金使用方式，加强建设、财政和金融政策的协调配合。鼓励多种方式吸引各类资金参与城镇基础设施、公共设施和功能区的建设运营。

（6）行政管理体制

支持经济开发区、工业园区、旅游度假区及其他经济实力较强区域拓展发展空间。支持撤村并点，鼓励旧村改造、村庄合并或整体搬迁。适当扩大镇街经济社会管理权限。

6.4.2.7 近期生态环境保护目标

（1）近期目标

近期生态环境保护目标如表6.6所示。

表 6.6　近期生态环境保护目标

指标		2015 年目标
水环境	地表水环境功能区达标率	100%
	城市集中式饮用水源地水质达标率	100%
	近岸海域水环境质量功能区达标率	100%
空气环境	城市建成区全年空气环境质量好于二级标准的天数占全年比例	≥95%
辐射环境	辐射环境质量水平	天然本底值范围内
总量控制指标	化学需氧量排放量	4939.38t
	化学需氧量入河总量	1126t
	氨氮排放量	630.58t
	氮氧化物排放量	1281.77t
	二氧化硫排放量	8199.7t

续表

指标		2015 年目标
污染防治指标	城市污水集中处理率	≥90%
	城镇污水处理厂达标排放率	100%
	城镇污水新增处理能力	2 万 t/d
	城市生活垃圾无害化处理率	100%
	工业用水重复利用率	≥82%
	工业固体废物综合利用率	≥90%
农村污染治理指标	建有农村户用沼气池农户占适宜农户比例	≥30%
	农村卫生厕所普及率	≥98%
	规模化养殖场（含养殖小区）粪便污水处理设施达标排放率	≥85%
	秸秆综合利用率	≥85%
生态保护指标	受保护土地面积占国土面积的比例	≥17%
	城市建成区绿化覆盖率	≥41%
	森林覆盖率（丘陵区域）	≥40%
	水土流失治理率	≥82%
	环境优美乡镇个数	≥9 个
环境管理能力指标	环保投资占全市 GDP 总量	≥3.5%
	开展清洁生产的企业数量	≥30 个

（2）保障措施

加强环境与发展综合决策，建立环境保护监管新机制：建立完善的环境监管机制；完善环境目标责任制；健全环境保护协调机制。严格执法，强化环境监管力度：认真实施国家环境保护法律法规，加大环境保护执法力度；严格执行环境影响评价法；实行最严格的排污总量控制制度。依靠科技进步，大力发展环保产业：大力推进"十二五"期间环保科技工作；积极推进环保设施运营的社会化、市场化、专业化。加大环保投入，完善环境保护的市场机制与政策：将环保投入列为财政支出的重要内容并逐年增加，强化对环境保护专项资金使用的监督管理；逐步建立多元化的环保资金投入机制。加强环境保护宣传教育，营造环境保护氛围：加强新闻媒体对环境保护的宣传导向和舆论监督，努力提高全民环保意识；建立环境信息公开制度。

6.4.2.8　近期社会文化发展目标

（1）近期目标

近期社会文化发展目标如表 6.7 所示。

表 6.7 近期社会文化发展目标

指标			2015 年目标
社会事业	教育	小学学龄儿童能全部入学和基本合格毕业率	100%
		初中入学率	≥99%
		高中阶段教育普及率	92%
		高等教育毛入学率	≥37%
		全市中等职业教育在校生规模占高中阶段教育在校生规模比例	≥55%
	科技	争取国家、省重大项目数量	≥15 个
		新建烟台市级以上工程技术研究中心	5 处
		科技进步对全市经济增长的贡献率	≥60%
		高新技术产业产值占规模以上工业总产值的比重	≥45%
		高新技术产品拥有自主知识产权的比重	≥68%
		年专利申请量、专利申请总量	800 件、5000 件
		省级以上高新技术企业数量、高新技术产业产值	15 家、600 亿元
	医疗卫生	城乡居民医疗保障覆盖面	力争 100%
		城市社区卫生服务机构数、覆盖城市人口数	30 处、30 万人
		每千人拥有医院床位数	3.42 张
		每千人拥有卫生技术人员	4.01 人
	文化体育	人均拥有公共图书馆藏书	0.3 册
		市文化馆、图书馆、博物馆、档案馆数量	4 个
		镇街综合文化站数量	17 个
		每年统筹城乡新增就业再就业人数	≥1.2 万人
	劳动就业	城镇登记失业率	≤1.2%
		新增农村劳动力转移就业人数、其中农村劳动力输出就业人数	10 000 人、3 500 人
		帮助失业职工再就业人数	约 2 000 人
		城乡"零就业家庭"户数	约 500 家
社会保障	基本住房保障	累计新建经济适用住房、廉租住房、公共租赁住房数量	800 套（户）、360 套（户）、2 000 套（户）
		全市累计新增改造完成的老旧小区物业项目的比例	15%
		全市新增累计对旧村进行改造的比例	30%
	社会保险福利	新型农村养老保险投保人数、覆盖面	38 万人、85%
		全市城镇居民养老保险参保人数、参保率	27.4 万人、100%
		企业基本养老保险参保人数、覆盖面	15 万人、85%
	困难和特殊人群保障	农村低保年人均标准、覆盖面	≥5200 元、5.5%
		城市低保年人均标准、覆盖面	≥7330 元、3.5%
		城乡居民最低生活保障标准年均增长率	≥7%

（2）政策措施

率先实现基本公共教育服务均等化，加大科技投入力度，完善科技创新体系，合理配置基本医疗卫生服务体系，繁荣城乡公共文化体育事业，构建城乡统一的就业服务体系，不断完善社会保障体系建设。

7 公安：农村居民点建设与体系优化

当前，我国的农村居民点正经历着深刻的变化。一方面，根植于小农生产基础及其环境条件下的聚落格局仍然主导着农村居民点分布；另一方面，工业化、城镇化和农业现代化强烈冲击着传统聚落，在乡村家庭住房周期性改善的同时，空心村、留守儿童与老人、城乡"两栖"占地、乡村社区萧条等现象日益普遍，带来的土地资源浪费、乡村社会失序、农业规模化经营困难等问题已经成为新时期农村问题的重要焦点。在大力推进新型城镇化的背景下，如何优化我国农村居民点体系，是当前面临的重大问题。

本章以公安县为例，探讨新时期下农村居民点建设与体系优化问题。在地理位置上公安县位于荆州这一地级城市的边缘区域，北部与荆州市区隔江相望，南临湖南安乡，东连石首，西接松滋，拥有良好的区位，然而在新型城镇化建设中面临着农村居民点建设困境，从而制约其发展进程。所以，深入分析其农村居民点的现状问题，在深刻剖析其体制机制的基础上，构建农村居民点体系并提出发展建议尤为关键。在学科发展上，深刻分析农村居民点既有格局的地理规律，探讨适应新时期要求的农村居民点体系调整与优化规律，其也是地理学发挥学科优势开展理论与实践研究的重要领域。

7.1 农村居民点发展现状分析

7.1.1 农村居民点体系结构特征

农村居民点体系可划分为村落生活空间、次村落生活空间和超村落生活空间3个等级。从行政体系角度讲，我国目前的农村居民点体系由乡中心区和村庄两个降序等级组成；从研究层次上讲，可以将农村居民点体系分成宏观、中观、微观3个层次。宏观层次的农村居民点体系指的是由一定地域范围内的农村地区的所有居民点相互联系构成的整体；中观层次指的是群体乡村聚落，即由"中心乡村聚落与其吸引范围村庄"所形成的居民点体系；微观层次指的是单体乡村聚落。从宏观上看，公安县现有农村居民点体系呈现乡中心区—集镇—中心村—基层村 4 个行政等级结构；从中观上看，包含中心乡村聚落与其吸引范围村所形成的居民点体系。县内共有乡中心区两个，甘家厂乡和章田寺乡，集镇 22 个，中心村 128 个，基层村 328 个。

7.1.2　农村人口空间分布特征

截止到 2012 年，公安县农村人口规模达到 70.74 万人，平均每个村委会约有 2156 人。从总体上看，各村庄之间人口规模差异较大。

7.1.2.1　人口分异特征

（1）地形分异

公安县境内属江汉平原，地势平坦，除黄山头顶峰海拔为 263.6m 外，其他地区在 100m 以下，且绝大部分地区海拔为 20~50m，湖泊棋布，河流纵横，全县集水面积为 199.39km²，占国土面积的 8.83%，是名副其实的平原水乡。湖滨地区地势低洼的自然条件限制了居民点的分布，所以公安县西南部地势较高的平岗、丘岗地带农村平均人口规模总体高于县内地势较低的湖滨地区，其中甘家厂乡农村平均人口规模达到 2998.78 人/个，而藕池镇只有 838.18 人/个。

（2）南北分异

公安县南北沿长江分布，包括埠河、斗湖堤、杨家厂、麻豪口、藕池 5 个乡镇。沿江地区农村平均人口规模差异较大，斗湖堤镇农村平均人口规模最大，达到 2357.14 人/个，而藕池镇只有 838.18 人/个，这是因为藕池镇处于上荆江和下荆江的过渡区，是虎东分洪进入湖南的关键点，加之该地区地势低洼，从而限制了其农村居民点的分布规模和分布密度。

（3）东西分异

公安县虎渡河以东、长江以西是荆江有名的蓄滞洪区，其是荆江水泄洪南去的必经之地，历史上曾多次遭遇洪涝灾害，对两岸居民点有巨大威胁。所以，虎西片农村平均人口规模普遍大于虎东片。

7.1.2.2　人口集聚特征

（1）人口密度情况

公安县各行政村的平均分布密度为 1.7 个/10km²，平均人口分布密度为 323.85 人/km²（表 7.1）。

（2）集聚的空间分异

公安县农村居民点的空间集聚存在差异，偏北部的夹竹园、毛家港、南平、斑竹垱各行政村的平均分布密度在 2 个/10km^2 以上，而偏中南部的闸口镇、黄山头镇、杨家厂镇、麻豪口镇各行政村的平均分布密度在 1.5 个/10km^2 以下。

表7.1 公安县各乡镇农村居民与人口分布密度情况表

乡镇	行政村	面积/km^2	农业人口/人	农业居民点分布密度/（个/10km^2）	农业人口分布密度/（人/km^2）
埠河	44	224	86 000	1.9	383.93
斗湖堤	14	89.6	33 000	1.6	368.30
夹竹园	29	131	47 845	2.2	365.23
闸口	17	127.2	38 836	1.3	305.31
杨家厂	18	133.8	30 000	1.3	224.21
麻豪口	28	192.8	52 992	1.5	274.85
藕池	16	97.2	13 411	1.6	137.97
黄山头	14	110	31 070	1.3	282.45
甘家厂	14	103	41 983	1.4	407.60
孟家溪	22	124	39 228	1.8	316.35
章田寺	16	96	49 857	1.7	519.34
南平	18	87	23 000	2.1	264.36
章庄铺	37	202	65 619	1.8	324.84
狮子口	28	171.6	47 228	1.6	275.22
斑竹垱	33	169	58 464	2.0	347.01
毛家港	43	195	75 000	2.2	384.61

注：由于统计资料上多采用农业人口指标，没有农村人口的记录，所以这里用农业人口大致反映农村人口的一些情况。

7.1.3 农村居民点空间分布特征

7.1.3.1 空间分异特征

公安县农村居民点斑块总面积为 208.143 001km^2，占公安县国土总面积的 9.22%，农村居民点的平均密度为 3.24 个/km^2。

（1）南北分异

公安县沿江地区农村居民点斑块分布密度整体稀疏、南北差异较小，但居民点斑块的用地规模普遍比其他地区大，这是自然（对水、土资源的需求，地势低洼条件下的防洪考虑）和社会（农田用地面积大、水运的需求、公安县经济发展的重要轴带）作用下的综合选择。

（2）东西分异

公安县西南部居民点斑块以中小规模密集分布为主，兼有大规模零散分布，而北部、东部及东南部，居民点斑块的条带状分布明显，尤其是大规模和中等规模的形态分布，出于防洪目的，西南部农村居民会趋向于地势较高的丘陵、平岗，同时地形、地势的复杂性又限制该区居民点的规模，而西南部以外的农村居民借助地势平坦，沿交通、河流等优势条件呈条带状集聚分布。

7.1.3.2 空间集聚特征

公安县农村居民点斑块的集聚程度呈现复杂及多样化特征，主要以不明显集聚为主，兼有 HH、HL、LH、LL 集聚型。

不明显型。公安县 92.17% 的农村居民点斑块数量集聚不明显，说明公安县农村居民点总体空间分布的均质性较好，只在局部差异性较大。

HH 集聚型。主要以带状分布形态为主，多是河流、交通、农田用地综合影响下形成的，在河湾处有少量的块状集聚。

HL 集聚型。兼有带状和块状，带状集聚多受地势低洼、排水不畅影响，块状集聚则多受地势较高的影响。

LH 集聚型。分布较少。

LL 集聚型。主要分布在章庄铺镇中部偏西地区，出于防洪考虑，该区农村居民点多选择在地势较高的台地，但由于台地面积小，分布零散，所以界定了LL 集聚型的分布范围。

7.1.3.3 空间形态特征

（1）沿河分布

公安县农村居民点的空间分布和公安县纵横交错的沟壑有着千丝万缕的联系。在大型河谷（尤其大河沿岸）和狭长的沟壑地带，居民点沿河谷呈带型分布。而在小型河谷密集区，居民点则随河谷分布表现为树枝状分布形态。

（2）沿路分布

公安县农村居民点空间分布的第二个特征是沿路分布。随着路网形状的不同，农村居民点也会形成不同的空间分布形态，表现为沿着主要道路交通线呈带型分布，在路网密集且规则的地区呈树枝状分布。在狭长沟壑和道路共同作用的地区，居民点带型分布特征尤为明显。

（3）自由散点分布

除了沿河及沿路分布之外，公安县农村居民点的第三个空间分布特征是自由式散点分布。这种分布特征显见于一些偏远的农村或地势较高的台地，或地势平坦水路网混乱的地区。

（4）集聚分布

公安县重要分布形态多分布在河流之间的宽敞地带或河湾地带。

7.1.4 农村产业空间分异特征

公安县是典型的农业大县和农产品主产区，素有江南"鱼米之乡"的美誉，农业生产以种植业为主，随着农业生产结构的调整，禽畜及果蔬产业有所发展，尤其是一些生产条件较好的村庄，逐渐形成乡镇特色产业。粮食生产主要集中在章庄铺镇、孟家溪镇、黄山头镇、麻豪口镇的一些村庄，棉花生产主要集中在杨家厂镇、藕池镇、斑竹垱镇的一些村庄，油料作物生产主要集中在章庄铺镇、孟家溪镇、黄山头镇的一些村庄，水产品生产主要集中在闸口镇、麻豪口镇、章庄铺镇、孟家溪镇、黄山头镇及埠河镇的一些村庄，蔬菜生产主要集中在闸口、孟家溪、麻豪口及城镇周边的一些村庄，水果生产主要集中在埠河镇、章庄铺镇、甘家厂的一些村庄，禽兽肉生产主要集中在杨家厂镇、闸口镇、南平镇、孟家溪、麻豪口及城镇周边的一些村庄。

7.2 农村居民点发展问题分析

7.2.1 城乡经济差距较大

公安县城镇和乡村在人均收入、消费水平、农业现代化水平等方面差距明显。

（1）城乡人均收入差距大

虽然公安县城乡人均收入的相对差距在减少，但绝对差距有不断拉大的趋势。2005年，城乡人均收入绝对差距为4863元，到2012年达到6259元。

（2）城乡人均消费水平差距大

公安县城乡人均消费水平差距大，且差距不断拉大。2009年，公安县城乡人均社会消费品零售总额差距为1.740762万元，到2012年达到了2.901625万元，增长了近一倍，说明公安县乡村消费能力低。

（3）农村农业现代化水平低

公安县科技投入的重心在城镇，对农村科技的投入明显不足，导致农业科技水平落后，进而减缓了农业生产结构调整的速度。所以，现阶段公安县农业生产结构仍主要以传统种植业、牧业、渔业为主，农林渔服务业明显不足。

7.2.2 留守老幼问题突出

农村人口老龄化、劳动力外出带来的留守儿童等人口家庭问题是公安县现阶段发展面临的主要问题之一。公安县大量年轻劳动力外出务工，以及农村社会保障体系落后，更使得农村老年人口生活无法保障，同时也带来了留守儿童问题。

（1）留守老人问题

1）生活艰难。公安县留守老人收入水平低，社会保障金低，另外公安县农村医疗水平有限，多数老人小病不看，大病到县城，身体留下隐疾。

2）体力劳动繁重。公安县土地流转制度改革收效甚微，农民农闲时打工，大多农忙季返乡收割，平常农活一般由留守老人承担，对于年纪大且体弱多病的老人来说更是沉重的负担。

3）教育孙辈问题。公安县留守老人文化水平低，对孙辈的教育有很大的缺位。

4）生活缺乏照料。公安县农村老年公共活动场所少，加之子女常年在外，老年人生活无人照料，甚至出现生命安全问题。

（2）留守儿童问题

1）教育问题。父母常年外出打工，老人文化水平低，儿童家庭教育的监管方面缺失；公安县农村教育资源有限，教育水平低，影响留守儿童受教育水平。

2）安全问题。农村学校的合并及偏集镇、县城化，导致留守儿童上学距离增加，加之缺少父母监管，出现儿童被虐、交通事故、溺水事故等问题。

3）心理问题。家长关爱的缺失，造成留守儿童孤僻、不听话、辍学、打架等问题。

7.2.3 空心村现象凸显

（1）建设用地外延式扩张

公安县农村建设用地主要是房屋建设。农村劳动力能进城务工但不能"市民化"的现状，迫使其"季节性迁徙"，城乡"双栖"、打工收入增加和新思想冲击了传统大家庭的结构，提高了乡村住房建设的投资，加速了家庭结构的小型化，促进了乡村农户和居民点的分裂与增生。2005 年，公安乡村户数和村民小组分别为 19.30 万户和 3297 个，而 2012 年各增加到 27.79 万户和 3343 个，导致了聚落用地规模的扩大和空间的扩散。新建住宅大部分都集中在村庄外围，导致村庄内部的空心化。

（2）村庄规划不到位

公安县主要通过户籍制度改革、新农村建设、生态移民、土地政策等引导乡村居民点的集聚与扩散。由于公安县部分乡镇引导村民住进新社区后，未对原有房屋拆并，导致原有村庄的空心化。

（3）空置废弃房数量增多

荆州地区是荆楚文化的重要渊薮，在"衣锦还乡"、"光宗耀祖"等传统思想的影响下，许多在城镇购建房屋或在外谋生的农户，往往仍在农村自家宅基地或附近新建住宅，但常年无人居住，造成"鸟出笼不腾"等乡村聚落空废化问题。

7.2.4　村庄建设环境较差

在地势低，河湖众多的背景下，公安县一些村庄建设空间狭小，另外村民在占有土地面积小、收入水平低等限制条件下置换不到条件较好的宅基地或房屋，会倾向于在原有环境条件较差，或在地势较高但面积狭小且分散的台地上建房居住。

7.2.5　农村基础设施落后

（1）农业生产基地建设未实现现代化

农业科技水平和机械化水平低，农业产出主要依靠劳动力的投入。

（2）水利工程建设滞后

全县 13 处中小型灌区的骨干建筑物坏损率为 80%，已建的灌溉工程普遍存在标准低、老化失修严重、支渠及以下工程不配套、渠道淤积严重、灌溉面积萎缩、效益衰减等问题。

（3）生活性基础设施落后

存在部分农民饮水不安全、水泥路不通、生活垃圾直接燃烧等问题。

（4）生态建设工程不完善。

生态环境问题突出，卷桥水库流域、荆江分洪区（总排渠）流域、沱水河流域等存在水土流失问题，崇湖等一些重要湖泊存在污染问题。

7.2.6　农村新社区建设困难

（1）总体建设缓慢

农村新社区建设起步晚、规模小，多是在中心村基础上发展起来的，或是失地农民的安居工程。

（2）地形限制

台地上住房建筑改造困难，公安县存在地势低、水网密布的住宅分布区，对于小块台地的农居难以改造。

（3）资金不足

公安县很多农村地区正要开展大规模的新农村社区建设，但社区投入资金有限，在未解决农村居民就业问题的情况下，强制农村居民搬入新社区，使农民入住负担加重。

（4）缺乏合理规划

现有农村新社区缺乏合理规划，出现内部空心化问题，安置农民入住新社区后，旧的房屋已然存在，造成了土地资源的二次浪费。

（5）基础设施不完善

新社区内基础设施不完善，尤其是生活垃圾、污水的处理问题，及社区绿化面积不足等问题。

7.2.7　中心村布局不合理

公安县现有中心村 157 个，数量众多，中心村配套建设落后，辐射带动周边村庄的职能弱。

7.3　农村居民点体系调整优化

针对现有农村居民点分布存在的问题，公安县应积极探索如何在新型城镇化背景下立足县情，从集聚人口和提高乡村聚落公共服务水平的视角优化乡村聚落格局。在新时期，随着服务型政府的建设和市场越来越发挥决定性作用，农村居民点也应逐渐向以人口聚居为基础的公共服务和经济服务导向转变，还原聚落作为公共社区的基本功能。在公安县，提出构建乡村集镇社区—中心社区—一般社区的新型聚落格局。

7.3.1 构建原则

（1）自然环境相适应

河流、地形、道路等基础地理要素仍是影响公安县农村居民点分布的重要因子，是农村居民点格局调整优化的基础，也是形成地区居民点建设特色的重要依据。对于河湖密集、水系发达的地区，防洪和保护湿地生态、水质环境是居民带格局调整中需要特别予以考虑的问题。

（2）区域城镇体系格局相适应

尽可能发挥城镇居民点对农村居民点的辐射和带动功能，建设县域—重要镇区——般镇区—一般集镇—中心居民点（中心村）——般居民点（基层村）的城乡网络型居民点体系，另外新社区的规划有利于丰富农村居民点体系。

（3）经济发展水平相适应

在经济发展水平较好、人口密集的居民点，采取大集中、小分散的策略建设农村居民点体系，而在经济发展水平和人口密度低的居民点采取小集中、大分散的策略。

（4）农民生产和生活相适应

农村居民点集中点（如新社区、中心村）的布置要距离适中，尽可能扩大集中点的服务半径，相应地，居民点基础服务设施要配套，要满足农民生产和生活的要求。

7.3.2 体系构建

（1）集镇社区

建设以商业、农产品初加工集散、特色农业等为基础的乡村集镇社区。将集镇转化为以商业及农产品初加工、集散等为基础的乡村集镇社区，可利用其市场活力吸纳部分乡村转移人口，促进村民向居民转变。

（2）中心社区

中心社区是承担辐射若干行政村、集聚人口和提供基本公共服务等职能的农村新社区。

（3）一般社区

接受城镇、集镇社区及中心社区辐射，并保留地域自然、文化等特色的散居农村居民点。根据平原地区的交通特点，确定辐射半径为3km（城镇以边界为原点计算，城镇社区与集镇社区以社区几何中心为圆心计算，最大通勤时间：电动车、自行车 10~20min，机动车 5~10min，步行 40~60min），少数由于位置等原因无法纳入 3km 辐射半径的一般社区，则采用就近原则纳入辐射区域。

7.3.3 集镇社区的确定

集镇社区是介于城镇和乡村之间、具有较发达的商业服务和较为齐全的公共设施的组织单元。公安县现有 22 个集镇，多以乡村商业服务中心聚落为主，具有房屋建筑密度大、居住相对集中、商业辐射能力强等特征，但总体人口集聚规模还比较小、基础设施落后、市场潜力释放不足。将这些集镇转化为以商业及农产品初加工、集散等为基础的乡村集镇社区，可利用其市场活力吸纳部分乡村转移人口，促进村民向居民转变，但撤村转居过程中应注意解决居民归属感、社区服务与管理、基础服务设施的配套等问题。

（1）原则

第一，按照"利于生产、方便生活、适度集中"的要求，集镇社区的职能主要是实现人口集聚、"村民"向"市民"身份转变的过渡、商业服务等职能；

第二，综合考虑集镇社区一、二、三产业布局的协调和相互促进，科学选址，合理布局，防止出现重复建设或二次拆迁现象；

第三，有利于统筹安排公共基础设施、生产性附属用房及三产服务设施的配置；

第四，优先考虑比较成熟的原中心村和近些年建设的新农村示范点。

（2）集镇社区

集镇社区共 22 个，包括裕公、沙场、白龙、北堤、官沟、陈湾、塘咀、郑公、石子滩、汪家汊、东岳庙、韦厂、申津渡、胡厂、雷洲、胡家场、郑东、天兴、三台、轮口、北宫、大至岗，以 3km 为基本辐射范围，公安县集镇社区共辐射 67 个村庄。至 2030 年，集镇社区人口规模将达到 5.87 万人。

7.3.4 中心社区的确定

在新型城镇化发展的进程中，农村人口向城镇转移的同时，中心社区的建设也需要加快步伐。中心社区是服务若干行政村、具有较大人口规模和较为齐全的公共设施的农村社区。该规划强调要加大中心社区建设力度，引导农村人口、产业和公共服务向中心社区集聚，培育和建设新型农村社区，指导村民建设经济安全适用、节地节能节材的住宅。公安县人多地少，现有乡村居民点布局较分散，公共服务设施亟待改善，而规划引导的中心社区建设为公安县乡村人口集聚与公共设施服务水平的提高指出了方向。

7.3.4.1　中心社区确定过程

针对原有中心村选址不合理之处，对公安县中心村进行重新规划。以往规划者对中心村建设选址的研究多侧重于从经济发展的角度定位中心村的功能，在定量化研究中，经济指标赋予的权重过大，忽略中心村是实现乡村人口集聚和公共设施服务均等化载体的这一基本认知。本规划从需求–供给平衡的视角出发，认为中心社区的建设选址应围绕一定规模的人口分布基础、公共服务的供给辐射与空间均等化、特色产业基础 3 个核心因素，位置、公共设施基础两个辅助因素，同时考虑蓄滞洪区等公安县特色因素。

（1）剔除村庄

公安县集镇社区所在村庄、集镇社区辐射村庄及城镇转化村庄、城镇辐射村庄、行洪区内村庄不纳入中心社区的筛选范围。

（2）人口规模

人口规模越大的村庄对公共服务的需求越大。所以，将各乡镇所有村庄（除集镇社区及其辐射村庄、城镇转化及其辐射村庄）人口规模在平均人口规模以上的作为初步筛选村庄，共有 90 个。

（3）公共设施服务空间均等化

考虑公共服务供给效率、公平最优化，以及结合平原水乡均质地形条件下常用交通工具状况，确定中心社区（中心）3km 基本服务半径，尽量不与城镇和集镇社区 3km 基本服务半径重合，特殊地区允许部分重叠，另外新县城规划区 3km 范围内设置少量中心社区，筛选出 65 个中心社区。

（4）位置

节点位置：优选一些村庄在交通沿线某些特定点上的位置，主要是分布于乡级道路级别以上的村，具有靠近交通优势，宜向此集聚，形成中心社区，如东湖村、三忠桥村。

边界位置：优选两个或多个在区域边界上兴起的村庄聚居点，可对规模比较大的行政村并点，形成中心社区，如关流咀村。

居中位置：优选位于区域的几何中心位置，有利于向四周辐射的村庄，宜于集聚，形成中心社区，如前进村。

（5）公共设施基础

公安县各村庄基础设施建设情况不同，由于中心社区主要是实现人口集聚和公共服务的功能，所以其选址应优选拥有幼儿园、小学或卫生室等基础服务设施的村庄。

（6）特色产业基础

优先考虑拥有特色产业基础的村庄（表7.2），增强其经济职能；考虑位置、公共设施基础、有无特色产业后筛选出50个中心社区。

表7.2　公安县特色产业村庄状况评价表

乡镇	特色产业村庄
杨家厂	福利、荆中、国胜、新州、五洲
章田寺	长春、坪兴、报慈、毛家、杉木
毛家港	新桥村
闸口	杨家咀、双福、中河、榨岭、关爱、同强、胜天汉、高丰、合兴、双潭、保恒垸村
章庄铺	白云、紫金、同心、联兴、松林、肖家咀
孟家溪	定岗村、永新村
埠河	天心眼、东风、群星、陈家台、万众村
藕池	积玉、新乐、杨林、幸福
甘家厂	大门、高台、甘家铺、清河
斑竹垱	杨家码头、苏家渡、永丰、双石桥、双东、鸡公堤、中伏桥
夹竹园	陈榨村、农翔、北湖渔场、新明村、红星村、陈祠桥村
麻豪口	周场、民旺湖

（7）相关因素校核

公安县虎渡河以东、长江以西是荆江泄洪南去的必经之地，是荆江段重要的蓄滞洪区。虽然三峡工程的建成降低了蓄滞洪区防洪的压力，但虎渡河以东、长江以西依然是重要的蓄洪区，为了防止洪水的威胁，虎渡河以东中心村数量布局适当小于虎西，人口往集聚方向规划。

综合以上因素，最终确定规划34个中心社区。至2030年，中心社区人口规模将达到7万人左右，辐射带动周围村庄的人口规模在16万人左右。

7.3.4.2　中心社区类型划分

根据中心村人口规模、用地规模、产业基础、区位、公共设施等，可将规划中心社区划分为人口导向型、特色产业导向型、交通区位导向型。

7.3.5　一般社区

一般社区是指接受城镇转化，城镇、集镇社区及中心社区辐射，并保留地域自然、文化等特色的农村居民点。主要包括主城区 2030 年规划区范围，城镇、集镇社区和中心社区 3km 服务范围内的辐射村庄，3km 辐射范围之外的个别村庄按就近原则接受辐射。引导辐射村庄人口向城镇、集镇社区或中心社区集聚，在行政管理上可以逐渐撤并到城镇或中心社区。对生态敏感区范围，尤其是西南部的村庄进行合理、有序迁出与撤并，减少人为因素对生态的干扰。城镇村庄在步入城镇化的过程中，应防止农民土地被强制征用、农民失地失业、城中村蔓延、阶层差别扩大等问题的凸显；提高对辐射距离较远村庄的财政扶持力度，引导劳动力的就业转移。到 2030 年，城镇辐射、集镇社区辐射和中心社区辐射的一般社区的总人口规模将在 30 万人左右。

8 宜都：城镇化与城镇体系优化

近年来，中国城镇化已进入快速发展时期，城镇化水平年均递增约为1%。新型城镇化、工业化、农业现代化是统筹城乡发展的动力引擎。城镇化是城乡发展转型的主导驱动力，其协调城乡关系的引领作用日益凸显。城镇化研究一直是地理学界关注的热点问题。随着《国家新型城镇化规划（2014～2020年）》的出台，标志着中国城镇化发展的重大转型，它的核心是强调了人的城镇化，总体要求是"稳中求进"。在这一大背景下，如何优化现有城镇体系，实现城乡一体化成为了现实的课题。

宜都地处湖北西南部，在地理空间上处于宜昌的边缘区域，位于江汉平原西部，长江与清江环抱，巴楚文化交融，素有"楚蜀咽喉""三峡门城""鄂西门户"的美誉。现辖8镇1民族乡1街道、2管委会，总人口为39.7万人，国土面积为1357km^2，常用耕地面积为23.7万亩。本章以宜都为例，探讨了在新型城镇化背景下如何实现城乡一体化，构建合理的城镇空间体系这一问题，科学地确立了县域城镇化的发展战略，为完善城镇化的地域模式提供参考依据。

8.1 城乡发展现状和动力分析

8.1.1 城乡发展现状

8.1.1.1 工业化带动农业现代化

宜都优越的地理位置，便利的水陆交通，丰富的自然资源为工农业发展创造了得天独厚的条件。良好的工业基础为农业发展提供了市场、资金、技术、设备及经营理念的支持，推动了传统农业向现代化、产业化、品牌化等高效、高附加值方向发展。同时，农业生产是城市赖以存在的基础，为工业生产、城市居民提供了生产及生活资料。宜都较好地实现了工农互助、城乡融合的良好发展局面。农业产业化经营按照专业化生产、区域化布局、一体化经营、公共化服务的经营理念，实现了农业与工业、农民与市场的对接。

宜都加快特色产业基地建设，目前已经形成了专业的农副产品加工园区，生产基地在农村，主要的加工、销售环节由城市产业园区的龙头企业完成，通过农村合作组织，实现工农互动、城乡融合。在不断地成长过程中，逐渐形成了成熟、广泛、多样化的城乡工农产业互动融合发展模式：公司（龙头企业）+合作社+基地+农户；公司（龙头企业）+基地+农户；村委会+基地+农户；合作社+基地+农户。

8.1.1.2　城乡统筹全省领先

（1）农民收入增幅较大，城乡居民收入差距显著缩小

1998～2011年，宜都农民人均纯收入高于全国平均水平，且比较优势日趋显著，由1998年高于全国平均水平的111元上升为2011年的2174元。宜都农民人均纯收入上升幅度快，1998～2011年宜都农村居民人均纯收入年均递增11.3％，显著高于全国9.43％的水平。

相比于全国城乡居民收入差距逐年拉大的趋势，宜都城乡居民收入差距呈逐年减小的趋势。1998～2011年，宜都城镇居民家庭人均可支配收入与农村居民家庭人均纯收入之比由2.11降低到1.83，同期全国由2.51上升到3.13。

（2）惠农政策全省领先，城镇化出现"人户分离"

城乡统筹要充分调动农民参与农村建设的积极性，结合宜都新农村建设的特点和需要，宜都政府部门抓好政策性导向，完善机制性保障，制订一系列覆盖全面、兼顾公平、易于实施的惠农政策，不断完善社会保障和公共服务职能，使农民从真正意义上享受社会各项福利。惠农政策使农村户籍吸引力增强，为了继续享受农村各项惠农政策，大部分外出人员"离土不离乡"，保留原来的农村户籍，出现"人户分离"城镇化倾向。宜都目前推行的惠农政策主要体现在以下几个方面：

1）社会保障一体化。城乡社会保障一体化是破解城乡二元结构、应对老龄化发展的迫切需要。一般来说，社会保障由社会保险、社会救济、社会福利、优抚安置等组成。其中，社会保险是社会保障的核心内容。宜都正在努力构建城乡一体的社保体系，切实推进保障制度规范化、资金来源多元化、管理服务社会化的社保体系。

所有农村居民按照《省人民政府办公厅转发省卫生厅等部门关于进一步巩固和完善新型农村合作医疗制度实施意见的通知》（鄂政办发〔2009〕100号）自愿参加新型农村合作医疗。

农村低保对象根据《省人民政府办公厅转发〈省民政厅、省财政厅关于完善农村特困户社会救济制度实施方案〉的通知》（鄂政办发〔2004〕1号），《湖北省民政厅关于印发〈湖北省最低生活保障工作规范〉的通知》（鄂民政规

〔2009〕1 号）享受补贴。

无劳动能力、无生活来源，又无法定赡养、抚养义务人，或其法定赡养、抚养义务人无抚养、抚养能力的老年人、残疾人或未满 16 周岁的孤儿根据《湖北省农村五保供养工作规定》、《农村五保供养工作条例》接受社会救助。

2）2009 年率先在全省启动新型农村养老保险试点。试点县年满 60 周岁，缴费年限累计满 15 年的退休人员按照《国务院关于开展新型农村社会养老保险试点的指导意见》（国发〔2009〕32 号）参加新型农村社会养老保险。参保人员符合领取基本养老金待遇条件时，持《新型农村社会养老保险缴费证》、缴费发票、身份证、户口本到所在乡镇就业和社会保障服务中心提出领取养老保险待遇的申请，并从办理领取基本养老金手续的次月开始，凭银行存折领取养老金。

3）湖北城乡统筹试点。党的十七届三中全会提出城乡统筹发展的要求，湖北积极响应党的号召，努力探索城乡统筹发展的新思路。继鄂州城乡统筹试点首先取得成功后，为进一步探索不同类型地区城乡一体化路子，加快推进湖北城乡一体化进程，湖北相继在省内扩大试点范围。《中共湖北省委办公厅湖北省人民政府办公厅关于支持城乡一体化扩点县（市、区）试点的意见》（鄂办文〔2010〕60 号）中指出，将仙桃、洪湖、监利、宜都、大冶、荆门掇刀区 6 个县（市、区）纳入全省城乡一体化试点范围。因此，宜都成为湖北城乡统筹试点城市，积极探索城乡一体化发展道路，创新管理体制、统筹规划布局，在建设新农村、统筹城乡发展工作实践中取得了较好的效果，为推动湖北城乡统筹发展的目标起到了先锋模范作用。

8.1.1.3 人口城镇化类型复杂

宜都人口城镇化推进顺利，但是由于县域经济较为发达，人口集聚能力较强，存在多种城镇化类型，也面临较多的普遍性问题。宜都人口城镇化类型可归结为被动城镇化和主动城镇化两种类型。

被动城镇化主要是城郊农民由于城市规模的扩展而就地转化为城镇居民，城市规模扩大，城市人口增加，推动了城镇化发展。但同时也面临着一系列的问题，大批失地农民就业在短时间内得不到解决，尤其是常年在农村耕作的中老年人很难适应生活及生产方式的突然改变；社会保障体系不够完善，农民生活失去保障，面临着一系列的社会问题；由村改成居委会后，预留的集体土地较少，其中大部分都用于开发房地产，因而发展集体经济的空间资源不足；今后随着城市规模的不断扩展，将会进行新一轮的城市规划，目前改建的独立住宅可能不符合城市空间的合理布局，将面临二次拆迁改造，造成资源的极大浪费；此外，居民点布局过于分散，增加了城市基础设施投入，不利于资源的优化配置。

主动城镇化主要由本市乡村人口、其他地区迁入人口及半年以上暂住人口因购房、就业、就学等原因而主动进入城市，成为城市人口的过程。近几年，宜都的就业岗位充足，但劳动力资源短缺，市区集中了全市最优质的教育、医疗资源，相对于大城市高昂的房价，宜都的房价相对较低，宜都市域的大多数农村人愿意选择在市区就业、购房、供子女就学等，外出务工人员开始回流进城，加上大中专院校每年对外招生的学生群体，共同构成了宜都主动城镇化过程中的主力军，加速推动宜都的城镇化发展。主动城镇化的构成人员较为多样，由此而产生的问题更为复杂。与被动城镇化过程不同，主动城镇化过程的人员进入城市仅具备一定的经济基础，其他各方面都缺乏基础和相应的保障，低收入人群的住房问题成为制约性因素，城市保障性住房供给量远不能满足其需求量，更为重要的是由于保障性住房申请、审批过程中漏洞或管理不严，大多数低收入人群并没有真正享受到保障性住房所带来的优惠，从而造成城市保障性住房供给不足、市场化程度较低；此外，还会带来教育资源分配不均、医疗保障资源不足等一系列社会问题。

8.1.1.4　农村人口与资源问题突出

（1）宜都市域人口老龄化现象严重，山区乡镇更为突出

宜都中心城区与山区乡镇人口年龄结构都面临老龄化问题。2001～2010年，中心城区户籍人口18岁以下所占比重由20.24%下降到12.97%，60岁以上所占比重由17.63%上升到17.71%。2001～2010年，山区乡镇户籍人口18岁以下所占比重由18.48%下降到11.25%，60岁以上所占比重由17.20%上升到20.48%。由此可以看出，宜都中心城区和山区乡镇年轻人所占比重较低，且下降速度快，老年人在总人口中所占比重高，且有所上升，不管是目前还是将来一段时间内都将面临严重的人口老龄化问题。

相对而言，山区乡镇人口老龄化更加严重。2010年，中心城区18岁以下、18～35岁、35～60岁、60岁以上人口比重分别为12.97%、24.18%、45.15%、17.71%。山区乡镇各年龄区间人口比重分别为11.25%、23.06%、45.21%、20.48%。山区乡镇18岁以下、18～35岁人口所占比重均小于中心城区，而35～60岁、60岁以上人口所占比重均大于中心城区，尤其是老年人所占的比重远高于中心城区。由此说明，山区乡镇人口结构相对老龄化，中老年人口多，而其中的中年人约在30年的周期内变成老年人，加重人口老龄化。

（2）新农村建设需要谨慎推进

目前，国内人口老龄化现象大多出现在经济发达的大城市，乡村出现严重的人口老龄化的现象在国内并不多见，因此宜都的人口老龄化问题具有特殊性，应当予以关注。目前，宜都农村人口逐步减少，年轻人口流失现象严重，留守的老

年人口庞大，新农村建设中需要不断探索，找到一条适合宜都特色的道路，从而合理引导宜都城镇化。

　　新农村的建设需要耗费大量的人力、财力、物力，在建设过程中，要在大量理论和实践的基础上进行合理规划布局，达到资源的优化配置。针对目前宜都农村的人口，尤其是年轻人不断减少的现状，进行大手笔、全方位建设势必会造成资源的极大浪费。今后一段时期，宜都农村人口仍会不断减少，且农村居民点布局分散，不利于资源的集约利用。因此，在进行新农村建设中，应当充分考虑当地实际情况，从体制上突破行政界限的限制，对整个区域做通盘考虑和长远规划，对居民点进行集中布局，降低公共基础设施投入，集约利用各种资源。

　　新农村建设是我国社会经济发展新阶段出现的新课题，宜都是湖北城乡统筹试点城市，新农村建设尚处于探索阶段。新农村建设道路的选择关系着宜都未来的长远发展，更关系着国家方针的实施，因此应当审慎推进。对于具有特殊地理条件的宜都，应当在推进新农村建设的过程中把握因地制宜的原则，坚持合理开发，突出地方特色，探索出一条符合宜都特色的新农村建设新道路，为城乡统筹大范围实施提供经验借鉴。

8.1.2　城镇化发展动力趋势

8.1.2.1　城镇化发展动力

（1）城镇化滞后于县域经济发展

1）湖北县域经济发展排头兵。21世纪以来，宜都进入主要发展指标在湖北县域中的位次迅速上升，由原来较落后的位置开始跃居前列。2009年，宜都市人均GDP、固定资产投资、农村非农业劳动力比重均居于湖北县域城市首位，GDP、财政收入、规模以上工业总产值等指标均居于前列，分列湖北县域第10、第2、第5位（表8.1）。

表8.1　宜都在湖北省县域发展指标排名

年份	GDP	人均 GDP	规模以上工业总产值	财政收入	固定资产投资	农村非农业劳动力比重	城镇化率
2002	28	—	33	29	27	18	26
2003	28	—	23	27	11	20	25
2004	26	—	10	19	12	17	21
2005	15	1	6	9	10	—	22

续表

年份	GDP	人均GDP	规模以上工业总产值	财政收入	固定资产投资	农村非农业劳动力比重	城镇化率
2006	11	1	6	7	10	8	22
2007	10	1	6	4	7	4	21
2008	11	1	6	3	1	1	22
2009	10	1	5	2	1	1	23

2）城镇化潜力较大。宜都是湖北县域经济发展的先进县市之一，2011年全国县域经济排名第142位，中部百强县市第16位。在湖北县域经济发展综合评价中，自2006年起一直位居全省前2名，其县域经济发展水平较为发达，宜都城镇化较为滞后，在湖北县域仅列第23位。但是，在县域经济快速发展与城镇化赶超力量的作用下，宜都城镇化前景比较乐观。

（2）湖北省城乡统筹发展试点

《中共湖北省委办公厅湖北省人民政府办公厅关于支持城乡一体化扩点县（市、区）试点的意见》（鄂办文〔2010〕60号）中不仅确认了宜都城乡统筹试点城市的地位，还为宜都未来的城乡统筹发展提出了相应的政策支持。

文件中提出"每年安排3万亩土地整理项目或低丘岗地改造项目；支持农村道路、重点中心村、宜居村庄、农村清洁能源、国家小流域治理和现代农业示范项目、低产林改造；对迁村腾地后节约的土地，在县（市、区）域范围内实行增减挂钩、占补平衡，增加城镇建设用地；实行县（市、区）统一的户口登记和迁移制度；扩大林权抵押贷款规模，推广农村土地承包经营权抵押贷款试点；推动涉农保险合作"等方针政策。相关政策的确立对宜都城乡统筹发展具有重要意义，各项具体项目的实施为宜都的发展提供了实质性的推动，相关政策给予了宜都"先行先试，探索经验"的创新空间，充分利用省政府给予的政策支持和项目推动，宜都大胆尝试，敢于创新，开始大刀阔斧进行建设。

低产地改造就是一个很好的例证，宜都积极实施对低产地和低丘岗地的"双低"改造，采取"因地制宜，宜林则林，宜园则园，宜耕则耕"的发展模式，为了避免重复建设，最大限度发挥项目资金的效益，宜都以"双低"改造项目为龙头，大力整合水利、交通、电力、电信、财政等项目建设资金，统筹规划道路、水利、电力、饮水等基础设施，抓住机会大力整顿和改造农村基础设施，铺筑道路，挖渠引水，铺设电缆光缆，彻底解决了长期以来困扰当地群众生产生活中的突出问题。积极引导传统农业向现代农业、生态农业、观光农业推进，增加农产品的附加值，提高经济效益。

在城乡统筹建设中，宜都突出区位优势、创新体制机制、培育优势产业、整合空间布局、优化公共服务、完善社会保障、合理配置资源、安定社会秩序，带动宜都经济发展。在制度改革、生产要素配置、城乡基础设施一体化、城乡空间协调发展方面都取得了一定成就。但同时也存在着城镇体系不够完善、城乡发展呈现东西地域分化、农村生产生活环境不够完善等发展不平衡现象。

（3）城乡公共服务与公共设施建设水平差距大

宜都在统筹城乡公共服务上，坚持做到"城市规划优先、投入机制配套、设施建设一体、城乡服务共享、社会保障全覆盖"。尽管宜都城乡统筹走在全省前列，但城乡公共服务水平仍然与设施投入水平差距极大。

宜都整体上在交通运输、邮政仓储、水电能源行业的投入较多，在教育医疗、信息技术、文教卫生的服务设施上投入较少，尤其在城乡教育上投资极其薄弱。同时，宜都城乡居民公共服务水平相关指标对比差别明显，教育固定资产投资城乡差距最为悬殊，城镇教育固定资产投资为 433.77 元/人，农村仅为 4.59 元/人，得益于国家免费义务教育政策，农村的教育投资减少，但是城乡教育极不平衡，严重制约了农村教育的发展，为了让学生能够接受优质的教育资源，农村人口开始在城市租房或买房定居，一定程度上推动了宜都的城镇化发展，但同时也加重了城市的教育压力，促使教育资源分配不均。这种现象的出现也促使宜都托教较为发达，2011 年，宜都在工商部门登记注册的未成年人托管园有 62 家，其中红花 2 家，高坝洲 3 家，姚家店 3 家，五眼泉 1 家，潘家湾 3 家，枝城 4 家，陆城 46 家，在园未成年人有 2130 人。城乡电力、燃气及水生产和供应业的固定资产投资差距也较大，农村人均投资不及城市的 1/30，宜都电力资源丰富，紧邻三峡电站，境内有高坝洲、隔河岩等大型电站，但是电力大都往外输送，宜都农村供电设施落后，远远不能满足用电需求。除了在信息技术、公共管理方面城乡差距相对较小外，农村居民的各项投资均不到城市的 1/10。

从公共投入体现出来的生产生活水平差距是城镇化的根本动力之一，面对如此巨大的差距，宜都要尽快突破城乡二元结构，推进农村公共服务设施的建设，为农村居民提供良好的条件。

（4）外出务工人口回流，二代农民工城镇化意愿强烈

第三次民工潮的出现使得农民工的组成人群发生了巨大的变化，新的民工潮衍生出一系列新的问题，也引起了社会的高度重视。国务院发布的 2010 年中央一号文件《关于加大统筹城乡发展力度进一步夯实农业农村发展基础的若干意见》中首次使用了"第二代农民工"的提法，也叫"新生代农民工"，主要指 80 后和 90 后的农村劳动力。二代农民工典型特征如下：①以 20～35 岁的 80 后、90 后为主；②接受过中等以上教育；③在发达城市从事过初级以上技术或服务

工作；④很少从事重体力劳动及农业生产；⑤部分回流家乡城镇就业或创业；⑥倾向于在县域城镇购房。

"二代农民工"组成人员年轻化，极少从事农业生产，且具备了一定的文化知识和专业技能，思想积极大胆，追求生活质量，这些特征促使他们城镇化意愿强烈，努力在城市寻找定居之所。

2008 年以前，宜都人口以流出为主，以青年人为主的劳动力主要往珠三角、长三角地区输送，随着 2008 年金融危机的爆发，宜都大批农民工返乡，人口回流现象突出。2008 年以来，宜都流出人口数由 37 718 人减少到 34 613 人，减少了 8.2%。宜都及时抓住农民工返乡的机遇，积极承接东部地区产业转移，不断完善就业政策，完善就业服务体系，加强职业教育，鼓励农民工返乡创业，为返乡农民工提供充足的就业岗位和技能培训。宜都市中心拥有充足的就业岗位，良好的就业环境，同时科教文卫资源丰富，能够为二代农民工及其子女提供良好的条件，因此返乡农民工大多会选择在市内生活，加速城镇化过程。

（5）农村就业非农化迅速，城乡人口转移动力充足

2007 年以来，宜都农村二三产业就业人口增长迅速，由 2007 年的 93 251 人增长到 2010 年的 131 958 人，年均递增 12.3%。非农就业增长较快的是红花套、陆城、姚家店、高坝洲等乡镇，尤其是红花套的年均递增率达到 28.5%，表现出沿江地区的人口转移动力更加充沛。

农村劳动力向二三产业转移迅速，说明近几年宜都产业结构不断调整升级，二三产业发展迅速，为城乡人口转移注入了强大的动力。从事二三产业的人口增加，越来越多的农村人口开始脱离原来的农业耕种，向城市迈进，一方面减少了农村剩余劳动力，另一方面提高了劳动技能，增长了社会见识，成为城市化的重要推动力量。

8.1.2.2 城镇化发展趋势

（1）处于快速城镇化阶段

2000 年以来，宜都城镇化加速推进，尽管在 2010 年有所回落，但总体上快于湖北及全国城镇化速度，2000 年宜都城镇化水平为 36.94%，2011 年城镇化水平达到 50.8%。

根据城镇化一般规律（诺瑟姆曲线），城市化率在 30%～70% 为城镇化中期阶段，阶段特征为城市化加速发展。2010 年，宜都城镇化率为 45.82%，处于城市化中期的初级阶段，这一阶段城市化加速发展。依据前文的城镇化水平预测，到 2030 年宜都城镇化水平将达到 67%，因此宜都中长期内仍将处于快速城镇化阶段。

（2）城镇规模等级差距显著

依据各乡镇非农人口数量对宜都的城镇体系进行划分，由于宜都城乡二元结

构分异显著，城乡非农人口数量对比悬殊，因此在进行划分时应充分考虑宜都非
农人口的特殊性，分别采用非农人口数 10 000 与 1000 为界点，将其划分为三个
层次，第一层次城镇是指非农业人口数在 10 000 人以上，第二层次城镇是指非
农业人口数在 1000~10 000 人，第三层次城镇是指非农业人口数在 1000 人以下，
宜都的城镇体系结构具有如下特征：第一层次城镇包括陆城、枝城、松木坪。陆
城非农人口数达到 68 061 人，枝城为 21 606 人，松木坪为 17 651 人，非农人口
规模占市域非农人口的 93.1%。第二层次城镇包括红花套、聂家河、王家畈，非
农人口规模占市域全部非农人口规模的 4.4%，且都在 3000 人以下。第三层次城
镇包括高坝洲、姚家店、五眼泉、潘家湾。4 个乡镇总非农人口数量仅为 2840
人，占市域全部非农人口的 2.5%。

　　总体看来，宜都城镇体系结构分异显著。不同层次体系的乡镇分异较大，第
一层次的 3 个乡镇非农人口占全市非农人口总数的 93.1%，第二、第三层次的 7
个乡镇仅占 6.9%。城乡对比显著，中心城区的陆城、枝城处于绝对优势地位，
能够集聚全市大多数人口。沿江和山区差距明显，沿江六镇非农人口增长较快，
而偏远山区的乡镇非农人口有所减少，不断流入沿江乡镇。沿江乡镇的吸引力不
断增强，非农人口增长速度高于中心城区，由此反映了宜都老城发展开始失去活
力，沿江乡镇呈现出勃勃生机。

　　(3) 乡镇主要职能分化明显

　　各区域产业发展方向和主要职能特色比较突出，差异化发展格局显著。陆城的
职能相对完备，是全市的经济、政治、文教、商贸中心，枝城是全市的工业中心和
对外交通枢纽，姚家店和红花套以商贸物流为主，高坝洲是主要的装备制造业基地，
五眼泉和聂家河利用丰富的旅游资源发展生态休闲旅游，处于山区的潘家湾和王家畈
发展特色农业生产加工业，松木坪因其丰富的煤炭资源而成为典型的工矿城市。

　　城乡产业高度融合、工商业与农业互动发展是共同特点。红花套镇的清江产
业园区是宜都专业农产品加工区，入驻企业经营模式大多是公司（龙头企业）
与农业合作社、农民之间建立专门的合作关系，在农村培育专门的生产加工基
地，在园区形成产购销三位一体的立体化经营模式，较好地实现了工农互动、城
乡融合，实现发展共赢。红花套享有“蜜橘之乡”的美誉，是宜都优质柑橘的
主产地，早在 2006 年就建立了柑橘专业合作社，是湖北成立的第一家农民专业
合作社，近期被授予“湖北省十佳水果专业合作社”，农民由原来的以柑橘树入
股转变为以现金形式入股，其与土老憨集团建立密切的合作关系，集团承担产品
加工及销售。在农业生产条件好的山区乡镇，大多发展茶叶、柑橘等集生产、加
工为一体的特色产业，王家畈乡和潘家湾是宜都的两大茶叶生产加工基地，茶叶
实行标准化、规模化种植，产业化经营。王家畈建有省级标准的有机茶，以五峰

采花茶的名义进入市场，潘家湾是天然富锌茶的专业生产基地，目前在建加工厂。此外，宜都的渔业、粮油也实现了产业化经营，城乡产业互相推动。

未来分工的进一步细化将是主要趋势。目前，宜都大多数乡镇都是集生产加工为一体，布局相对分散，专业化程度低，加工技术水平低，不能提高农产品的附加值。因此，积极探索，使生产和加工都实现专业化，进一步细分市场将有利于农业的专业化、高效化、产业化发展，提高经济效益。农业从生产到销售需要相对繁杂的工序才能完成，未来随着规模的扩大和产业体系的完善，仅仅依靠企业和农民的合作关系不利于提高工作效率和经济效益，因此分工进一步细化，进行专业化生产是必然趋势。

（4）沿江城镇成为城镇化推进的主要依托

宜都沿江城镇区位条件优越，经济发展迅速，非农人口增长迅速，城镇化速度快。沿江六镇以占全市一半的面积承载了70%多的人口，非农人口占全市的比例在80%以上。2001年以来，沿江六镇非农人口与总人口分别增加9568人、585人，占全市的37.3%、4.9%。

从整体看来，2006~2010年宜都人口增长缓慢，财政收入增长迅速，沿江城镇不管在人口还是财政收入上都超过了中心城镇的速度。2006~2010年，宜都市域人口年均递增为0.07%，中心城镇为0.26%，沿江城镇增长率最高，为0.39%，姚家店、红花套的年均增长率均在陆城、枝城之上，高坝洲也几乎与枝城持平，尤其是姚家店的增长速度远高于陆城和枝城。2006~2010年，宜都财政收入与人口增长有着相似的特征，沿江城镇增长最快，年均增长率达到59.65%，中心城镇增长率略低于市域平均速度。宜都工业化、城镇化越来越依托于沿江城镇带，而非仅仅是陆城、枝城。

8.2 地区与城镇人口分析预测

8.2.1 市域人口分析

8.2.1.1 户籍人口分析

（1）宜都市域户籍人口增长分析

1）户籍人口总量增长。2011年，宜都户籍总人口为394 996人，比2010年年末增加562人。宜都市域户籍人口1980~1996年基本保持持续增长的态势，但是从1996年开始，人口增长的态势出现了转折，1996~2003年人口持续负增长，2004 年由于松宜矿区划入，人口总量提升，但 2004 年之后的人口增长保持缓慢的步伐，2005 年以来人口增长了 400～800 人，增长率保持在 1‰～3‰，2011 年增长率为 1.42‰。1996～2011 年，宜都市域户籍人口一直保持较低的增长率，增长缓慢甚至停滞，因此宜都市域户籍人口已经进入低速增长阶段。

2）自然增长与机械增长变化。2001～2011 年，宜都市域户籍人口自然增长的特点是低出生率、低死亡率、低自然增长率，人口自然增长进入衰退阶段。人口出生率基本稳定，2001～2005 年出生率保持在 0.5‰左右，2005 年以来略有上升，保持在 6.41‰左右。人口死亡率则快速上升，尤其是 2006 年以来，2010 年人口死亡率则达到 13.60‰，净减少人口 2254 人，2011 年人口死亡率有所下降，为 6.34%，总体上，2006 年以来人口加速负增长的态势明显。

人口迁入导致的机械增长是户籍人口增长的主要因素。1999 年以来，机械增长基本保持高于自然增长的水平，且呈现递增的趋势。由于 2004 年行政区划范围的调整及户籍政策的放宽，之后机械增长量保持增长的态势，2008 年之后达到年增长 1000 人以上的水平。

3）机械增长结构。宜都市域户籍人口数量在 2003～2004 年的大幅波动是由辖区内行政建制调整所致，即松宜矿区划入本行政区。2006 年以来，净迁入人口不断增加，2011 年达到 1876 人，迁入人口不断增加，目前每年迁入人口为 3500～4000 人，迁出人口则在不断减少，2011 年已减少到 978 人。由此可以看出，宜都市域户籍人口机械增长由输出型转变为吸纳型。

从 2005～2011 年，迁入人口与迁出人口的地区构成来看，宜都市域户籍人口在湖北省内的吸引力增强。省内迁入人口快速增加，2011 年达到 1209 人，而迁往省外的人口在不断减少，由 2006 年的 1978 人减少到 2011 年的 405 人，这得益于松宜矿区的划入。相对于在省域范围内的人口机械变动，省外迁入人口减少，由 2006 年的 1555 人减少到 2011 年的 667 人，而迁往省外的人口稳定在 700～800 人。

（2）宜都户籍人口年龄结构现状特征

1）人口年龄结构。宜都中年组人口（35～50 岁）占总人口的 29.9%，青年组人口（15～35 岁）占总人口的 28.29%，少年儿童组人口（0～15 岁）占总人口的 10.46%。

中年组人口所占比重远高于其他各年龄段人口，未来将继续人口老龄化的趋势。青年组人口也占有一定的比例，近期（2012～2022 年）仍然维持一定的人口出生率，近期内人口自然增长率的变动主要依赖于人口死亡率的变动。中年组和青年组人口所占比重较大，近期及未来的就业压力较大，需要继续增强吸纳就业的能力。而少年儿童组人口所占的比重较低，远期（2022 年后）人口的出生率将会大幅度下降。

2）人口老龄化。人口老龄化的国际标准是60岁以上人口比重在10%以上，65岁以上人口比重在7%以上。宜都早在1982年65岁以上的老人所占比重已大于7%，开始出现老龄化现象，经历30年的发展，人口老龄化现象日趋严重。

据相关统计，2004~2011年宜都市域60岁以上人口所占比重由17.5%上升到19.2%，2004~2006年有所下降，而2007年陡然上升到18.69%，2011年为19.20%，因此，从总体上说，2008年以来宜都60岁以上人口比重延续了2007年的上升势头，照此趋势发展下去，未来宜都的人口老龄化问题将会日趋突出。

根据相关统计数据，2011年宜都65岁及以上的人口为48 214人，占总人口的12.17%，2011年宜昌60岁及以上的人口占总人口的11.63%，2011年湖北65岁及以上的人口占总人口的8.71%，2011年全国65岁及以上的人口占总人口的9.1%，可以看出，宜都市域的人口老龄化水平远大于同期宜昌、湖北和全国人口的老龄化水平。人口老龄化问题的出现需要及时制定相应的政策来应对，如医疗卫生、福利设施等必须加快发展步伐。

（3）宜都市域户籍人口性别结构特征

1）人口性别比。2011年，宜都市域户籍人口性别比为102.49，2001~2011年宜都市域户籍人口性别比基本保持在103，性别比较低。2011年，宜都市域户籍人口性别比为102.49，同期宜昌人口性别比为105、湖北人口性别比为119.55、全国人口性别比为117.78，可以看出，2011年宜都人口性别比低于同期宜昌、湖北和全国水平，同时也低于性别比为103~107的国际一般水平。

2）各年龄组性别比。据相关统计，20岁以下人口各年龄组的性别比基本保持在105，60岁以下人口各年龄组的性别比基本上保持在110，60岁以上人口各年龄组的性别比整体上随着年龄的升高呈下降趋势，性别比由60~64岁年龄组的120.95下降到90~94岁年龄组的44.17，表明宜都老年人口中，男性人口存活率小于女性人口。整体上，各年龄组性别比比较均衡，基本符合人口的自然分布特征。这种比较均衡的人口性别比有利于宜都的社会经济发展。

（4）宜都市域户籍人口就业结构特征

近10年，宜都市域户籍人口就业结构持续高级化，2002年一、二、三产业从业人员结构为45.9∶22.7∶31.4，2011年三次产业从业人员结构为18.0∶40.7∶41.3，人口就业结构由2001年的"一三二"调整为2011年的"三二一"，就业结构进一步升级，并且宜都就业结构优于同期宜昌（37.42∶24.83∶37.70）、湖北（46.4∶20.7∶32.9）及全国（38.1∶27.8∶34.1）。但应注意，在第一产业人口转化为第二产业或第三产业人口时，应加强就业人口专业技能的培训，提高综合素质。宜都作为全国知名的内陆工业强县，应始终把工业作为发展重点。

8.2.1.2　流动人口分析

（1）流动人口总量

1997～2010 年，宜都市域暂住人口总量先下降后上升，2003 年是转折点，1997 年暂住人口总量为 3906 人，2003 年为 2798 人，2010 年宜都总暂住人口为 5853 人。

2008 年，暂住一年以下人口和暂住一年以上人口所占暂住总人口的比重分别为 76.24% 和 23.76%，2010 年两者所占比重分别为 48.18% 和 51.82%，2010 年暂住一年以下人口和一年以上人口分别为 2820 人、3033 人。可见，2008 年以来，宜都市域流动人口中暂住一年以上的人口大幅度增加。

近年来，宜都暂住人口总量快速增加，暂住一年以上人口大幅度增加。外来人口的增加在促进宜都经济发展方面发挥了积极的作用，但同时也带来了一些矛盾和问题：大量外来人口的涌入对于宜都的就业、生活、住宅、城市交通和各项基础设施供应等都造成较大的压力。

（2）流动人口结构

从宜都市流入人口的暂住原因来看，流入人口以务工、经商、服务为主，其中务工人员占绝大多数，务工人员占流入总人口的比重由 2008 年的 63.88% 上升到 2010 年的 80.30%，宜都吸纳就业的能力较强，并且第二产业吸纳就业的能力持续增强。务工人员的比例较大，因此解决外来务工人员的居住、子女入学等问题对于维护社会的稳定非常重要。

从宜都流动人口的来源结构看，流动人口主要来源于省内市和省外县，来源于省外县的人口占总流动人口的比重由 2008 年的 14.95% 上升到 2010 年的 37.64%，这与宜都近年来的经济发展密切相关。宜都由原来的县发展成为县级市，与邻近省的部分县相比，具有优越的条件，因此吸引了大量的省外县人口。

从流入人口的居住处所来看，流动人口主要居住在单位内部、工地现场及租赁房屋中，这与宜都近年来吸纳就业能力的增强是分不开的。大部分流入人口没有自己的私人住宅，不利于社会的发展和稳定，究其原因，与户籍政策的限制有关，因此应改革户籍制度，吸纳外来人口为本地户籍人口，从而便于管理。

8.2.2　人口规模预测

由于户籍人口和流动人口变化趋势相差较大，因此对户籍人口和流动人口分别进行预测，此外还要考虑对宜昌人口的吸引，最后加总得到总人口预测值。

8.2.2.1　市域户籍人口预测

（1）趋势外推法

对宜都市域 1980～2010 年的户籍人口作趋势线回归，选择拟合度较高的模型，根据模型来预测宜都市域 2015 年、2020 年和 2030 年的户籍人口。

1）线性模型回归。借用线性回归模型预测宜都市域户籍人口，公式为 $Pt = a + b \times t$。式中，Pt 为预测年份末户籍人口；t 为预测年份距基年的年份；a，b 为参数。通过对 1980～2010 年人口数据进行线性回归，得到参数值，代入原始方程得到预测模型为 $Pt = -2232611.915 + 1309.088t$，模型的检验值 R^2 为 0.808，模型拟合度较高。根据此模型，到 2015 年，宜都市域户籍人口为 405 200 人，到 2020 年，宜都市域户籍人口为 411 745 人，到 2030 年，宜都市域户籍人口为 424 836 人。

2）指数函数回归模型。借用指数函数回归模型预测宜都市域户籍人口，公式为 $Pt = a \times ebt$。式中，Pt 为预测年份末户籍人口；t 为预测年份距基年的年份；a，b 为参数。通过对 1980～2010 年人口数据进行指数函数模型回归，得到参数值，代入原始方程得到预测模型为 $Pt = 358.843 \times e0.003t$，模型的检验值 R^2 为 0.803。根据此模型，到 2015 年，宜都市域户籍人口为 151 430 人，到 2020 年，宜都市域户籍人口为 154 181 人，到 2030 年，宜都市域户籍人口为 158 401 人。

3）幂函数模型回归。借用幂函数回归模型预测宜都市域户籍人口，公式为 $Pt = a \times tb$。式中，Pt 为预测年份末户籍人口；t 为预测年份距基年的年份；a，b 为参数。通过对 1980～2010 年人口数据进行幂函数模型回归，得到参数值，代入原始方程得到检验值 R^2 为 0.804。根据此模型，到 2015 年，宜都市域户籍人口为 405 173 人，到 2020 年，宜都市域户籍人口为 412 229 人，到 2030 年，宜都市域户籍人口为 426 656 人。

4）对数函数模型回归。借用对数函数回归模型预测宜都市域户籍人口，公式为 $Pt = a + b \times \ln t$。式中，Pt 为预测年份末户籍人口；t 为预测年份距基年的年份；a，b 为参数。通过对 1980～2010 年人口数据进行对数函数模型回归，得到参数值，代入原始方程得到预测模型为 $Pt = -1.948 \times 10^7 + 2 613 213.998 \ln t$，模型的检验值 R^2 为 0.809，模型拟合度较高。根据此模型，到 2015 年，宜都市域户籍人口为 402 310 人，到 2020 年，宜都市域户籍人口为 408 787 人，到 2030 年，宜都市域户籍人口为 421 691 人。

5）综合结果。对宜都市域 1980～2010 年户籍人口所作的线性模型回归、指数函数模型回归、幂函数模型回归和对数函数模型回归的结果表明，线性和对数函数模型的拟合度较高，检验值 R^2 分别为 0.808 和 0.809，而指数函数和幂函数模型拟合度较低，检验值 R^2 分别为 0.803 和 0.804。因此，综合以上分析，采用线性与对数模型预测结果的平均值，趋势外推法所预测的宜都市域户籍人口 2015 年为 403 755 人、2020 年为 410 266 人、2030 年为 423 264 人。

（2）年均增长率法

对宜都市域 1980～2010 年户籍人口的年均增长率进行分析，由于 2004 年松宜矿区被划入宜都市域，因此对市域和松宜人口年均增长率作单独分析。根据宜都市域 1980～2010 年户籍人口数据计算得出，不包括松宜的市域户籍年均增长率为 2.49‰，按此年均增长率得出，2015 年、2020 年和 2030 年不包括松宜的市域户籍人口分别为 383 055 人、387 847 人和 397 614 人。

近几年，松宜户籍人口变动较小，不同年份人口数量有增有减。考虑到松宜矿区近几年仍会吸引一定的人口迁入，近期总体上会呈增长趋势，松宜户籍人口年均增长率按与前者相同的年均增长率计算，得出 2015 年、2020 年和 2030 年松宜的户籍人口分别为 16 315 人、1 6519 人和 16 935 人。

根据以上分析预测，得出年均增长率法预测的宜都市域户籍人口为 2015 年 399 369 人、2020 年 404 366 人、2030 年 414 548 人。

（3）综合增长率法

根据公安局统计的人口数据，以及对宜都市域户籍人口的自然增长和机械增长的分析可知，近年来宜都市域户籍人口自然增长率为负增长并且有所下降，而由于近年来经济的发展，以及宜都市的有利政策，吸引人口迁入本市，机械增长呈现出增加的趋势。宜都市域户籍人口的年均自然增长率为 −1.08‰，年均机械增长率为 3.76‰，根据公式 $Pt = P0 (1+K1+K2) n$，式中，Pt 为预测年份的人口数量；$P0$ 为基准年份的人口数量；$K1$ 为年均自然增长率；$K2$ 为年均机械增长率；n 为预测年份距基年的年份。据此预测得出，宜都市域户籍人口 2015 年为 399 748 人、2020 年为 405 133 人、2030 年为 416 123 人。

（4）市域户籍人口预测综合结果

综合趋势外推法、平均增长率法和综合增长率法，取以上 3 种方法所得结果的平均值，得出宜都市域户籍总人口预测的综合结果，宜都市域户籍人口在未来将缓慢增长，预测 2010～2015 年年均增加人口为 1305 人，2015～2020 年年均增加人口为 1215 人，2020～2030 年年均增加人口为 1177 人。

8.2.2.2　市域暂住人口预测

（1）模型回归法

根据对宜都市域流动人口的分析可知，2003 年以来宜都市域外来人口一直保持加速增长的趋势，并且 2008 年以来暂住一年以上的人口有较大幅度增加，

2010 年暂住一年以上人口占暂住总人口的 51.82%，随着城市社会经济发展的良好势头，未来宜都流动人口将继续保持增长趋势。

对 2001～2010 年的暂住人口进行回归，用指数函数模型和复合函数模型来预测 2015 年、2020 年、2030 年的暂住人口。用指数函数进行回归，得出模型参数，检验值 R^2 为 0.929，模型拟合度较高。Pt 为预测年份暂住人口，t 为预测年距基准年的年份，计算得出宜都市域暂住人口 2015 年为 7052 人、2020 年为 12 407 人、2030 年为 38 408 人。采用复合函数回归，检验值 R^2 为 0.929，模型拟合度较高，预测结果为宜都市域暂住人口 2015 年为 13 675 人、2020 年为 24 100 人、2030 年为 74 851 人。

（2）经济相关分析法

近年来，随着宜都经济的发展，暂住人口数量呈现增加趋势，利用 SPSS 软件对宜都 2001 年来地区总产值与暂住人口进行相关分析，剔除与总体发展趋势不相符年份（2002 年、2008 年）的数值，发现宜都暂住人口数量与 GDP 呈现高度的相关关系（$R^2 = 0.994$），并通过了显著性检验，利用预测的 GDP（2015 年为 530 亿元、2020 年为 935 亿元、2030 年为 1675 亿元）对宜都暂住人口数量进行预测，测算得到宜都的暂住人口 2015 年能达到 20 000 人左右、2020 年能达到 40 000 人左右、2030 年能达到 70 000 人左右。

（3）市域流动人口预测综合结果

考虑到宜都近年来的良好发展势头，对宜都市域流动人口的预测采用经济相关分析法更符合实际情况，因此宜都市域流动人口数量在 2015 年、2020 年和 2030 年分别约为 2 万人、4 万人和 7 万人。

8.2.2.3 周边地区人口吸引预测

未来宜都沿江城镇自身的发展，以及宜昌产业新城的规划为宜都沿江城镇人口规模的扩大带来新的契机，未来周边的五峰、长阳、松滋等地人口向宜都流动的趋势会更加明显，宜都应考虑未来对周边县市人口的吸引问题。

从各地区"五普"和"六普"人口数量变化上看，宜都相对于点军、兴山、枝江、五峰、当阳、长阳等人口减少量很小，宜都经济的快速发展，以及宜昌相关规划会为宜都吸引其他地区的人口增加机会。随着宜都纳入宜昌都市区范围，宜昌作为省域副中心城市和地区中心城市的人口吸引能力将充分体现出来，而且宜都作为宜昌中心城区南部的快速发展城镇，宜昌西部、南部、东南部方向上的周边县域向宜昌都市区的人口转移将主要由宜都来承担。位于宜都西部的长阳、五峰，以及位于宜都东南部的松滋等部分人口，尤其是乡村人口向宜都流动的趋势会更加明显，因此需要着重考虑这部分人口对宜都总人口规模的影响。从五峰、长阳、松滋"五普"与"六普"人口数量变化可以计算出各地区人口年均减少量，根据各方面考虑，假定 2010～2015 年五峰、长阳、松滋 3 地区年均向宜都流动的人口分别相当于其年均减少量的 90%、90%、75%（松滋隶属荆州，宜昌和宜都对其人口吸引能力势必较弱），可以计算出每年大约有 10 000 人流向宜都；根据宜都社会经济发展趋势，近期至 2020 年将是宜都发展建设的稳定推进期，每年将继续保持大约 8000 人流入宜都；2020～2030 年随着城镇化进入后期阶段，人口转移的速度将逐步放缓，直至基本停止转移，预计平均每年有 1500 人流入宜都。据此分析预计，2015 年、2020 年、2030 年宜都吸引周边五峰、长阳、松滋的人口分别为 55 000 人、95 000 人、110 000 人。

8.2.2.4　市域常住人口综合预测

综合对宜都市域户籍人口、半年以上暂住人口，以及对宜都周边五峰、长阳、松滋等地人口吸引的预测，得出宜都市域常住人口预测综合结果为 2015 年 48 万人左右、2020 年 54 万人左右、2030 年 60 万人左右。

8.3　城镇化发展目标路径

8.3.1　城镇化目标

8.3.1.1　城市定位

（1）湖北县域发展排头兵与城乡一体化试点区

宜都连续 6 年荣获湖北县域经济发展先进县市称号，其中 2006 年、2007 年连续两年蝉联全省第一，2008 年位居第二，被湖北省委书记罗清泉赞誉为"全省县域经济发展的标杆"。宜都先后荣获全国科技进步先进县市、中国中小城市科学发展百强、中国十佳休闲生态宜居城市等多项荣誉称号。宜都经历了从传统农业转到"五小工业"到"重化工业"再到"新型产业"的 3 次大规模经济转型。正是由于这 3 次大的转型，尤其是到新兴产业的转型，使宜都在湖北享有县域发展排头兵的称号。

宜都拥有区位、资源、交通等发展优势，拥有以工业为主导的各类产业发展基础，拥有以三峡工程所在地宜昌市省城副中心建设、承接国家生产力布局由东至西转移、利用国家实施中部崛起战略等诸多发展潜力，具有大力实施城乡统筹发展战略，率先推进城乡经济社会一体化发展的基本条件。2010 年 7 月省委、省政府将宜都纳为城乡一体化试点范围，今后宜都应大力推进城乡规划、产业布局、基础设施、公共服务、社会保障5个一体化，全面协调统筹发展城乡一体化。

（2）鄂西门户

宜都地处湘西武陵山区余脉与川东巫山余脉交汇处的长江中上游，渔洋河、清江与长江交汇于中心市区陆城。城市沿长江上溯宜昌30km，下距武汉350km，至三峡水利枢纽工程仅70km。境内黄金水道和焦柳铁路在枝城交汇，使宜都水陆交通纵横贯通全国，宜都是湖北中西部地区的交通枢纽城市，素有"楚蜀咽喉"、"鄂西门户"之称。无论从生产力布局上，还是从区域地位上，宜都都将在鄂西南经济区及江西经济发展中起着一定的支撑作用。进一步加强鄂西南经济区内部的经济联系，扩大经济腹地，使鄂西南地区丰富的资源优势得以开发利用，在区域经济社会发展中促进宜都经济社会发展。宜都的门户效应若想得到充分发挥，应大力推进交通基础设施改造，首先完善本地交通设施，然后通过鄂西南经济区的区域协调完善区域交通设施，从而使门户作用得以充分体现。

（3）宜荆常结合部中心城市

宜都北有宜昌、东南邻荆州，南与湖南常德临近，处于宜荆常结合部的中心，区位优势突出，资源丰富，交通便利，成为沟通宜荆常三大城市的中心城市。同时，从更大的层面来看，宜都处在武汉、宜昌、荆州、常德等大中城市的复合经济辐射圈内，是湖北面向湘、川、黔、桂等西南地区的重要边际市场和经济窗口。未来宜都发展应立足自身的区位优势与经济发展条件，在区域经济发展中发挥纽带作用，在区域经济发展中提升自身的发展潜力与发展水平。

（4）山水萦绕的江岸名城

宜都依山傍水，长江、清江、渔洋河、荆门山、宋山、梁山、双龙洞等构成得天独厚、独具特色的自然景观，随着高坝洲水电工程的建成，秀丽的清江已展现出迷人的"星岛湖"风光。此外，宜都四季分明、气候温和、绿树成荫，最适宜人类居住，是一座融历史文化、现代文明、自然风光和人文景观于一体的江岸名城。近年来，宜都着力打造国家园林城市，城市园林绿化布局日趋合理，园林绿化设施更加完善，城市面貌大为改观，城市生态环境进一步改善，全市形成了以大环境绿化为基础，以城市公共绿地为重点，以道路绿化为网络，以小区、庭院绿化为依托，以街头绿地为点缀，突出滨江特色的点、线、面相结合的绿化体系。今后宜都应进一步加强城市自然山体、水体等生态绿地的控制保护和城乡一体化绿化建设，把宜都打造为真正的山水萦绕的江岸名城。

（5）全国知名的内陆工业县

宜都连续5年位居湖北县域经济综合实力前两位，连续7年荣获湖北县域经济发展先进县市称号。在中部百强县市的排名由2006年的65位上升到2011年的 16 位，累计上升 49 位，在全国县域经济基本竞争力排名由 2006 年的 348 位上升到 2011 年的 142 位，累计上升 206 位，2011 年宜都在中国产业发展能力百强县中位居第 76 位。近年来，大力实施工业强市战略，优化工业经济结构，推进企业向沿江地带集中，项目向工业园区集中，要素向优势产业集中，形成了生物医药、精细化工等高新技术产业，机械电子、新型建材、农产品加工产业竞争力不断增强，新型工业化产业体系逐步形成。未来要通过特色产业的发展及产业结构的升级，进一步壮大工业实力，把宜都打造成为全国知名的内陆工业县。

8.3.1.2 城镇化水平预测

（1）惯性城镇化增长趋势预测——联合国法

采用联合国法预测宜都城镇化水平，依据宜都第五次与第六次人口普查数据，预测未来宜都市域人口普查数据口径的城镇化水平，公式如下：

$$URGD = \left\{ \ln \frac{PU(2)/[1 - PU(2)]}{PU(1)/[1 - PU(1)]} \right\} / n$$

式中，URGD 为城市人口增长率的差；PU（1）为第五次人口普查的城市人口比重；PU（2）为第六次人口普查的城市人口比重；n 为两次普查间的年数。

利用 2000 年和 2010 年的数据，得到：PU（1）= 37%、PU（2）= 46%、n = 10；计算得 URGD = 0.037 187。

以 2010 年第六次人口普查的数据求得以普查人口为口径的 2015 年、2020 年和 2030 年城镇化水平，2015 年的城镇化水平为 50.6%；2020 年的城镇化水平为 55%；2030 年的城镇化水平为 64%。

实际上，随着宜都作为城乡一体化试点区的开展，以及工业优势的发挥，社会经济的发展必将迎来大的跳跃发展，这将成为宜都加快城镇化的重要途径，宜都如果能抓住发展机遇，未来达到的城镇化水平将超过这个预测的数值。

（2）暂住人口及吸引周边地区人口对城镇化水平的贡献

根据宜都经济发展趋势及县域内产业园区的发展，暂住人口数量将逐渐增多，以及越来越多地吸引宜都周边五峰、长阳、松滋等地人口进驻产业园区或从事商贸服务业等。根据前面人口预测 2015 年、2020 年、2030 年人口将分别达到75 000 人、135 000 人、180 000 人，但是由于近期产业园区的生活、服务等基础设施配套不完善，并不能在短期内将这部分人完全吸纳为真正意义上享受宜都公共服务、长期定居宜都的城镇人口，相当一部分还只是季节性或较长期在宜都就业的务工、经商人口，但未来应该逐步完善公共服务，将这些人口中的大多数逐步转化为宜都城镇人口。根据沿江城镇带的发展规划，设定 2015 年转化的城镇人口占这部分总人口的 30% 左右、2020 年占 35% 左右、2030 占 60% 左右，则

2015 年、2020 年、2030 年城镇化水平约分别提高 4.4%、9%、19%。

（3）城市化水平预测结果

根据宜都"六普"数据得出的城市化水平为 46%，综合考虑城镇化动力分解法，2015 年、2020 年、2030 年城镇化水平分别为 55%、64%、83%，城镇人口分别为 26.4 万人、34.6 万人和 49.6 万人。

8.3.2　城镇化路径选择

8.3.2.1　城镇化道路选择

（1）充分利用城乡一体化试点政策

湖北城乡统筹试点为宜都提供政策支持，省政府为宜都加快城乡统筹进程提供了大量推进项目，其为城镇化发展指引了方向。宜都可以充分利用政策优势平台，在省政府给予的项目支撑下探索适合宜都发展的城镇化道路，在城乡土地流转、基础设施建设、社会公共服务、城乡居民角色转换、城乡居民就业等方面进行深入的探索与创新，开拓出具有宜都特色，并具有重要参考价值的城镇化道路。

（2）协调和利用区内外资源

中部崛起战略中宜都处于长江经济带，湖北省"一圈两带"层面中宜都处于"鄂西生态文化旅游圈"，宜昌构建"一心一带一区多点"的空间发展格局中，宜都处于长江聚合带下的沿江产业区及宜昌都市区的重要组成部分，宜都是长江经济带中的重要战略节点，是湖北城乡统筹的试点区，是积极对接宜昌、承接省域副中心城市的重要辐射区域，是宜昌都市区的核心区及重要新兴工业区。外部发展环境为宜都提供了背景支持和政策推动，同时也面临着激烈的地区竞争，宜都要放眼长远，深刻认识其在宜昌、湖北甚至全国发展格局中所处的区域环境与区域地位，明确自身所承担的区域功能，充分发挥自身的区位优势和资源优势，突出地方特色，探索出适合自身发展的城镇化模式，在区域发展格局中凸显自身优势。同时，要注重加强与周边地区的区际联系，充分利用区际资源，实现资源的优化配置，最终实现区域联动发展。

（3）因地制宜突出地方特色

宜都目前的城镇化发展水平低，但增长速度快，城市化的高速发展在推动经济发展的同时会面临基础薄弱等问题。同时，宜都城乡二元结构明显，各个乡镇的城镇化水平差别明显，中心城区与外围乡镇、沿江城市和山区乡镇差异都较为显著，在进行城镇化道路的探索时，需要考虑不同空间单元的特殊性，因地制宜，突出地方特色。同时，城镇化是一个长期的过程，要回顾过去、把握当下、着眼未来，在时空格局中认识宜都的城市发展与空间布局。

（4）统筹城乡互助发展建设

城镇化的重点是在加快城镇发展的同时带动农村的发展，实现以城带乡，城乡互动。城乡统筹中城市是重点，农村是支撑，两者相互推动，共同发展。宜都在城镇化建设中积极推动工业化带动农业化、城市反哺农村和城乡产业融合。在统筹城乡发展与建设中，通盘考虑城乡规划与布局，集约利用城乡资源，完善农村合作组织，加快农业产业化经营，推动城乡公共服务设施建设一体化，形成了较为成熟的城乡互助模式，有力地推动城乡统筹发展。

（5）协调各类城镇化过程

宜都十二五规划提出了"建设现代化中等城市"的目标，近几年宜都的社会经济得到了快速发展，发展水平在省内县区中跻身前列，但是目前的城市规模距中等城市的目标还存在一定差距。宜都需要不断扩大城市规模，提高城镇化水平。目前，老城区的发展动力和发展空间明显不足，与此相反，沿江城市发展迅速，沿江城市具有优越的地理位置，良好的工农业发展基础，随着交通及其基础设施条件的不断完善，今后宜都的发展方向是老城区控制性发展，向沿江城市拓展空间。在扩展城镇规模中，有机协调城市空间的扩展，积极整合城乡资源，合理集聚规模人口，积极引导乡村城镇化。

8.3.2.2 城镇化发展模式

（1）从工业化城镇化走向后工业化城镇化

2011 年，宜都人均 GDP 达到 71 196 万元，按照钱纳里工业化阶段划分标准，宜都已经处于工业化成熟期，但是目前宜都市经济发展重点在第二产业，第三产业发展水平落后，尚处于工业化中期阶段。依托自身的资源基础、工业基础、水陆交通条件、地方政府的发展努力及政策支持，宜都工业型县域经济特征突出，第二产业所占比重高于湖北及全国水平。第三产业发展不够充分，主要集中于交通运输、仓储邮政、批发零售等物流商贸等低端产业，距离以高新技术产业为支撑、为主体的后工业化时代存在较大差距。随着外部环境的巨大改变，高技术、高智力、高附加值、低污染等战略性新兴产业是未来承载国民经济成长的主要产业，传统产业尤其是高耗能、高排放的资源初级加工产业面临调整升级，因此宜都传统的依托资源优势的产业面临着巨大挑战。

进入后工业化城镇化这一阶段，经济体的发展必须达到较高水平，城市化进入较成熟阶段。宜都要加快工业转型，加速第三产业的发展，尤其是发展现代服务经济，加强人才队伍建设，加快科学技术的更新换代，提升自主创新能力，完善社会保障制度，随着社会经济的不断推进及城市化的不断推进，以最快的速度实现后工业化城镇化的目标。

（2）从极核城镇化走向区域城镇化

宜都目前的发展格局是极核式，形成了陆城、枝城两大核心，其他乡镇发展落后。城市发展的不平衡给核心区造成了严重的资源、交通、环境等压力，同时也造成了乡村资源的浪费，老城区发展空间不足和水平落后严重制约了宜都未来的发展。因此，宜都要尽快突破城乡二元结构，打破行政界限的制约，合理安排城乡生产布局，在一些资源环境条件优越的乡镇及镇区进行二三产业布局，实现农业人口向城镇人口的就地转化。完善农业服务体系与设施建设，加快农业和农村人口向非农产业和城镇转移，加快农村土地流转和农业产业化发展，扩展城市建成区规模，合理集聚城镇人口，实现市域整体城镇化。

（3）从"点-轴"发展走向"网络"发展

宜都的产业集中在陆城、枝城两个核心点及沿江经济走廊，山区开发利用较少，属于典型的点轴式发展。随着城市规模的扩大，沿江城市的空间不能承载经济的发展，山区乡镇具备一定的资源优势，因此要积极探索沿江产业的优化升级及产业向山区转移。目前宜都已经形成了宜洋、陆渔两条一级公路，318 国道为交通运输大通道，县乡公路为骨架，乡、村公路支线相连、纵横交织的城乡经济运输大网络。沿交通运输网络合理布局工农业生产，加快发展沿线农业经济，实现农业产业化、生态化、特色化、高效化发展，完善基础设施建设，利用当地的资源优势和便捷交通运输体系，形成沿线经济带，同时加快沿江沿河经济带建设，加快各交通网网线及交通网点的对接，最终实现网罗城乡经济发展的"网络"发展模式。

（4）从"城镇-乡村"格局走向"都市区域-城乡一体化区域"格局

宜都长期处于"城镇-乡村"二元经济格局中，沿江都市区建设和城乡一体化发展是破解城乡二元结构的根本出路。加快建设沿江都市区，推动沿江城市产业化发展，调整产业结构，促进产业结构优化升级，走新型工业化道路，加快城镇人口集聚，扩展城市规模，逐步形成以陆城、枝城为核心的核心区，以紧密围绕核心区的沿江城市为紧密圈层的空间组织结构。加快城乡一体化发展，实现城乡生产方式一体化、生活方式一体化、市场体系一体化，发展多元化、产业化、高级化的现代农业。进行城乡政策调整和制度创新，实现与城市与乡村的统筹发展，逐步实现由城镇向都市区、由乡村转化为城乡一体化区域，最终形成一个具有一定规模的由都市区及与周边城乡一体化区域共同构成的社会经济融为一体的区域格局。

（5）从传统居民点体系走向"都市区—镇区—集中居民点—散居点"

合理引导人口向中心城区集聚，扩展沿江城市规模，推动建设沿江都市区。

合理的集聚能够带来集聚经济效益，但是城镇人口向中心城区的过度集聚会产业一系列问题，导致集聚不经济。因此，宜都的城镇化发展道路可以突破传统的城镇化模式，合理引导人口向镇区、集中居民点集聚。加快发展乡镇非农产业，实现农业人口向非农人口的就地转变。农村居民点过于分散，部分农村居民点规模小，制约了城乡一体化发展，加快人口和空间的集聚，实现由分散布局向集约发展。加快中心城区、镇区及农村居民点建设，促进中心城市向都市区、重点镇向镇区、一般镇向集中居民点、一般村向散居点的转化，最终形成"都市区—镇区—集中居民点—散居点"的城镇化发展道路。

8.3.2.3 城镇化推进路径

（1）优化空间布局，整合城乡功能

优化沿江乡镇空间布局，充分利用山区乡镇丰富的土地资源、生产资料及良好的生态环境，整合城乡功能分区，合理规划各乡镇功能分区，实现资源的优化配置。山区乡镇集中居民点建设，节约利用空间资源，完善基础设施建设，提高公共服务水平，充分利用沿江乡镇完善的政治、经济、社会公共服务等功能支撑，网络带动山区乡镇发展，推动山区乡镇城镇化，最终实现城乡融合互动发展。

（2）调整产业结构，促进城乡产业联动发展

沿江乡镇要充分利用山区乡镇农副产品的支持，调整产业结构，优化产业的空间布局，提高生产效益。优化发展第二产业，加快传统产业的优化升级，加快发展战略新兴产业，走新型工业化道路。壮大发展第三产业，依托城乡功能布局，加快现代服务业的发展。集约发展第一产业，加快与山区乡镇的产业互助，提升农产品产业化水平和市场率。山区乡镇保持与沿江城镇产业的良性互动，加快发展现代农业与农副产品加工业，在沿江二三产业的带动下，实现第一产业规模化、标准化、集约化发展，利用本地的资源优势，突出地方特色发展第二产业，立足本土发展第三产业，着力解决本地的劳动力就业，提高生活质量。

（3）合理引导劳动力转移，集中居民点空间布局

分类引导城乡集聚，集约利用空间资源。沿江乡镇的城镇化发展需要不断积聚人口，促进人口城镇化。合理转化本地农村人口，承接山区乡镇的人口转移，优化发展环境，吸纳周边县市的流动人口。山区乡镇要加快推进镇区城镇化进程，山区实行集中居民点建设，按城镇水平建设公共服务设施，散居村落要提高生活水平，达到城镇化生活水平。

（4）沿江地区都市化，山区城乡一体化

沿江地区要加快经济发展，扩展城市规模，完善基础设施建设，提高公共服

务水平，完善社会保障和社会公共服务职能，实现沿江都市化。山区乡镇加快新农村建设，高标准高效率地推进项目建设，加强与沿江乡镇的经济联系和互助发展，加快山区乡镇文化建设，提升居民素质，推动城乡一体化发展。

8.4　城镇体系结构优化

8.4.1　乡镇总人口规模结构规划

根据预测的市域总人口数、中心城区总人口数，以及红花套和高坝洲沿江人口数量可知，其余乡镇农村总人口数应为市域总人口数减去中心城区及红花套和高坝洲沿江人口数。红花套、高坝洲沿江地区以其镇区和沿江各村人口为基数，参照中心城区人口增长比例分配：红花套6万人，高坝洲3万人。

首先，按照聂家河、王家畈、潘家湾、松木坪的全部人口及枝城、五眼泉、姚家店、红花套、高坝洲的非沿江区域人口在乡镇农村总人口数中的比例来测算，松木坪和松宜矿区合并测算，松木坪镇由于矿区人口搬迁，计算时考虑其2015年搬迁10 000人，2020年搬迁16 000人。

其次，考虑到各乡镇人口数量增长趋势不同，因此综合各乡镇近年来人口自然增长量和机械增长量，以及各乡镇发展条件来调整人口量预测值，从发展趋势看，由于中心城区和沿江经济带的吸引作用，基本上总人口都会趋于减少，聂家河发展条件较好，设定人口正增长。

最后，红花套和高坝洲分别加上沿江地区的人口数，最终结果如表8.2所示。

表8.2　宜都市域乡镇人口规模结构

各乡镇	2015 年	2020 年	2030 年
枝城（非中心城区部分）	33 000	31 000	25 000
五眼泉（非中心城区部分）	19 000	18 000	16 000
姚家店（非中心城区部分）	7 800	7 500	6 700
红花套	28 300	38 200	62 800
高坝洲	17 300	22 100	32 700
聂家河	18 600	20 000	26 000
王家畈	33 000	32 000	25 000
潘家湾	15 000	14 500	11 000
松木坪	45 000	35 000	30 000

8.4.2 城镇规模结构规划

2030 年，中心城区及红花套、高坝洲沿江地区将会实现完全城镇化。2030年，山区乡镇实现城乡一体化。部分人口迁往沿江中心城区，其余主要集中在乡镇政府驻地区域和各村集中居民点。镇区人口规模依据当前人口规模基数和发展条件，按照我国一般小城镇规模分配：松木坪 1.2 万人、聂家河 1.3 万人、王家畈 0.9 万人、潘家湾 0.4 万人。由于松木坪与聂家河镇发展基础较好，预测人口规模时适当给以较大的人口数量。

本规划根据 2030 年的城镇人口集聚目标，综合考虑现状城镇人口分布格局、区内外人口增长迁徙态势、城镇化与地区发展趋势、外部环境影响等，安排 2015年、2020 年、2030 年的城镇人口分配。

宜都人口自然增长基本停滞，未来人口增长将主要依赖外来人口，随着中心城区的发展，这部分外来人口将主要集中在中心城区，尤其是陆城和枝城吸引的外来人口最多。山区乡镇人口一部分迁往沿江中心城区，另外随着集中居民点的规划建设，山区乡镇其余人口将主要集中在乡镇政府驻地区域和各村集中居民点，并为之提供城镇化的生活设施与公共服务。松宜矿区人口应随着资源开采量的减少，其人口将在 2018～2022 年逐步转移到中心城区。

8.4.3 城镇职能结构规划

未来宜都工商业向沿江区域集中，农民向城镇、沿江新社区集中，土地向规模经营集中。山区乡镇镇区主要承担居住、公共服务及少量适度的非农产业职能，村级地域一般不承担工商业发展职能，仅承担居住、农业生产和生态保育功能。

未来宜都工商业活动将向沿江中心城区集中。陆城街道办事处将继续发挥作为宜都经济、政治、文教、商贸中心的职能。

枝城历来为工业重镇和商贸大镇，近年来又被宜都规划为化工建材工业园区，是交通部确定的全国九大水铁联运枢纽之一，枝城港是长江流域四大煤炭配送中心之一。枝城镇主要职能定位为化工新材料、高端电子材料、生物制药、大型成套磷肥基地、建材基地、物流中心。

五眼泉位于宜都中部，地处清江南岸、渔洋河畔，气候温和，环境优美，兼有平原、丘陵、山区 3 种地势特征，被誉为"湖北石雕之乡"，农业产业日益壮大，已形成"山区种茶、丘陵种柑、河滩种桑、家家户户养猪羊"格局。五眼泉镇未来将作为宜都的旅游休闲城区、机械建材和粮油初加工区。

姚家店农业发展形成了柑橘、茶叶、生猪三大特色产业，2009 年新引进了国际商贸城、常丰机电、天宜机械、民悦太阳能、清江肉联、中起重工、梦境园林、创达机械设备制造等一批投资过 1000 万元的项目，未来将向居住、生物农业、先进制造、商贸为一体的新型综合性城区的职能定位发展。

红花套现代农业加快发展，以现代农业柑橘产业示范区建设为重点，大力实施精品果园、生态桔园和老果园改造；工业经济突飞猛进，以清江绿色产业园区为招商平台，逐渐形成农产品加工贸易、机械制造、光伏太阳能为主导的产业集群。红花套被命名为"湖北省 2009～2010 年度文明乡镇"、"宜昌市环境优美乡镇"。除此之外，商贸物流业发达，因此主要职能为生物农业、光伏材料、机械机电、旅游、物流、居住中心。

高坝洲距世界水电之都——宜昌仅 40km，充分利用本地资源优势，积极争取产业政策，推动机械制造、能源、旅游、碳酸钙等产业大发展，同时高坝洲山清水秀、风景迷人，主要职能定位为先进装备产业城区、宜居城区。

山区乡一般侧重发展现代农业、农副产品初加工、旅游及保育生态系统。聂家河矿产资源、电力资源和旅游资源丰富，电力机械工业发达，农业资源丰富，盛产渔洋柚、柑橘、板栗、茶叶及其他小水果和药材、棕榈、松杉等特产品。聂家河将发挥作为机械加工、旅游、果蔬水产初加工区的职能。

王家畈与潘家湾作为宜都两个山区乡镇，发展基础与发展状况相似，大力发展山区特色经济，农村经济日趋繁荣，已初步形成了以茶叶、旅游、畜牧三大产业为重点的经济格局，将两城镇职能定位为旅游休闲、茶叶果蔬初加工区。

松木坪现如今资源枯竭，未来将作为宜都的工矿遗迹。现代农业实现新的突破，推行"合作社+基地+农户"的发展模式，力促传统农业向现代农业转变。松木坪主要职能为工矿遗迹旅游区和粮油深加工区。

8.4.4 城乡空间网络结构规划

8.4.4.1 现状城乡空间分布特征

城乡空间发展的区域差异明显。在宜都市域内，城镇空间分布相对均衡，但由于地理特征、资源禀赋的不同，发展水平差异也十分明显。

依托交通轴线布局明显。宜都市域的自然特征、多变的地形条件决定了交通因素在区域空间发展中的重要性，沿长江的水陆交通构成了城市的一级发展轴，向山区纵深的主要道路成为区域发展的经济主通道，引导区域城镇与产业空间的形成。

中心极核发展态势明显。以陆城和枝城为主的中心城区是全市政治、文化和经济的中心，各方面发展条件优越，城镇规模迅速增长，功能集聚明显，成为全市的发展核心。

8.4.4.2   规划城乡空间结构

现状宜都市域各城镇之间的联系较弱，各乡镇经济发展不平衡，资源利用率较低，不利于整个市域社会经济水平的提高。未来宜都市域应结合自身的发展趋势和结构要求，结合现状自然环境、城镇布局和交通条件，引导区域城镇空间结构的进一步优化，形成"一心、双区、一带、三轴"的区域空间结构框架，实施以中心城区为主导，沿江乡镇为基础，主要交通干线为城镇发展轴，带动山区城镇发展的城市空间的非均衡发展战略。

（1）一心：中心城区，宜都政治、经济、文化、居住中心

一心范围包括陆城街道办事处、枝城镇部分行政村、五眼泉镇部分行政村和姚家店镇，中心城区是整个宜都市域社会经济发展的重要支柱，区位条件优越，交通便利，资源丰富，经济发展基础良好，二、三产业较为发达，是宜都市域城镇及人口密度集中的区域，城镇化水平相对较高。

（2）双区：沿江城镇与山区乡镇两大分区

沿江城镇：红花套、高坝洲、陆城、姚家店、枝城。该区域是宜都经济社会发展的主体区域，城镇规模相对集中，产业基础良好。应充分利用良好的区位优势、优越的交通条件、丰富的资源，以及良好的工农业发展基础，加强各乡镇之间的经济联系，资源共享，充分发挥优势与特色，加快城镇化建设的步伐，打破行政体质的束缚，从区域的角度统筹安排经济社会发展，保留环境意向，协调城乡关系，构筑相对完善的城镇群体空间单元，最终将本区域打造为完全城市化的区域。

山区乡镇：潘家湾、王家畈、松木坪、聂家河、五眼泉。山区乡镇与沿江城镇相比区位优势不明显、经济发展基础较薄弱，但是该区域的自然资源丰富，有利于特色农业及旅游业的发展。该区域未来应依靠资源优势，加强与中心城区的联系，自身应加强集中居民点的建设，强化基础设施建设，加快城镇的各项事业发展，提高山区乡镇人民的生活水平。

（3）一带：沿江发展带

沿江地区是宜都人口和经济主要的集中区域，以一级公路为依托，串联主要的城镇和工业园区形成的沿江经济发展带，对接江北宜昌产业布局，成为宜昌长江产业带的核心组成部分。

（4）三轴：陆渔一级路，联系陆城、五眼泉、聂家河、潘家湾；S225 雅澧线，联系枝城、松木坪；X224 升级，联系陆城和王家畈

随着宜都市经济的发展，沿江区域发展将带动山区乡镇发展，区域内三条轴线发挥越来越重要的作用，以这三条轴线为依托，承担沿线乡镇及中心城区主要的人流、物流，组织镇区及集中居民的分布，同时依托交通优势，协调产业发展，加快乡镇的城镇化发展。

8.5 城镇化发展策略

8.5.1 城镇化总体发展策略

8.5.1.1 提高就业吸纳能力，增强人口吸引力

宜都资源丰富，一、二、三产业发展势头良好，应在现有基础之上，强化产业发展的就业吸纳能力和地方根植能力。加快发展现代农业，围绕柑橘、茶叶、畜牧等特色产业，整合各项支农资金，推动板块基地集中连片、规模发展。应大力发展支柱产业，促进产业结构升级，增强市场竞争能力，在产业发展上山区乡镇与中心城区进行对接，大力发展农产品深加工、大工业配套产业、服务城市产业和联系城乡的中介服务业。大力发展现代服务业和劳动密集型产业，提高就业吸纳能力。促进第三产业发展，提高城市活力，扩大城市就业容量。鼓励现有市场壮大规模、树立品牌、创新业态。在发展第三产业的过程中，要注意发展传统的商业和服务业的同时，更要加大力度发展以信息、咨询、科技、金融等为主的第三产业。

宜都承东启西、交通便捷，是湖北承东启西的最佳口岸，隶属于三峡宜昌"半小时经济圈"，鄂、渝、湘三省市交界处。随着国家生产力布局由东至西转移，宜都区位交通优势进一步显现。宜都依托的良好区位条件，以及自身的经济发展条件，社会经济发展近年来突飞猛进。吸引了大量的外来人口，2003 年宜都暂住人口为 2798 人，2010 年为 5853 人，2010 年暂住人口为 2003 年的两倍多，宜都近年来吸引外地人口的能力大大增强。外来人口主要来源于省内市和省外县，主要在宜都从事务工、经商、服务等职业。今后应大力培育产业优势，着力打造跨地区性区域中心，进一步完善交通网络，加强基础设施建设，进一步增强吸纳外来劳动力的能力。

8.5.1.2 提高城镇集聚效能，重视人口城乡转换问题的解决

按照"都市区域—城乡一体化区域"的城镇发展格局，加快新型城镇化进程。坚持政府主导、农民主体，采取市场办法，推进都市区域的城市化进程和城乡一体化区域集中居民点的建设，形成优势互补、环境优美、协调共进的城镇体系。坚持以中心城区城镇化的发展为支撑，加强中心城区内各个乡镇的联系，充分发挥集聚效应，实现合作共赢，提高中心城区整体发展能力。启动城乡户籍制度改革，探索建立农村宅基地、承包地和林地退出补偿机制，加快山区乡镇集中居民点的建设，推进农村人口向小城镇、中心居民点集中，加快城乡一体化步伐。

人口的城乡转换问题在城镇化的过程中是非常重要的问题，人口城乡转换难的问题是由城镇化和工业化不同步，地域、职业转换与身份转换不同步造成的。随着宜都市域经济的发展，以及城镇化建设中的人口向城镇居民点的集中，越来越多的农村人口流入城镇，解决城乡人口转换的问题至关重要。建立合理的成本分担机制，明确政府、企业和农民工的各自责任。政府应加大对农民工公共卫生、计划生育、子女义务教育、就业扶持，以及住房保障等方面的支出补助力度，并且应更多地以常住人口而不是户籍人口作为财政分成和转移支付依据，健全财政对农民工集中地区稳定、长效的转移支付制度。这种多元化的成本分担机制有利于解决城镇化进程中的人口城乡转换问题。

8.5.1.3 整合乡村人口、土地资源，提高资源利用效率

农村的各项农业资源、劳动力资源等比较分散，随着越来越多的劳动力外出务工，本地的劳动力资源大量流失，大量的土地资源被荒废或者没有得到充分的利用。宜都今后应进一步促进农村资源、要素流转，充分合理地利用资源。建立健全农村土地流转机制，推动土地有序流转，发展适度规模经营，加快发展农民专业合作社，提高农民组织化程度。推进农村集中居民点建设，加快发展乡镇企业，整合各类产业，加强横向与纵向分工，做大企业规模，发挥集聚效应，提高农村社会经济发展水平。

合理规划控制各项用地指标，包括农用地、林用地、牧用地，以及其他各项建设用地。充分挖掘荒山、荒坡、荒地、荒滩等未利用地和废弃地的潜力，依法加大对批而未供、供而未用及闲置空闲地的处置力度。对各类城乡用地进行最大限度的整合，使土地资源开发的综合效益最大化。同时，应注意保护好生态脆弱的土地，山区的丘陵山地在开发时应同步做好保护措施，根据各类土地的特性，因地制宜，宜农则农、宜牧则牧、宜林则林。城镇建设用地的利用应做好规划布局，合理规划好工业用地、居住用地、公共服务设施用地、仓储用地、公用设施

用地等，大力推进土地的集约与节约利用，同时长期预留城区发展的备用地。

8.5.2 中心城区城镇化发展策略

宜都中心城区作为市域社会经济发展的重要支撑，应进一步加快发展步伐，缩小各乡镇之间的发展差距，实现整个中心城区整体发展水平的提高，提高城镇化水平，向实现完全城市化的目标发展。

8.5.2.1 "分阶段"、"因地制宜" 推进城镇化

中心城区作为宜都主要的城市化区域，今后应抓住发展机遇，做大做强优势产业，加强基础设施建设和社会事业的建设，努力提高城镇化发展水平。按照统筹城乡的原则，以推进新型工业化和发展服务业为依托，以加强城镇基础设施建设和发展城镇经济为重点，突出发展大城镇，加快发展中小城镇，加快农村人口向城镇转移，促进城乡经济社会协调发展。争取 2020 年城镇化率达到 60% ~ 70%，2030 年达到 90% 以上，基本实现城镇化。

中心城区空间结构上最大的特点就是城镇分布呈带状，推进中心城区的城镇化发展，应以带状城市和沿江平行梯次推进为基本理念，结合地理条件，统筹安排岸线利用带、工业带、景观带、居住带、基础设施带，以及各级服务中心的时空布局，实现内部产业分工与协调。解决当前布局混乱的问题，关键是统筹协调各乡镇的发展取向与布局，依据中心城区各乡镇的资源优势、产业发展优势，做好各自的功能定位，合理布局各项用地。

8.5.2.2 实现制度创新，统筹城乡发展

建立户口在居住地登记、随居民流动自由迁徙的统一户籍管理制度，实现户口登记地与实际居住地一致。城乡居民凭合法固定住所证明进行户口登记，户口随居住地的变动而变动。扩大保障房供给，对于流入城区的农村劳动力及城区的低收入人民，以廉租住房、公共租赁房、经济用房，以及租房、建房补贴等方式解决其住房困难。探索实物保障、货币保障、政策保障等多元化供给途径，促进山区乡镇人口转移，城乡户籍制度问题及住房问题的解决，从而更加有利于吸纳周边地区人口。

借鉴重庆"地票"模式，将闲置的农村宅基地及其附属设施用地、乡镇企业用地、农村公共设施和农村公益事业用地等农村建设用地进行专业复垦，经土地管理部门严格验收后，按增加的耕地面积，由市土地行政主管部门向土地使用权人发放相应面积的"地票"。该机制的核心是保证农民对于土地交易的参与

权,促进农村土地经营权益的市场化,提高土地的利用效率。整合农村土地资源,充分利用与保护耕地,农林牧用地合理规划,因地制宜,充分开发荒山、荒坡、荒地、废地等,实现土地资源的整合,走土地规模化经营之路。推进农业规模化经营与产业化经营,提高农民的收入水平。

8.5.2.3 统筹产业、人口与基础设施布局

依托中心城区发展良好的产业基础,促进特色产业、优势产业向居民点集中,加强各项配套设施的建设。按照工业化与城镇化融合发展的思路,统筹规划、合理布局,促进生产要素向城镇集聚。进一步加强宜都中心城镇产业建设,把城镇产业建设同发展产业集群结合起来、与培育特色优势结合起来,在对城镇进行科学布局和建设的同时,把园区建设作为加快城镇化、工业化新的突破口,集聚带动人口集中。在统筹产业与人口布局的同时,建设和完善城镇道路交通、供水管网、污水管网、垃圾处理站等各项基础设施,为城镇化的推进打下坚实基础,促进中心城区又好又快发展。待发展基础良好,经济实力增强,远期将施行统一规划建设。

湖北松宜矿务局原为省属国有企业,矿区地跨荆州松滋、宜昌宜都两市,面积为108km²,总人口约2万人。由于松宜矿区矿产资源在2018～2022年内将会逐渐减少,甚至枯竭,因此矿区人口应成建制、分批次、结合产业项目向沿江地带转移,同时规划好转移人口的生产生活用地与基础设施建设。规划2015年前大约向中心城区搬迁1万人,2020年前大约1.6万人全部搬往中心城区。

8.5.3 山区乡镇城镇化发展策略

山区乡镇要充分发挥资源优势,宜农则农、宜牧则牧、宜林则林,大力发展以林果业为主的多种经济,开发具有地方特色的名优特产品,重点开发和利用林果、矿产、水电和旅游资源,走农工商一体化道路,变资源优势为经济优势。山区乡镇城镇化发展以实现城乡一体化为基本取向。

8.5.3.1 促进人口集聚,实现人口城市化合理发展

山区乡镇城镇化建设的关键是要解决人口转移问题,实现人口向沿江城镇及集中居民点的转移,以利于各项设施的建设和经济的发展。人口转移考虑多种类型:第一,促进人口向沿江城镇转移,从总量上逐步减少山区人口;第二,就地转移人口,逐步向镇区及村级集中居民点转移;第三,对于居住环境恶劣、过于分散、不利于提供公共服务的少数人口立足于集中搬迁(如大溪水库);第四,对于具备一定规模基础的居民点可就地建设集中居民点。

促进少数区域中心城镇的综合发展，选择 1～2 个发展基础和发展条件较好的镇区，形成区域性服务、就业与居住中心。山区乡镇的发展要依靠区域内中心镇的带动领导作用，加大对重点镇的扶持力度，促进其向综合方向发展。一是促进人口和产业向条件较好的中心镇集中；二是选择一批基础条件较好、区位优势明显、发展潜力较大的中心镇，合理引导、重点培育，增强小城镇公共服务和居住功能，在山区乡镇范围形成特色鲜明、优势明显、实力较强、非农人口数量多、功能健全的小城镇。

8.5.3.2　完善农村公共服务体系

山区乡镇要在城镇化和人口转移集中的动态趋势下积极稳妥地推进新农村建设，完善农村基本公共服务体系。加大扶持力度，加强道路交通网络的建设，使农村与城镇的联系更密切。综合多层次布局、区别不同地区的需求重点、使用新型建材等，使农村基础设施与公共服务既满足当前需求，又尽量减少未来可能形成的资源浪费。新农村建设要突出产业发展、基础设施建设和促进农民增收。在政策导向、金融信贷、市场培育上支持农产品加工业发展，继续加大农村水利建设投入力度，加快建设进度，保持惠农政策连续性，促进农民增收。

宜都 65 岁以上人口所占比重为 12.48%，高于同期宜昌、湖北、全国，这应作为重点问题给予重视。尤其是山区乡镇各项社会服务发展水平较低，因此要加强山区乡镇老年服务设施与服务体系的建设，建立包括以集中居民点为单位的老年赡养、活动、医疗、文化，以及城乡一体应急系统等。推进农村养老服务设施建设，加强农村敬老院配套设施建设，拓展服务范围，提升服务功能，将农村敬老院由单一的五保供养设施建设成为集五保供养、社会寄养、老年服务等功能于一体的区域性养老服务中心。加大老年医疗、教育、文化、体育等项目经费投入，加快老年人服务设施建设，满足农村老年人多方面服务的需求。

8.5.3.3　深挖农村土地资源潜力

充分利用土地整理、居民点集中、矿区复垦等政策，通过创新城乡统筹的土地利用机制，增加城镇建设用地。山区乡镇土地资源类型多样，但是利用率较低，应整合各类土地资源，充分利用，对于荒山、荒地、废地等适度开发。通过人口转移与居民集中，原先的居民点用地可根据需要、结合地理条件重新规划用地布局。创新农村建设用地管理制度，鼓励农民及村组集体以出让、转让、抵押、互换等方式流转农村建设用地使用权，或通过作价入股、联营等方式参与村镇建设开发，探索村镇建设开发收益分配机制。利用多种途径，增加城镇建设用地，加快城镇化建设步伐，促进山区乡镇的城乡一体化。

第四篇　大城市边缘区域的产业与城乡空间互动

9 武汉：产业扩散驱动下的郊区发展

目前，我国产业扩散和郊区城镇化进程已进入迅速推进的阶段，产业集聚与扩散、城乡关系演变、城市空间扩展是我国城市地理、经济地理十分关注的研究课题，研究区域大多集中于城市边缘区域、半城市化、新型城市化和城市群，主要侧重于中心城区功能扩散、产业转移与外围组团布局的研究。武汉目前正经历快速工业化和快速城市化进程，城市产业结构调整和空间规模扩张为武汉提出新的挑战和要求。本章通过对武汉产业扩散对郊区城镇化驱动机理的研究，试图为武汉产业空间布局调整和城市空间职能转型提供参考，探讨区域性中心城市产业扩散驱动郊区城镇化的一般规律，从而为我国区域性产业扩散驱动下的郊区发展提供可以借鉴的一般的研究方法。

9.1 研究背景

9.1.1 概况介绍

9.1.1.1 规模、地位与功能

（1）武汉城市规模

"十一五"期间，武汉由于出台了一系列推动工业化与城镇化的政策法规，极大地推动了其工业化与城镇化进程，也推动了武汉城市规模的扩张。武汉无论是建成区面积、城市非农人口，还是地区生产总值都在逐年提高。2012年，武汉建成区面积达到520.2km²，呈逐年扩张的趋势；地区生产总值突破8000亿元，比去年增长11.4%；非农人口达到555.02万人，城市化水平逐年提升（表9.1）。

表9.1 武汉城市规模（2008～2012年）

项目	2008年	2009年	2010年	2011年	2012年
建成区面积/km²	460.77	475	500	507.4	520.2
非农人口/万人	537.24	541.01	541.28	546.59	555.02
GDP/亿元	3960.08	4620.86	5565.93	6756.20	8003.82

（2）武汉城市地位与功能

武汉是长江中下游地区重要的产业城市和经济中心，自近代以来一直都是中国重要的工业基地，现在已经形成门类相对齐全、配套能力较强的工业体系；科教实力雄厚，拥有众多科研院所和高等院校，高等教育水平居全国第三；武汉作为我国经济地理的中心位置，从地理区位上就肩负着承东启西、沟通南北、维系四方的作用。

9.1.1.2　武汉工业化发展阶段

"十一五"期间，武汉坚定不移地实施"工业强市"战略，牢牢把握国家中部崛起、"两型"社会综合配套改革试验和国家自主创新示范区建设战略机遇，大力发展先进制造业，坚持走新型工业化道路，其工业发展取得了巨大成就。

9.1.1.3　武汉城镇化发展阶段

改革开放以来，特别是"十一五"时期以来，武汉牢牢把握住一系列国家战略，聚焦武汉的发展机遇，积极推进城镇化进程。武汉整体城镇化水平5年间在平稳增长，由2006年的63.39%增长到2010年的64.69%，城镇化水平处于30%～70%，说明武汉整体进入城镇化加速阶段（表9.2）。

表9.2　"十一五"时期武汉各城区城镇化水平　　　　　单位:%

地区		2006年	2007年	2008年	2009年	2010年
中心城区	江岸区	96.99	96.95	97.08	97.55	97.99
	江汉区	99.99	99.99	99.99	99.79	99.58
	硚口区	97.94	97.78	97.55	99.01	98.63
	汉阳区	86.47	88.43	94.35	94.29	94.20
	武昌区	99.33	98.73	99.08	99.78	96.21
	青山区	99.94	99.95	99.95	98.45	98.01
	洪山区	79.01	77.78	78.53	79.27	79.72
远城区	东西湖区	32.02	31.81	31.70	31.87	31.35
	蔡甸区	26.42	26.85	26.04	27.35	27.62
	江夏区	32.20	36.05	36.13	36.21	37.22
	黄陂区	18.03	18.11	18.16	18.20	18.27
	新洲区	22.47	22.45	22.50	22.59	22.54
	汉南区	23.81	24.37	24.88	25.32	25.05
武汉		63.39	63.83	64.48	64.75	64.69

9.1.2 中国特色工业化与城镇化道路

9.1.2.1 中国特色工业化道路

中国传统的工业化道路长期受国家计划经济体制制约，工业结构严重失调，工业增长方式粗放，同时受户籍制度的制约，城乡人口流动缓慢，城市化严重滞后于工业化，形成严重的城乡二元经济结构。由于市场开放度不够，工业企业缺乏国际竞争力，工业化进程缓慢。愈演愈烈的国际竞争环境和迅猛发达的科学技术使中国的工业化道路面临激烈的竞争和挑战。改革开放后，我国大部分城市进入整体转型时期，面临着工业化和经济结构转型的深刻变革，党的十六大报告提出走新型工业化道路。在此背景下，武汉工业化需要不断转变增长方式，调整工业结构和空间布局，充分利用发达的现代信息技术，提高产品的科技含量，加大资本技术的投入强度，实现经济效益最大化。

9.1.2.2 中国新型城镇化道路

改革开放后，中国进入城市化快速发展的阶段，为了避免出现西方发达国家城市过度蔓延的问题，最先推行的城镇化方针是严格控制大城市规模，发展中小城镇，通过建设卫星城和新城来疏散中心城市的部分功能。由于经济发展基础薄弱，在缺乏大城市带动的环境下，小城镇发展极其缓慢，造成了资源的巨大浪费。为此，中国开始探索新型城镇化发展道路，提出了中国特色的城镇化道路，即统筹城乡发展，优化城乡空间布局，合理利用资源，坚持大城市带动中小城镇，促进城乡资源的快速流动和优势互补，缩小城乡差距，促进城乡经济协调发展。新型城镇化道路避免了大城市过度集聚，城乡差距悬殊的问题，同时也能使郊区在中心城市的辐射下获得资金和技术支持，促进以城带乡、城乡共同发展。武汉面积广，人口众多，受江河、湖泊的空间制约，城市空间相对分散，空间扩展缺乏方向性，郊区城镇化推进过程中容易出现摊大饼式的蔓延扩展，因此需要有效协调好城乡关系，合理控制城市规模，避免出现无序扩张。

9.1.3 城市空间扩展与产业布局调整

9.1.3.1 城市空间迅速扩展

武汉坐拥两江三镇，九省通衢，历来是全国的交通要道，优越的区位条件给武汉带来了巨大的发展机遇,城市空间得到迅速增长。

1960~1980年,武汉空间外延扩展迅速,同时城市内部进行空间重组,主要表现在老城区改造,以及中心城区工业外迁。改革开放后,城市空间形态继续沿交通轴线向外围推进,同时中间的空白区不断填充发展,这一时期工业区不断向周围扩展,以工业配套的居住和基础设施建设为主,形成了一大批居住组团,对城市空间进行填充,京汉铁路外移突破了汉口地区的空间制约。20世纪90年代后,武汉开始进入郊区城镇化阶段,主要表现在产业郊区化,在外围郊区设立新的产业园区和经济开发区,如东湖新技术开发区、沌口武汉经济技术开发区等,园区向郊区布局显著推动郊区城镇化进程。21世纪,武汉郊区城镇化加速推进,2012年年末市域常住人口多达1012万人,城市化率为54.84%,处于城镇化加速推进阶段。城市空间扩展迅速,建成区面积达520.3km²,2002~2012年约以平均每年新增30km²的速度向外扩张。产业郊区化是郊区城镇化的重要推动力,快速城市化过程中存在交通拥堵、环境污染、职住空间不匹配等一系列城市问题。

9.1.3.2 产业空间布局调整

武汉的产业在空间布局上不断经历集聚→扩散→再集聚的过程。20世纪80年代,工业企业尽管在空间分布上较为分散,但大部分都聚集在中心城区,城区产业工人占全市80%以上,外围乡镇企业布局分散且规模小。随着产业集聚规模的扩大,城市化落后于工业化发展,城市基础设施不能满足需要,城市交通拥堵导致通勤成本增加,土地供不应求价格上涨,级差地租加速了城市土地功能置换。武汉在80年代中后期调整产业空间布局,实施中心城区工业企业"退二进三"和污染企业搬迁改造,企业向郊区扩散,中心城区工业用地很快被商贸、金融、服务业置换。产业扩散方式以中心城区向周边的郊区及远郊区渐进式推移为主,同时也向城市圈内毗邻城市转移,转移的产业多以劳动密集型产业或高污染的重化工业为主,商贸业和高新技术产业也不断向外围地区拓展。但是,产业的中心并没有发生转移,反而不断加强,更多地表现为向外围地区延伸产业链,不断扩展自身的辐射范围。

9.1.4 地区竞争与机遇并存

9.1.4.1 制度与干预

现阶段影响武汉产业扩散与郊区城镇化的制度和干预主要有以下3个方面。

(1) 城市土地管理制度改革

近年来,国家开始执行城市土地有偿制度,这一制度的实施使得城市土地的

需求量与地租发生紧密的联系，出现城市差别地租，城市中心地带地租高，城市
边缘、郊区地带地租相对低廉。这种城市地租的差异迫使那些对土地需要量大的
大型工业企业被迫从城市中心搬到郊区地带。这些搬离出来的企业扎根于郊区地
带，不仅可以获得相对廉价的地租和劳动力，降低成本，与此同时也在推动着郊
区城镇化的发展。

（2）城市住房制度改革

改革开放以来，随着国家住房制度的商品化改革，中国出台了许多新的住房
改革政策，释放了人们对购房的需求，极大地推动了房地产业的发展，推动了城
市住宅的建设，适应了人们对不断提高居住水平和居住质量的需求。与此同时，
随着武汉城中村改造、城市新村建设等举措的实施，极大地推动了郊区的城镇
化、农民的市民化。

（3）户籍制度改革

我国现行的户籍制度已经严重阻碍了人力资源优化配置，不能满足市场经济对
劳动力自由流动的需求，同时现行户籍制度控制了城市人口的增长，制约着城市化
进程的推进。因此，需要全面改革城镇户籍制度，降低城市进入门槛，鼓励有技术、
有资金的人口向城市聚集，形成有利于劳动力资源按市场经济要求合理有序流动和配
置的管理体制。同时，制定有利于吸引资金、人才的就业、住房、教育、社会保障的
制度和政策，在制度层面上消除城乡劳动力市场的分割状况，剔除附加在户籍关系上
的种种社会经济差别，真正做到城乡居民在发展机会面前地位平等、机会均等。

9.1.4.2　地区竞争

武汉面临的地区竞争主要表现在区域之间对资源和空间的争夺。全国范围内
珠三角、长三角和环渤海经济圈是中国经济的三大增长极，产生的极化效应对武
汉产业布局、空间结构调整构成重大挑战。跨国公司更倾向于选择经济基础好、
智力资源丰富、市场体系发达、基础设施完善的区域，相比于三大增长极、武汉
处于劣势。中部地区各省核心城市之间的竞争也极为激烈，各地区通过制定优惠
政策、引进重大项目、争取国家财政支持等手段展开激烈的争夺。重大项目具有
强大的地区带动力，是促进经济转型和壮大经济实力最为直接的手段，为了在地
区竞争中获得更多的资源，各地方政府不断采取完善基础设施建设、为企业廉价
提供土地、减免企业税收等措施吸引大型项目落户。中部崛起战略国家会给予地
方一系列的政策和财政支持，但是政策并不能均等地惠及每一个城市，因此各个
地方需要展开激烈的竞争去争取国家的财政补贴。武汉城市圈中唯武汉一极独
大，但是中心城市高准入门槛、高劳动力成本和工业用地不足，从而在一定程度
上为周边城市提供了发展机遇，一部分资金、劳动力、资源流向城市圈中的中小

城市，既能接受武汉的空间辐射，又能在小城市获得巨大的发展空间，一定程度上削弱了中心城市的优势地位。

9.1.4.3 发展机遇

步入"十二五"时期以来，多重战略机遇聚焦武汉，积极推动着其工业化与城镇化进程。

（1）国家扩大内需政策的发展机遇

"十二五"时期，中央为应对国内外形势发展的新变化，继续实施扩大内需，特别是扩大消费需求，积极促进经济发展方式的转变，制定了一系列经济社会发展的重大战略举措，从而有利于武汉加快吸引国内外产业投资，将国内市场优势转化为经济发展优势。

（2）三大国家发展战略集聚武汉的发展机遇

《促进中部地区崛起规划》获国务院通过并逐步实施，国家两型社会建设综合配套改革试验加快推进并取得良好成果，东湖国家自主创新示范区建设步伐加快，三大国家发展战略集聚武汉，这将有利于武汉在宏观政策辐射下进一步集聚各类生产要素，争取国家和省市支持，不断增强经济社会发展活力，提升经济发展整体实力。

（3）国际和沿海地区加速产业转移的发展机遇

国际及沿海发达地区资本和产业加快向内陆地区转移，许多重大项目和资本聚焦武汉的态势逐步显现。武汉便捷的交通、广阔的发展空间和优势区位，为武汉积极承接国内外先进制造业和现代服务业转移，进一步加快产业结构优化升级提供了战略机遇。

（4）武汉中心城区积极实施"退二进三"的产业调整政策及武汉城市圈的发展

远城区作为中心城区第二产业外迁的承接地，以及武汉与周边城市紧密联系的衔接地带，这些都为郊区承接产业扩散并实现其城镇化的耦合发展创造了机遇。

9.2 发 展 态 势

9.2.1 产业扩散的表现

9.2.1.1 扩散产业类型

（1）从扩散源来看

一部分是来自武汉中心城区迁出的产业，大多是"退二进三"产业结构调整过程中迁移出的第二产业，如武汉卷烟厂迁移到东西湖吴家山台商投资区，武昌车辆厂、江岸车辆厂、武汉重型机床厂、武汉锅炉厂迁到东湖高新技术开发区，中南轧钢、汉阳机械厂、汉阳钢厂等武钢的9家迁入阳逻经济技术开发区，硚口区化工企业迁入北湖武汉化工新城，武汉国棉一长、江南纺织厂等迁入阳逻经济技术开发区。另一部分是外来投资项目，远城区良好的投资环境吸引了海外或我国东部地区企业，其部分项目或总部选择在6个远城区布局。

（2）从行业来看

各个区的产业类型多样，从六大组群迁入的产业类型可以看出，发生扩散的产业或行业主要有钢铁及深加工、汽车及零部件产业、机械装备制造产业、生态农业等；有包括纺织服装、印务包装的劳动密集型产业，也有包括生物医药、机电的高新技术产业，新能源、新材料包括商贸业、服务业、物流业的第三产业等，其中第二产业迁入比重最大，第三产业发展不足，工业中制造业所占比重最大，此外还有一些高新技术产业，总之，迁入企业多元化、产业类型多样。

9.2.1.2 产业扩散形式

（1）产业扩散以工业为导向，以产业园区为据点，圈层布局进一步明显

6个远城区最开始是接受中心城区退出来的重工业、化工企业或轻度污染工业而发展起来的工业基础，后来武汉大力发展制造业，远城区变主动发展制造业或中心城区的相关配套产业。根据武汉市城市规划和产业布局规划，中心城区主要发展第三产业，第二产业要往远城区迁移，成为工业发展的重点区域，尤其是向重点镇和工业园区集聚。在原来工业区布局基础上，向源城区扩散，群层结构进一步明显。

（2）新一轮制造业大发展为武汉产业跳跃扩散提供了新动力

20世纪90年代后期，武汉制造业迎来了大发展，1996~2003年8年间，武汉新增了大量的汽车及配套工业、食品工业、生物制药工业、电子及通信工业等，且这些新增工业基本上都分布在6个远城区及洪山区。这一时期新增制造业空间布局主要集中在以下三个大区域和二个小区域。三大区域包括沌口开发区、东湖高新技术开发区（包括庙山、汤逊湖周边、流芳地区）和吴家山台商投资区。其中，沌口开发区主要发展汽车及配套工业、食品、机械等产业；东湖高新技术开发区主要发展光电子、通信、生物制药等产业；吴家山台商投资区主要发展食品、轻工、建材产业等。二小区域包括阳逻地区、盘龙湖南部。

（3）以引进技术和创新为突破口，利用外资嫁接改造，带动一批高新技术产业和新兴产业集聚

例如，江夏经济开发区抓住武汉·中国光谷、湖北中药现代化科技产业基地

武汉医药科技产业园建设机遇，重点引进光机电、制造业、生物医药和文化产业项目；黄陂区正在建设武汉临空经济区、汉口北商贸物流枢纽区；新洲区拥有西门子、阿海珐、武钢等一批世界 500 强和国内 500 强企业，钢材深加工、电力能源、装备制造、新型建材、纺织服装、港口物流六大现代工业产业已初步形成集群效应；银泰科技、万鹏科技等环保新能源企业入驻蔡甸区，重点发展清洁能源和可再生能源等新能源产业，将建成全省重要的环保新能源基地。

（4）以交通为导向的产业扩散

远城区内交通条件良好、与中心城区紧密联系的地区发展较早也较快，如沿机场路发展的后湖、战北、常青花园、金银湖、吴家山地区；汉阳沿 318 国道发展的四新地区、沌口开发区等，武昌沿珞瑜路、雄楚大道发展的东湖高新技术产业园区，南湖地区，汤逊湖地区，沿徐东路发展的徐东地区等。近年来，远城区沿交通轴线发展起来的第三产业，如近几年的物流业分布在绕城公路两旁，包括常福、军山、北湖等地区。商业零售业外迁日益明显，尤其是新增的大型零售业主要分布在内环沿线，并进一步向外扩散。吴家山、金银湖、北湖、汤逊湖、沌口、盘龙等房地产业发展势头迅猛。

9.2.1.3　产业扩散过程

武汉最早发生的跳跃扩散是在"一五"、"二五"时期，国家由上而下直接投资的跳跃式发展，但产业扩散行为并没有突破三镇范围。随后的 20 多年发展产业扩散主要是沿着交通轴线向外延伸，20 世纪 80~90 年代这 10 年间主要以填充式扩散扩展为主。90 年代开始产业扩散形式发生重要转变，沌口、东湖开发区的成立和发展带来了产业跳跃扩散的高潮，本书研究跳跃扩散的区域主要是东西湖区、江夏区、蔡甸区、黄陂区、新洲区、汉南区这 6 个远城区。

在新中国成立初期，6 个远城区开始有少量工业项目在交通方便且有一定资源的城镇铺开。20 世纪 90 年代，产业跳跃扩散日益明显，并成为武汉市产业扩散主要形式，总体来说可分为两类。

一类是政府规划下的产业跳跃扩散现象。20 世纪 90 年代后随着产业结构调整和中心城区"退二进三"战略的实施，中心城区许多制造业逐步开始外迁，外迁位置一般有两类：一类是污染较严重的化工等企业，一般迁往远城区，如东西湖的新沟、汉南的汉南农场、葛化工业区等；另一类是污染较轻或无污染的工业，一般迁往城市边缘。"退二进三"政策是跳跃式扩散的重要动力并且仍在发挥作用，2011 年继武锅、武重、武车等企业外迁后，传统国有大型企业武汉客车厂从汉阳整体搬迁至江夏区的庙山经济开发区。一类是主动的跳跃式扩散。20 世纪 80~90 年代初，由于乡镇企业大发展、结合产业结构调整和对外开放形成了开发区建设热潮。90 年代中期，6 个远城区主动接受武汉原有经济开发区的辐射，工业企业开始向外环公路附近的开发区或各区发展区聚集，主要分布在吴家山、庙山小区、沌口发展小区和阳逻、五通口、滠口，以及刘店、横店、宋家岗、黄陵等镇。

9.2.2 重点行业产业扩散对郊区城镇化的影响

9.2.2.1 重化工业扩散驱动郊区城镇化

重化工业空间扩散最显著的特点是向外围郊区跳跃扩散，部分产业向武汉周边城市等级扩散，但大多与外围郊区毗邻的城市，实现了区域之间的整合发展。重化工业搬迁最直接的原因是环境污染严重，对生态环境破坏大，需要远离中心城区向远郊区或外围次一级城市转移。此外，中心城区用地不足，加剧了城市建设和资源存量不足之间的矛盾，郊区良好的发展条件又为产业扩散创造了条件。

重化工业使城市空间结构和规模发生巨大变化，促进城市新城组群和产业园区建设，加速形成城市工业带。武汉钢铁、装备制造和化工企业外迁，加速了阳逻经济开发区和武汉化工新城建设，并成为承接中心城区产业扩散的主要区域。阳逻大桥建成通车使两大新建工业区与原来青山区之间的联系加强，成为武汉重化工业主要集聚区，加速了武汉东部新城组群建设。对水资源和交通运输依赖较大的重化工业沿江而立，促进沿江工业带形成，在长江轴线延伸驱动下不断向东部拓展空间，其将成为今后发展的重点区域。在汽车产业驱动下，武汉经济技术开发区已经成为武汉西南新城组群的核心区域，沿 318 国道向西南部拓展空间。

企业巨大的用地需求，加速了郊区土地开发和基础设施建设。青山区武钢用地比原来扩大了 4 倍，接近青山区国土面积的一半。产业空间布局不再受行政区划的制约，实行跨区发展。武汉化工新城规划面积为 89.1km²，跨越洪山和青山两区，汽车产业建成区已达到 100km²，跨越汉阳、蔡甸、汉南 3 区建设。为了更好地吸引企业落户，基础设施建设必须先行，尤其是道路交通及其配套服务设施的发展，为园区扩大规模创造了有利条件。

重化工业扩散对地区关联产业带动效应强，促进区域配套产业联动发展。产业向郊区的园区扩散，与之关联配套的企业接踵而至，形成产业链。例如，与钢铁产业相关联的建材、机械、环保等产业，石油加工业与化工产业形成石油化工产业链，产业之间形成生产上的上下游关系，加速了产业之间的联动发展。在优势产业扩散驱动下，其取得的效益会吸引相关企业进驻，分享产业集聚效益。重化工业产品运输量大，因此在空间布局上大多布局在具有良好交通条件的沿江地带,带动港口物流业的发展,如新洲阳逻经济开发区规划 6km² 的港口物流园区。此外,居住、商贸、休闲等与企业生活相配套的服务业也迅速发展。

9.2.2.2 纺织工业扩散驱动郊区城镇化

纺织工业空间扩散最主要的方式是跳跃扩散,同时也向周边城市等级扩散。纺织工业是武汉传统支柱产业之一,早期大型纺织企业主要位于汉阳龟北、武昌余家头、宗关、硚口工业点。产业扩散方式有两种:一是由市中心向周边的郊区,如新洲、黄陂、蔡甸等地跳跃扩散。二是向城市圈内的次一级城市等级扩散。武汉纺织业结构调整为城市圈内毗邻地区提供了极好的发展机遇,成为产业扩散的重要承载区,周边城市丰富的廉价劳动力和低廉的土地资金迅速吸引企业集聚,迅速发展成为武汉的后花园。

纺织工业扩散驱动郊区城镇化突出表现为解决郊区剩余劳动力的就业问题。郊区有大量的闲置劳动力,产业向郊区布局使得郊区农民转化为产业工人,出现离土不离乡的郊区城镇化过程。2011 年年末,武汉服装业吸纳农民工达 40 万人。在武汉城市圈建设中,极化效应使得大量劳动力资源流入中心城市,在纺织工业扩散的驱动下,产业工人回流,成为当地城市建设的主力军。此外,大量产业工人集聚会带动周边区域商贸服务业的发展,促进形成地方交易市场,促进地方经济的发展。

9.2.2.3 高新技术产业扩散驱动郊区城镇化

从总体上看,武汉高新技术产业以向园区高度集聚为主,但是高新技术产业集聚区一开始出现就是在中心城区的边缘区域布局。随着产业集聚规模的不断壮大,产业用地逐步向郊区扩散。高新技术产业空间扩散方式主要是沿主要的交通轴线扩展扩散和向周围地区填充扩散相结合,空间上沿东湖向洪山区、江夏区不断拓展空间。

高新技术产业最突出的特点是高知识人才、高技术力量、高产品附加值,能够迅速集聚人才、资金、信息和技术,对周边区域发展带动作用强。高新技术产业渗透到各个产业部门,促进传统产业升级改造。技术扩散带动新技术产业发展,促进当地产业结构调整,带动郊区经济发展。

高新技术产业对郊区城镇化驱动最直接的表现就是产生用地需求,高收入阶层的进入刺激郊区房地产发展,尤其是高档住宅区的需求量增大。同时,金融、商贸及服务业迅速发展,光谷步行街、鲁巷广场就是在东湖新技术开发区的带动下发展起来的,现在已经成为武汉重要的商圈之一。

9.2.2.4 商贸业扩散驱动郊区城镇化

武汉商贸业空间扩散突出表现为中心城区向外部区域圈层式跳跃扩散，形成一个个规模不等的独立商业中心。商业在扩散的过程中依次形成次一级的商业中心，核心商业区的地位不断加强，在城乡结合部形成商业副中心，在远郊区形成社区商业中心。

商贸业主要是在地区经济发展及人口和产业扩散驱动下向外围区域扩散，承担着当地生活和生产服务职能。当服务能力不能满足需求时，就会在其他区域形成新的商业中心，产业在空间上发生扩散。中心城区的商业中心地位不断加强，部分传统商圈随着人口和产业空间布局的调整逐渐衰退。区域交通通达性、人口密集程度及其居民收入水平影响商贸业等级规模。

商贸业是联系生产和消费的纽带，拉动地方内需，促进经济发展。通过增加税收、吸纳就业人口驱动郊区城镇化发展。商贸业与电子信息、旅游业、金融业、房地产业、物流业联系紧密，对产业的发展具有重大的带动作用，通过为其他产业配套服务拉动地方经济发展。

9.2.3 武汉都市产业扩散驱动郊区城镇化的空间模式

9.2.3.1 对新城组群发育的影响

"1+6"格局指的是1个主城+6个新城组群。主城区指的是以三环线以内地区为主的地区，面积稍小于中心城区；6个新城组群是指东部组群（新洲区）、北部组群（黄陂区）、西部组群（东西湖区、蔡甸区）、西南组群（汉南区）、南部组群（江夏区）、东南组群（东湖国家自主创新示范区）。

（1）新城组群规模不断扩大

六大新城组群是城市空间拓展和疏解中心城区人口的重点区域，从其工业化与城镇化水平可以看出，随着中心城区"退二进三"战略的实施，远城区总人口与城镇人口增长速度较快，城镇化水平逐渐提高。近年来，房地产业的快速发展也集聚了大量居民，如吴家山、金银湖、北湖等地形成多个居住板块，新城组团规模不断扩大。

（2）促进新城城市职能转变

六大新城组群不仅是疏解中心城区人口压力的重要区域，而且是接受武汉中心城区功能扩散和新增城市产业的城镇聚集区。中心城区受"退二进三"政策和大型制造业向外扩散的影响，城市用地主要发展金融业、商贸、文娱等服务业，新城成为武汉工业发展重点地区。早期外围组团积极承接第二产业，大力发展工业，成为工业主导型城市；同时，又因为距离中心城区较远而具有一定的独立性，在工业园区带动下，生活型服务业也逐渐发展起来。受产业扩散的影响，新城主要职能由起初的农业主导型向工业主导型再到全面型经济功能转变。

由农业主导型向工业主导型转变。20世纪90年代之前，远城区的工业发展仅限在少数几个区域，而且工业发展水平也不高，这时的远城区农业用地居多，区域主要职能是为城市居民供应新鲜蔬菜等农副产品，整体上以传统农业为主，城市功能较为单一。90年代之后，跳跃扩散明显，6个远城区抓住机会，加快发展工业经济，成为主城区企业配套服务的功能。江夏区在20世纪90年代之前，工业几乎为零，正是由于抓住中心城区"退二进三"的机遇，成立庙山经济开发区，开始大力发展工业，在江夏区汤孙湖以北的庙山、流芳等地，形成一片经济产业带。随着新一轮制造业区位的转移，国内一批大型制造业向中西部地区转移，江夏区积极寻找突破口，大力发展装备制造业，成为武汉重要的工业基地。

由工业型向全面型转变。由于其新城组团的独立性较强，在发展第二产业的同时积极发展光电信息、生物医药等新兴产业和第三产业；一些农业资源丰富的地区也发挥优势，大力发展食品加工等新型农业。整体上形成三次产业结构较为均衡，城市功能较为全面的新城。在此仍以江夏区为例，成立国家高科技农业园产业基地和高端旅游度假项目。

9.2.3.2　对武汉都市发展区关系的影响

都市发展区的形成在某种意义上可以看成是城市外部空间均衡化的发展结果。在西方都市连绵区主要是由中心城市扩展和郊区化而形成，是一种自上而下的力量；而中国的都市区则是由中心城市和边缘乡镇共同作用的结果，属于自上而下和自下而上共同形成。武汉都市区的形成就是由这两种力量共同作用下形成的，一方面武汉中心城区的部分人口及产业向外扩散，促进边缘区域城市化；另一方面武汉边缘区域主动接受中心城区或外来企业的辐射，使得产业集聚壮大，促使乡镇地区城市化进程加快。双重力量促使武汉边缘区域（远城区）城镇化水平提高，与中心城区存在密切社会经济联系的地域组成一个整体的都市区。

武汉都市发展区包括主城和新城，主城区以三环线以内地区为主，共678km²；重点培育和提升城市服务功能，集中发展金融商贸、行政管理、科教文化、信息咨询、旅游休闲等服务业，强化高新技术产业和先进制造业，成为我国中部地区的现代服务中心。依托区域性交通干道和轨道交通组成复合型交通走廊，由主城区向外沿阳逻、豹澥、纸坊、常福、汉水、盘龙等方向构筑6条城市空间发展轴。整合新城和与之联动发展的新城组团，形成东部、西南、南部、西部和北部六大新城组群。各新城组群是武汉城镇化的重点发展区，承接主城区疏解人口的功能，带动区域一体化发展。六大新城组群与中心城区共同构成武汉都市区的空间范围，新城组群是武汉都市区的有机组成部分，中心城区是武汉都市发展区的主体、核心。

9.2.3.3　形成多中心组团式的空间结构

城市的无限蔓延往往会导致多中心城市结构的出现。大城市长期摊大饼式的发展必然导致各种问题和矛盾，如城市交通拥挤、环境质量较差、住房拥挤等城市病，已不能满足城市居民的生活需求，因此城市人口和产业开始向外搬迁，在中心城区以外的远郊区集聚，随之各种城市基础设施也在远郊区集聚形成多个副中心，从而形成多中心城市空间结构。

武汉市圈层结构发展的结果就是导致多中心式组团结构的形成。一是受武汉山水相隔的自然条件限制。为了保持城市生态环境友好发展，必须采取轴线推进、跳跃式向外发展。二是受产业跳跃扩散的驱动。20 世纪 90 年代之后，在武汉中心城区外围形成葛店工业区、国家经济技术开发区、高新技术开发区等一批工业园区，以园区为基础，形成军山、北湖等多个商业板块，形成了金银湖、汤逊湖、盘龙、沌口等多个居住集中区域。由于有国家铁路、河湖等重要交通轴线分布在这些远城区内部，交通便利，基础设施较为完善，使得这些地区迅速发展成具有综合城市功能的新城。直到"十二五"规划中提出，武汉沿东、南、西、北 4 个廊道形成六大新城组群和 10 大新城组群中心，以往蔓延式的城市扩张方式开始有规划、有步骤的向多中心、组团式空间扩张演变。

9.3　动　力　机　制

9.3.1　环境要素驱动力

9.3.1.1　中心城区用地不足加速郊区土地开发

武汉是老工业基地，早期的工业大多分布于中心城区，随着城市规模的不断扩大，中心城区可利用土地资源不足和经济发展用地需求过大的矛盾日益尖锐。从区位用地上，大规模劳动密集型产业正往城市外围空间迁移，中心城区工业用地必将会逐步被高附加值的产业所置换。在产业布局和城市空间双重变化的推动下，资金密集和技术密集型产业将在城市内环进一步集聚。中心城区"腾笼换鸟""退二进三""退城进园"等措施,需要大量的土地进行置换,与之配套的服务设施建设也要占用大量土地,这些势必引发郊区大规模的土地开发。

武汉水域面积覆盖率达到 26.10%,按照城市主体功能区的划分,大多属于适度开发区或禁止开发区,一定程度上制约了城市土地开发利用,国土资源开发过度和空间失衡问题日益突出。主城区可利用空间资源存量的匮乏与经济社会发展用地需求之间的矛盾日益尖锐,城市要获得进一步的发展,必须向郊区分散城市的经济功能,城市空间逐步向远郊扩展。

9.3.1.2 郊区环境条件改善吸引城区产业入驻

不同类型的企业对生态环境要求不同,武汉中心城区污染企业向郊区搬迁就是生态环境对企业空间布局的引导。高新技术产业对环境的污染小,对生态环境的要求较高,武汉的高新技术企业在环境优美的东湖周边集聚,形成东湖新技术开发区。

为了吸引企业落户,政府需要提升自身的公共服务职能,在税收、土地、户籍等制度环境上创造出有利于企业发展的环境,提升企业的地方根植力。例如,武汉经济技术开发区对汽车及零部件企业产品开发、技术研究、市场开拓方面给予资金扶持。东湖高新区对高技术企业、大型制造业项目给予相应的土地和税费优惠,设立了湖北首个功能最全、优惠最多的综合保税区,集国际中转、保税加工、国际配送、国际采购功能于一体。

经济环境条件是企业赖以生存的基本条件之一,企业在进行区位选择时一般会选择经济基础较好的地区。经济快速发展带动城市基础设施建设,城市道路交通向郊区延伸,城乡之间的经济联系更加紧密。此外,一地的人文社会环境对产业区位选择同样具有重要的影响,光谷成为智力密集区得益于周边大量的高等院校及科研院所,早期高新技术产业很大部分就是从这些高等学府和科研院所衍生出来的,东湖新技术开发区成立专门的大学科技园,利用高等院校的智力资源创办高新技术产业。

9.3.2 经济结构转换力

9.3.2.1 产业结构调整促进土地功能转换

20 世纪 90 年代,武汉产业结构大调整,三次产业结构由"二、三、一"转化为"三、二、一",第一产业产值所占比下降较快,第二产业产值所占比在改革开放后至 90 年代初急剧下降,第三产业产值所占比逐年上升。从业人员结构调整为"三、二、一"，农业人员迅速向工业和服务业转化。非农业人口占总人口的比重逐年上升。

工业化是城镇化的重要推动力，产业结构调整推动郊区城镇化。二、三产业迅速发展对城镇化推动作用日趋显著，产业结构调整对城市空间的需求、城市基础设施的日趋完善、城市规划对城市空间的引导都将促使产业用地在空间上形成新的组合。武汉自20世纪80年代开始调整工业布局，提出工业企业"退二进三"和污染企业"搬迁改造"，90年代后期在优惠的搬迁政策的刺激下开始迅速推进，从而加速了产业向郊区的空间扩散过程。武汉产业扩散开始于20世纪90年代，1993~2013年以来武汉城市工业用地开发沿着中心城区的边缘向外拓展。

9.3.2.2　产业园区建设加速形成集聚经济

进入20世纪90年代，武汉市郊的产业园区建设如火如荼，郊区城镇化发展因产业园区建设获得新的动力。截至目前，武汉已拥有3个国家级经济技术开发区、12个省级经济开发和7个市级都市工业园区。产业在空间扩散过程中向园区集聚，在园区集聚效益的诱导下又会吸引更多的产业进驻园区，通过产业空间重组形成了新的产业集群。园区向外围拓展空间，无疑将对武汉的产业结构调整和城市空间演化产生巨大影响。

以电子信息为代表的东湖新技术开发区带动整个光谷地区的发展。园区采取土地托管和共建的方式扩大管辖范围，不断向东南部拓展空间，形成了地跨三区的国家高技术自主创新示范区。武汉经济技术开发区形成了以汽车整车及零部件产业为主导的产业集群，加速了武汉向西南部郊区拓展空间。吴家山经济开发区形成了以食品和机电为主体的产业集群，加速了城市空间向西北拓展。青山工业区、阳逻经济技术开发区、武汉化工新城在空间上形成了钢铁、建材、石油化工产业集群，促进城市空间向东部拓展。产业园区建设不仅使郊区获得集聚效益，与郊区毗邻的城市在园区带动下也获得发展机遇，在空间上形成一个整体。

9.3.3　交通设施诱导力

9.3.3.1　交通轴线引导城市空间扩展

城市空间扩展和产业空间扩散需要交通基础设施的支撑，交通设施的拓展鲜明地反映了城市空间拓展的方向。20世纪80年代，武汉交通主要依托南北向的京广线和东西向的长江航线组成水陆联运，城市空间形态沿交通轴线推进并向周边扩散。90年代大体上形成了环形放射状的交通网络，相继建设城市内环线和中环线，东西向的宜黄高速、沿江公路和南北向的京广、京九线、汉十高速成为连接外部的重要通道，外部交通网络的建设使城市空间继续沿轴线扩展，城市内部连接线路的建设引导城市向空白区填充扩展，以及向郊区跳跃扩展，中心城区不断被填满，尤其是带动了外围郊区的城镇化发展。

进入21世纪，武汉交通迅速发展，形成了方格环形放射状的交通网络。综合交通系统建设使得武汉与外部城市之间的联系紧密，武汉至咸宁、孝感、黄石、黄冈4条城际铁路驱使武汉向周边城市延伸发展轴，加快产业向周边城市扩散的速度。为了分散中心城区压力，武汉提出了"主城+新城组群"的城市格局，为了实现中心城区与卫星城之间的紧密衔接，引导城市空间拓展，构建"多快多轨"复合交通走廊，目标是用40min从郊区到达中心城区，四环线于2011年开工建设，成为连接6大新城的快速通道，到2020年将形成19条高速快路、13条骨架性城市主干道、4环19射的快速骨架道路系统。在空间上依靠城市交通走廊构筑6条城镇空间发展轴，整合轴向上的新城和与之联动发展的新城组团，实现城镇集约发展。

9.3.3.2　道路建设加速城市土地开发

城市道路交通建设是土地开发和城市建设的前提条件，同时便利的交通运输条件会加快城市土地开发的速度。城市道路交通向郊区延伸，加快了郊区基础设施建设，良好的环境条件吸引企业纷纷选择在郊区落户，同时会带动关联配套的企业进入，人口也逐步向郊区集聚，驱动郊区土地大规模开发，加快外围组团和卫星城市的建设和发展，城市功能布局结构更趋合理。

武汉城市道路建设驱动郊区城镇土地出现开发热潮，20世纪90年代外环线和中环线建设加速了武汉产业向郊区扩散，迎来了外围郊区大规模的土地开发建设，如东湖新技术开发区和沌口经济技术开发区建设。1992年，长江二桥建成带动了徐东地区的发展，原来的郊区荒地划入城市内环线，徐东片区成为房地产开发的热点地区，带动周边青山、二七组团发展，迅速发展成徐东商圈。白沙洲长江大桥的兴建促进了汉阳南部的土地开发，在此基础上白沙洲工业园得以形成和发展，长丰桥的建成促进了沌口武汉经济技术开发区的发展。

9.3.4　城市规划空间引导力

9.3.4.1　城市规划的空间引导

1984年，武汉列为国家计划单列城市，为此进行了城市总体规划修编。本次规划确立重点建设沿江、沿河、沿铁路工业带，这一时期武汉的产业沿主要的交通线路扩展扩散及向两侧填充扩散。20 世纪 90 年代后期，武汉城市化迅速推进，城市建成区迅速向郊区扩张，为了有效地协调产业结构升级转换和城市空间扩展过程中主城区土地功能的置换，编制了《武汉市城市总体规划》（1996～2020 年），提出了"1+7"多中心组团结构，引导城市"圈层发展、组团布局"。2004 年，武汉城市化明显加快，国家提出中部崛起战略，武汉城市圈建设顺利推进，武汉急需提升自身水平，成为区域经济体中的战略支点和龙头，引领其他城市发展。基于这些背景，武汉在 2006 年进行了总体规划修编，在市域范围内界定都市发展区，依托重要交通干线，在都市发展区构建轴向延展、组团布局的城镇空间，确立武汉"以主城区为核、多轴多心"的开放式空间布局结构。主城区以三环线以内地区为主，以"双快一轨"的交通走廊为支撑，沿常福、吴家山、盘龙、阳逻、豹澥、纸坊等轴向布局 6 大新城组群。新城组群是城市空间拓展的重点区域，是主城区人口和工业外迁的主要承载区，依托对外交通走廊组群式发展，重点布局工业、居住、对外交通、仓储等职能。各个新城组群有自身的产业发展方向和重点，按照设施共享、分级配套、服务便捷的原则，建设一体化的基础设施体系，引导产业向园区集群式发展。

9.3.4.2 重大项目建设的地区带动

重大项目建设的地区带动作用显著，为了更好地推动经济发展，武汉一方面实施产业结构优化升级和空间布局调整，培育一批龙头企业；另一方面则加快招商引资力度，提高企业入园标准，引进一些大项目，引领园区经济发展。2012 年，武汉签约引进 10 亿元以上的工业项目 22 个，其中 50 亿元以上的有 10 个。被誉为武汉一号工程的 80 万元乙烯项目推动一座化工新城的建设，为配合项目建设，专门编制了武汉化工新城的总体规划。此外，武汉经济技术开发区能够发展成今天的车都也是因神龙汽车的 30 万辆整车项目的推动，神龙汽车入驻园区后迅速吸引汽车产业及其与之配套的关联产业在此集聚，目前园区共有 7 家整车生产企业，还有 160 多家汽车零部件企业，汽车研发机构也达到 33 家，开发区规模不断向西扩展，延伸到周边蔡甸区、汉南区及洪湖市。2006 年，富士康落户东湖新技术开发区，项目全部建成后，预计将吸纳各类就业人员 15 万～20 万人，年产值超过 1000 亿元，相当于再造一个东湖高新区，同时也将带动各类产业链上的企业落户开发区，巨大的就业人口对房地产、商贸业具有极大的拉动作用，为此鲁巷广场营业面积从 5 万 m^2 扩大至 10 万 m^2。

9.3.5 政府宏观调控力

9.3.5.1 一体化户籍制度改革加速城乡人口流动

传统的城乡二元户籍制度严重制约了城乡之间的人口流动，也极大地束缚了城乡之间资源的优化配置，造成了中国长期存在城乡二元结构。为了破解城乡二元结构的制度禁锢，武汉市进行了大胆的探索，改革户籍制度及其与之配套的一系列制度，促进以城带乡、城乡一体化发展。主要措施如下：①推行一元化的湖北户口登记制度，加快城中村的改造速度；②实行小城镇户籍管理制度改革；③帮助解决企业职工的户口问题。

城乡一体化的户籍制度加速了城乡之间的交往，加快了劳动力、资金、技术、信息等要素的自由流动。郊区城镇在宽松的城市化政策导向下，能够吸引更多的就业人口，从而吸引产业在郊区布局，加快郊区城镇化发展。

9.3.5.2 土地有偿使用制度挖掘城市土地价值

土地价格决定土地资源的功能配置，进而影响产业空间布局。1992年，武汉实行土地有偿使用制度，中心城区用地"退二进三"和房地产业兴起，使不同地段土地价格产生分异，城市改造过程中的城市功能由生产型向服务型转变，促进城市产业结构升级。2000年，武汉土地储备制度正式运行，土地资产的运作使城市建设上升到一个新的台阶，土地级差地租效应促进了规模化的旧城更新改造。级差地租的存在使得不同付租能力的产业选择不同区域布局，中心城区地价上升，低附加值的产业向地价较低的郊区转移，加速推进产业扩散和郊区城镇化。

在政府宏观调控和市场机制的作用下，武汉土地价格变化较大，不同类型土地价格分异较大。近几年，武汉商业用地价格迅速上升且地区分异显著，反映出武汉的商业高度集聚于中心城区，向边缘地区有所扩散但进程缓慢。工业用地价格上升不明显，对交通的依赖性强，靠近大型交通站场的区域地价较高，主要分布在城市内环线以内，由于工业付租能力有限和环境成本较大，大多数企业更倾向于选择地租较低的郊区布局。住宅用地主要受环境、交通、基础公用设施配套等因素的影响，2000年住宅用地最高级别主要分布在汉口地区，此后拥有良好生态环境的水果湖、东湖等滨湖地区成为房地产开发的热点，靠近重工业区的葛店、青山等地的地价较低。

9.4　耦合发展

9.4.1　耦合发展方向

9.4.1.1　大力推进远城区的新型工业化

武汉远城区在积极承接产业扩散推动郊区城镇化的过程中要走新型工业化道路。积极调整产业结构，大力发展高新技术产业，淘汰高能耗、高污染的落后产业，实现远城区经济的可持续发展。武汉基于中部崛起战略、"两型社会"示范区、东湖自主创新示范区这3项国家战略，为武汉走新型工业化道路提供了新的发展机遇。武汉经过多年的改革发展，已经积累了较为雄厚的经济基础，产业机构调整初显成效，产业发展保持良好态势。武汉作为承接国际和东部制造业等产业扩散的重要地区，正在积极设计其新型工业化路线，尤其是积极推进远城区的新型工业化道路。

武汉各远城区要结合自身的产业基础及区域特色，大力发展新兴产业，积极推动各区支柱产业及优势产业的发展。积极促进蔡甸区的机械汽配、通信电子、轻纺日化等优势产业的集群发展；东西湖区紧紧依托吴家山经济技术开发区，大力发展高科技机电、生物技术食品及现代物流业；做大做强汉南区以汽车及其零部件为主的机电产业和新材料、新能源两大支柱产业，推动发展生物医药食品，以及商贸物流两大优势产业；黄陂区创新发展临空制造业、现代商贸物流等主导产业；新洲区积极发展钢材深加工、机电、船舶制造等重型装备制造业，打造成为武汉重型装备制造业基地；江夏区大力发展现代装备制造、生物医药，以及光电子信息等支柱产业，提高其区域竞争能力。

在推进各远城区新兴产业、支柱产业及优势产业大发展的同时，还要努力遵循科学发展观和城乡统筹发展的要求，加大招商引资力度，重点做好产业园区及产业集群的建设。对产业园区及产业集群合理规划指导，打造良好的投资环境，积极推动产业集群发展。对迁入产业进行合理布局，推动园区、产业集群协调发展；严格把控迁入企业的标准，提高引进项目的档次；加快园区基础设施建设，增强功能配套设施建设，打造便利快捷的服务平台。

9.4.1.2　实现武汉新城区的新型城镇化

新型城镇化，就是坚持以人为本，以新型工业化为动力，按照统筹兼顾的原则，积极地推动城市现代化、集群化、生态化及农村城镇化，全面提升城镇化质量和水平，走科学发展、集约高效、功能完善、环境友好、社会和谐、个性鲜明、城乡一体、大中小城市和小城镇协调发展的城镇化建设路子。"十一五"期间，武汉在加快建设国家中心城市的进程中推动城乡统筹发展，城镇化发展战略日渐清晰，城镇化规划与功能日趋完善，基本形成了新型城镇化发展格局，已初步具备了加快新型城镇化建设的条件。

科学规划城镇体系。按照每个远城区都规划一座新城的指示，积极推进各远城区的新城建设。积极引导产业及人口向新城及中心镇集聚，并突出建设中心镇、特色镇及中心村，建立层次分明、布局合理的城镇体系。

完善城镇基础设施和公共服务设施建设。完善道路交通，加大给水供电、天然气、邮政信息等市政建设力度，为新型城镇化打造舒适、便利、和谐的发展环境，并积极推进城乡基础设施一体化、公共服务均等化，提高城镇产业和人口集聚功能。

提高农业规模化、现代化水平。以工业化理念谋划农业，以市场化、产业化、组织化的方式抓农业。以实施"菜篮子"提档升级工程为重点，推动农业规模化、机械化经营，提高农村劳动生产率，增强农业综合生产能力，做大做强农副产品加工业。这样既解放了农村劳动力，为人口城镇化提供保证，又为农民增加了收入，提高其消费能力。

加大统筹城乡发展力度，推进新城区工业化、信息化、城镇化、农业现代化同步发展。实现工业化和城镇化良性互动，用工业化、城镇化带动农业现代化，提升新城区经济社会发展水平，加快形成城乡一体化发展新格局，促进城乡共同繁荣。

9.4.2 耦合发展模式

9.4.2.1 合理布局科学规划，推动集约型城镇化

推动产业扩散与郊区城镇化的耦合发展，就要积极推进城镇化的集约发展，实现集约型城镇化的发展模式。集约型城镇化强调通过合理的城镇发展布局、科学的城镇发展规划、务实的城镇管理模式来引导产业、资源和人口在城镇有机结合和有序聚集，以此来推动工业化和城镇化的协调发展。武汉郊区在承接产业扩散、实现城镇化的过程中，要按照集约型城镇化的要求合理布局、科学规划，实现产业扩散与城镇化的耦合发展。

（1）合理规划城镇组团

科学规划城镇空间布局，使城乡内具有不同等级和不同影响力的新旧城区、卫星城及中心城镇集群组团发展。

（2）建立规模化的工业园区，积极引导乡镇企业向中心镇集聚

在中心城镇设立工业园区，并且集中布局。中心城镇要集中完善基本的交通网络、能源、服务配套等产业发展支持部门的建设，引导产业向园区集中，实现园区资源共享。

（3）消除制度障碍，引导人口集聚中心城镇

武汉要大力改革户籍制度，建立城乡统一的人口管理制度，并加快住房、就业、教育和社会保障等一系列制度的改革，为农民进城免除一切后顾之忧。

（4）土地集约利用

提高城市土地的综合利用率，对城市土地的出让、拍卖严格把关；把分散的企业集中到工业园区，与此同时，提高农业生产用地的园区化，提高农业规模化和现代化水平。积极推进农村生产生活用地的统一化管理，实现农区社区化，保护耕地资源。

9.4.2.2 促进产业结构优化升级，实现农村城镇化

农村城镇化是指各种要素不断在农村城镇中集聚，农村城镇人口不断增多，城镇数量、规模不断增大，质量不断提高的过程。它是以工业为主体的非农产业集聚发展的必然结果，是农村社会演进并通往现代化的一个重要过程，是传统农村向现代城市文明的一种变迁，是统筹城乡发展、全面建设小康社会的重要内容。其发展的基本方针是小城镇由注重外延粗放型向注重质量的集约型发展转变；由单纯注重小城镇建设的发展规模和人口数量向注重经济可持续发展和提高居民整体素质转变；由单纯注重城镇自身发展向注重城镇间的开放联动发展转变；等等。

为推动武汉农村城镇化的发展，首先要实施科学合理的城镇体系布局，使其更具科学性和全局性，既为扩散到郊区的产业进行科学引导，又为城镇化的发展和人口分布描绘蓝图。其次要促进第二、第三产业发展与郊区城镇化的互动。针对远城区第二、第三产业发展较弱，缺乏特色产业，农业现代化不突出等问题，要加强产业布局发展规划，贯彻"工业强市、项目兴市"的战略方针，工业强市、项目兴市都需要产业集群支撑，而产业集群将推进武汉农村城镇化的发展，而城镇化的发展将带动服务业的发展，从而形成产业发展和城镇化进程之间有力的相互促进机制。

武汉农村城镇化发展中还应该重视以市场为导向，优化产业结构，形成区域性的主导产业、支柱产业，以及分工、协作紧密和梯度互补的产业链体系。以武汉·中国光谷、武钢、神龙为龙头，带动周边城市的高新技术产业、钢铁行业、

汽车制造及零配件行业和基础配套建设，以及农业产业链的发展；要创造性地整合武汉本地资源，在有条件的城镇要超前培育一大批专业批发市场，形成以乡镇企业和家庭工业为基础，以专业市场和批发市场为依托，以众多贩运户和摊点为骨干的多种形式的城镇市场网络，加速"人流、物流、资金流、技术流"向多元城镇的流动；要加强产业集群内部的专业分工合作，形成弹性生产体系，提高资源配置效率和集群竞争力，实现人口集中、企业集聚和产业集群，最终促进城乡一体化市场的形成、区域工业化和武汉市农村城镇化的发展。

9.4.3　耦合发展结构

9.4.3.1　统筹城乡发展，实现城乡一体化格局

武汉作为我国中部地区的特大城市，在工业化与城镇化的过程中与全国一样，经济发展格局同样存在着二元经济结构。江夏、黄陂、新洲、蔡甸等郊区一方面为武汉的经济发展提供了广阔的空间，另一方面郊区的经济发展水平，以及基础配套设施条件的落后也成为武汉全面实现现代化的现实屏障。在武汉城市圈获批"全国两型社会建设综改试验区"后，武汉便着手探索城乡一体化途径。统筹城乡发展就要做到推进城乡布局、基础设施建设、公共服务、劳动就业、社会管理、人口素质提升6个方面的一体化。

长期以来，武汉城乡经济一直存在很大差距的原因就在于割裂了"三农"问题与城市化的有机关联，导致农业和工业、农村和城市、农民和市民之间缺乏良性的转换与互动。城乡一体化的基本目标就是在加快工业化、城市化进程的基础上，强化城市主体的带动辐射作用，以此来实现城乡经济社会的和谐发展。因此，我们要做的就是通过工业改造农业，扩大城市缩小农村，转化农民为市民，真正实现城乡一体化。

（1）推进农业现代化

首先，要促进农业的产业化经营，着力培育一些产业关联度大、带动能力强、有市场竞争力的大型农业龙头企业，实行生产、加工、储存等一条龙服务。其次，要依托工业，利用现代科学技术和现代化的设施来改造传统农业，实施规模化经营，实现工业反哺农业，农业又反哺和带动工业的良性循环。最后，大力发展生态农业、绿色农业，改善农业生态环境的同时发展观光农业，利用郊区丰富的农业资源建立具有特色的农业观光园、采摘园，推动发展旅游休闲农业。

（2）推动农村城市化

推进农村城市化，首先加强武汉远城区的规划建设，通过撤销或合并的形

式，减少村庄数量，并集中规划一批中心村、特色镇，积极推进城中村、城郊村和园中村的改造。其次，加快远城区的新城建设步伐，完善基础设施和服务设施的功能，引导农村产业和人口向卫星城集聚。

（3）促进农民市民化

随着武汉农业机械化的普及，以及部分地区退耕政策的实施，使得农村剩余劳动力进一步增加，积极推动农民向市民的转变，这是解决农民出路问题的当务之急。首先，充分发挥各远郊区工业园吸纳农村劳力的带头作用，加快促进农产品深加工，延伸产业链，提高本地就业的能力。其次，从提高农民的整体素质入手，对进城务工农民进行专业的职业技能培训，并积极拓宽农民获得就业信息的渠道。最后，降低农民进入城市的门槛，改革户籍制度，完善和规范劳动力市场，并给进程务工农民提供社会保障，免除其后顾之忧。

9.4.3.2　发展与环境并举，构建巨型生态都市

武汉在大力发展经济、承接产业扩散、郊区城镇化的过程中，也要注重生态环境的保护，实现发展与环境并举。因此，大力提倡武汉建设巨型生态都市，既是顺应城市演变规律的必然要求，也是推进城市持续快速健康发展的需求。

武汉建设巨型生态都市具备得天独厚的条件。从自然条件看，武汉降水充沛、气候湿润，平原广阔、湖泊众多，还有世界第三长河长江从市区蜿蜒而过，为武汉巨型生态都市的建设提供了良好的自然环境和丰富的自然资源。从历史条件看，武汉是我国历史文化名城，众多人文景观，如黄鹤楼、归元寺、古琴台、八七会议旧址等遍布武汉3镇。从城市基础设施建设条件看，武汉推进建设"绿色江城"，建成了30km的江滩生态游园，"两江四岸"成为靓丽的风景线，建成九峰国家森林公园和一批城市小森林、小绿地、小游园，武汉已经成为"国家森林城市"。

在构建巨型生态都市的过程中，要做到发展低碳经济，实现节能减排；大力发展循环经济，设立循环经济示范区；保护和修复生态环境，积极构建生态框架体系；积极打造点、线、面相结合的城市绿地系统。

9.4.4　耦合发展路径

9.4.4.1　扩展扩散下的耦合发展路径

（1）积极调整郊区产业结构，实现产业替代

1）用现代农业替代传统农业。武汉要从统筹城乡发展的实际出发，用工业化的理念改造传统农业，以市场化、产业化、组织化的方式建立具有武汉特色的

现代农业。

　　建立现代农业首先要加大对农业的资本、技术等生产要素的投入，强化机械化、自动化生产，改善农业生产条件，提升农业科技水平。其次，要改变传统分散的家庭经营方式，按照"依法、自愿、有偿"的原则，积极引导和鼓励农民多种形式的流转土地承包经营权，发展适度规模经营，使土地向农业园区、农业经营大户，以及农业龙头企业集中。再次，要加快推动农业产业结构由单一的以第一产业为主向一、二、三产业协调发展转变，通过发展特色种植业、集约畜禽业、高效水产业，以及先进园艺业等优势产业来做优第一产业；通过延伸农产品加工链条，提高农产品附加值，来做强农产品加工业；通过积极推动发展农村生态休闲旅游业、发展农业服务业来做活第三产业。最后，在转变传统农业发展的同时，要注意最大限度地减少对土壤、水、空气等自然资源，以及生态环境的破坏，积极推广农业循环经济模式。

　　武汉在改造传统农业的过程中结合各区的特色以调整优化农业产业结构，加快发展黄陂区芦笋、洪山区菜苔、东西湖区蔬菜、江夏区水产、汉南区鲜食玉米、新洲区食用菌、蔡甸区莲藕等特色主导产业。与此同时，武汉还要立足区域优势，按照差异化和特色化原则，重点建设一批像武汉食品加工区、汉南卓尔、新洲汪集、江夏大桥、蔡甸姚家山、黄陂芦湖等为代表的农产品加工园区。充分整合武汉市郊的山水资源、人文资源，逐步建立以旅游景区为重点，以农业采摘、垂钓等娱乐项目为主的休闲山庄、休闲农舍，以及农业科技园为基础，建立点、线、面相结合的旅游休闲农业体系。

　　2) 用战略性新兴产业替代落后产业。武汉要依托其雄厚的科研力量及市场需求，以新一代信息技术、新材料、新能源等产业为重点，加快建设世界一流的综合性国家高科技产业基地，加快建设国家卫星产业创新园、通用航空产业园等高科技特色园区，提高光谷生物城产业集聚规模，加快建设华为光电子研发生产基地、武汉新芯12英寸芯片扩能、联想移动互联研发中心等一系列高技术产业项目。

　　3) 大力发展现代服务业。武汉要把推动服务业的发展作为产业结构优化升级的战略重点，拓宽服务领域、增强服务功能、优化结构，大力发展高端产业性服务业和新型生活性服务业，把武汉建设成为全国重要的现代服务业中心。

　　重点发展金融业，为把武汉打造成区域性金融中心，要积极推进中南路—中北路地区、东湖新技术开发等金融集聚区的建设。积极建设天河空港物流园、东湖新技术开发区物流园、武汉经济技术开发区物流园等综合型物流园区，建设全国重要的物流中心，加快发展现代物流业。做大做强文化创意产业，打造出具有较强影响力的创业产业集团。巩固提升武汉作为全国性商贸中心的功能，推动高端商贸业的发展。以武汉进入高铁时代为契机，整合具有武汉特色的黄鹤楼风景区、东湖生态旅游风景区等旅游资源，塑造"精彩武汉，魅力江城"旅游形象。加快发展会展与商务服务业，继续办好中博会、机博会、汉交会和华创会等品牌会展，打造全国一流会展名城。积极完善房地产市场体系和政策体系，促进房地产业平稳健康的发展。

（2）合理规划空间布局实现城市组团发展

武汉城市化的发展迅速，由于缺乏相应的规划引导，城市出现无序扩张的局面。这种"摊大饼"的城市扩张不但造成交通拥堵、环境污染等城市问题，而且还对城市的后续发展造成了威胁。为了解决这一问题，2011年武汉出台了《武汉都市发展区"1+6"空间发展战略实施规划》，提出了"主城+新城组群"的"1+6"模式的城市组团。

在6个功能完善又相对独立的新城组群中，设立新城中心来承接中心城区的产业扩散和人口疏解，与此同时，许多活动在新城组群内部可以完成，使之前由于职住分离而往来中心城区和远城区的交通量大大降低。在工业布局方面，每个新城区都要以本区的特色支柱产业为导向，适当规划一个新型工业化示范园区，积极引导产业向园区集中，并辐射带动其他一般工业园区，实现产业的合理布局。在交通方面，积极搭建连接主城区与新城组群的快速大运量复合型交通走廊，建设以公路、快速路等为主的交通通道，加强各新城组群之间的联系，实现主城区与新城组群，以及各新城组群之间的安全快捷、畅通有序。

实现武汉城市组团发展，既有利于推进新城中心的建设，实现产业与新城建设的融合发展，疏散中心城区的人口压力并分担部分产业功能，又有利于推动主城与新城、中心城区与远城区的协调发展。

产业的跳跃扩散主要是指产业从聚集区开始在空间上不连续的扩散形式。对于武汉主要是承接西方发达国家，以及我国东部发达地区的扩散产业。这就要求武汉要积极做好准备，进行产业对接，并实现产业承接地区的就业带动。

1）优化环境积极进行产业对接。武汉作为我国中部地区最大的副省级城市，凭借其优越的区位条件、便利的交通条件、丰富的人力资源，以及雄厚的科研力量，吸引了众多国际及东部地区的企业纷纷来武汉投资设厂。武汉在承接发达地区扩散转移产业时，既要看到其对促进就业、增加财政收入、提升本地区产业结构起到的积极作用，又要做到对扩散产业有所选择，尽量减少资源消耗型、环境污染型企业的引进，增加科技含量高、技术先进的企业入驻，使得我们在学习先进技术的同时自主创新，利用自己的科研技术进行再开发，发展自己的核心技术，拥有属于自己的知识产权，从根本上提高产业的竞争力，促进武汉产业结构的优化升级。

与此同时，武汉在进行产业对接时，首先要充分发挥武汉九省通衢的区位优势，积极承接现代物流、金融等现代服务业；其次，根据各区不同的资源优势，发挥比较优势，大力承接先进加工制造业，提高各区的产业发展水平；再次，要依托中西部广阔的市场优势，承接市场需求量大的产品及配套产业；最后，要依托武汉加大开发力度的政策优势，在提高自身生产能力的同时最大限度地利用外资，提升各远城区的综合竞争能力。在具体工作中要做到：以企业为主体，积极发挥政府的服务作用；加强园区规划；注重环境保护与资源节约；构建畅通的产业对接通道。

2）实现郊区地带的就业带动。通过发展现代农业促进农村劳动力就业。武汉市各远城区在承接产业扩散，积极发展现代农业推动农村经济发展的同时，要注重农村产业结构的调整与农村劳动力就业之间的有效衔接，避免出现农民离土不离乡的现象，积极促进农村剩余劳动力就业。通过加大科技投入，提高农业综合生产能力，实现农业产业化经营，鼓励农民参股的股份合作企业发展。与此同时，政府要充分发挥其引导和服务功能，积极组织农民学习先进农业技术，以及进行职业技能的学习与培训，为农民的就业谋划出路。

向非农产业转移劳动力。在产业扩散的驱动下，一部分企业向郊区地带搬迁，为当地的乡镇企业注入新的活力，做大做强乡镇企业，使其发展成为吸纳农村剩余劳动力的主要力量。与此同时，利用郊区积极发展园区经济的有利契机，乡镇企业要主动调整产业结构，努力使自己成为园区产业链中的一环，为大型企业提供零件、加工、包装等服务，进一步提高其吸纳农村剩余劳动力的能力。当地政府在招商引资过程中，也要以解决本地劳动者就业为出发点，在与企业协商中要求企业尽量雇佣当地劳动力，帮助政府解决就业问题。

加强人才培养。武汉要依托其雄厚的科研实力，以及高校云集的优势，积极培养高素质、高技能的人才，并鼓励科研院所与企业合作，推进以企业为主体、产学研相结合的人才培养方式。职业教育要充分满足承接产业扩散的需要，积极调整专业设置，培养企业需要的人才。同时，还要与国内国际高校交流学习，定期培训，进一步提高人才的技术水平。积极落实人才引进政策，为高技术人才提供广阔的发展平台和具有吸引力的优惠政策。通过人才的培养与引进，为武汉积极承接产业扩散，以及快速提升产业素质提供有力的人力资源保障和智力支持。

9.4.4.2 等级扩散下的耦合发展路径

（1）推动产业综合体的开发

武汉中心城区的产业升级，导致其研发创新等产业产生较大的溢出效应。但是，由于远城区的城市功能、交通基础设施、配套等方面发展缓慢，产业承接能力明显不足。随着政府对中心城区与远城区协调发展的重视，正在逐步实现远城区的功能完善及城市更新。一些产业基础、环境较好的新城首先成为承接那些高端产业扩散外溢的地区。在新城积极开发建设产业综合体，成为其积极承接产业扩散、实现郊区城镇化的主要方式。产业综合体作为城市综合体与特定产业有机结合的产物，是指依托产业集群，以产业集群内部良好运行为目标，并且运用城市运营的概念建立起来的能提供生产生活全方位服务的复合功能的综合体。它把产业集聚在具有城市功能的综合体内，既实现了产业集群发展，在资源共享的基础上实现规模经济效益，促进综合体内部二、三产业的协同发展，又满足了生活、服务的多元化需求，为城市发展创造了新动力。

武汉已经进入了把产业综合体定位于以总部基地、研发中心等为代表的发展阶段，产业综合体的开发也不仅仅围绕发展主题，而且开始综合考虑商业、居住、办公等"商业综合体"。近年来，武汉开发的工业地产项目，大多数以产业园区和总部基地为主，为入驻企业提供生产、研发、物流、办公、生活、娱乐等多种需求的全套解决方案，不但提升了产业综合体的复合价值，还满足了客户的全方位需求。

因此，武汉在积极开发产业综合体的进程中，要提供完善的生产生活服务，实现综合体内的各种生活生产的配套和服务的社会化。例如，阳逻港中国际产业园通过积极完善住宅、餐饮、商超、医院、学校等一系列完善的生活配套，解决产业园区内产业工人的生活问题，如子女教育和住宅问题，实现产业工人的"生活家庭化"、"工作社区化"，从而避免原有产业园区发展模式带来的空巢、候鸟等城市社会问题，保障园区的健康发展。

（2）加强城镇综合功能的开发

在产业等级扩散中，城镇的重要性开始体现出来，武汉的许多城镇建设水平还比较低，功能还不够完善，对周围乡村的辐射带动能力也比较弱。在当前形势下，强化城镇综合功能的开发，建立科学合理的城镇体系显得尤为重要。

增强城镇的综合功能，尤其是要加强对城关镇和重点镇的规划和开发，充分发挥它们的特色和优势，积极带动周边农村地区的发展。政府要制定和出台相关政策，吸引城市产业在此落户，与此同时，鼓励城镇积极发展非农产业，培育其在技术、劳动力、经营管理等方面的优势功能。

增强城镇综合功能还要加强城镇基础设施建设。政府要加大对城镇基础设施建设的投资，加强市政道路建设，做到城镇道路能畅通连接到主城区，以及各工业园区与国道、省道、市道等干道网的连接；建设供水工程，结合各城镇的用水情况，合理增建水厂，提高供水能力，尤其是工业园区密集的城镇要保证供水；增强污水处理设施的建设，在化工企业密集的城镇增设污水处理厂，并提高覆盖范围，避免污水外放造成的环境污染；增设垃圾处理厂，对人口和企业密集的城镇增加设置垃圾箱等垃圾集中点，保持城镇卫生；增加绿化工程建设，对城镇内遭破坏和污染的山体水体进行修复，并增建公园等公共管绿地，提高森林覆盖率。

增强城镇综合功能的开发还要完善公共服务设施。加大教育投入，抓好基础教育，创造良好的学习环境；完善医疗体制改革，实现全镇加入新农合，并按照城镇规模增设医疗机构；建立图书馆、文化宫等文化服务设施，并定期举办文体活动，提高城镇居民的文化素质修养。

10 宜昌：全域城乡统筹的梯级互动

宜昌位于湖北偏西南地区，长江黄金水道贯穿全市，属于鄂西山区向下游平原的过渡地带，"上控巴蜀，下引荆襄"，自古以来号称"川鄂咽喉，西南门户"，交通、军事地位十分显要。全市共辖五县（远安县、兴山县、秭归县、长阳土家族自治县、五峰土家族自治县）、三个县级市（宜都市、当阳市、枝江市）、五区（夷陵区、西陵区、伍家岗区、点军区、猇亭区）。宜昌集大城市、大农村、大山区、大库区和民族地区于一体，区域发展不平衡，城乡统筹发展任重道远。本章从全域统筹发展的角度介绍了宜昌城乡及产业发展概况，以及宜昌城乡一体化发展状况；研究了宜昌产业空间结构及格局，提出了市域、县域、镇域城乡统筹地域模式。

10.1 城乡及产业发展概况

10.1.1 宜昌城乡发展现状

宜昌是湖北省内唯一的全国社会管理创新综合试点城市，在探索城乡统筹政策与机制方面有相当的主动性。市域通江达海，承东启西，连接南北，区位优势明显，拥有比较雄厚的工业基础，劳动力资源比较丰富，经济发展基础较好。但宜昌市域自然环境与人文因素均有明显差异——地势西高东低，分为山地、丘陵、平原3种类型，长江横贯全市；拥有2个少数民族自治县和3个三峡移民区县，总体来说，集大城市、大农村、大山区、大库区和民族地区于一体，城乡二元结构矛盾突出，区域发展不平衡。因此，在城镇化过程中需要特别关注城乡统筹的问题。

总体来说，宜昌城镇化率在不断提高。2000～2011年，宜昌城镇化发展较为缓慢，城镇化率低于湖北城镇化率，但差距逐步缩小，随着城镇化的不断深入发展，2012年宜昌城镇化率达到了53.59%，首次超过湖北城镇化率（53.5%），宜昌城镇化发展取得突破性进展，发展势头良好。

宜昌城乡经济发展地域差异显著。东部平原区和矿业资源丰富的宜都、枝江、当阳、远安发展基础较好，GDP、人均 GDP 和财政收入都稳居前列，尤以宜都经济基础最为雄厚，当阳和枝江紧随其后；兴山、秭归、长阳和五峰等山区、库区和少数民族地区经济发展较为落后，GDP、人均 GDP 和财政收入和东部平原地区差距甚远，尤其是五峰县各主要经济指标都排在最后，未来需要不断提高经济发展速度，努力赶超先进地区。

宜昌各县市产业发展各具特色。总体来说，除了秭归、长阳和五峰，其他各地市产业结构都属于"二三一"型，工业成为国民经济的主导力量，其中处于东部平原区的宜都、枝江和当阳等地工业化程度最高，第二产业产值比重分别达到 58.1%、50% 和 48%，工业占据国民经济发展半壁江山，远安和兴山第二产业产值比重分别为 66.5% 和 53%，属于典型的工业化县市；而山区和少数民族聚居区则以第三产业为主，工业发展受限，生态旅游资源较好，发展旅游业得天独厚。

在城乡居民收入方面，东部地区城乡居民的收入差距逐步减少，西南地区城乡差距有增大趋势。2005 年，城乡收入比最高的为五峰县，达到了 4.49，城乡差距较为明显，城乡收入比最低的为当阳市，2010 年五峰县城乡收入比依旧最大，且有上升趋势达到了 4.92，当阳市城乡收入差距最低，且整体保持稳定；对比 2005 年和 2010 年的城乡收入比，除了秭归、长阳和五峰城乡收入比有不同程度的提高外，其他各地市 2010 年城乡收入比都低于 2005 年，城乡差距在逐步缩小，总体来说，东部平原和矿产资源丰富的经济发达地区，城镇化水平较高，城乡差距逐步缩小，而库区和少数民族聚居区城乡差距不断加大，未来在城镇化发展过程中要照顾落后地区，以经济发展为突破口，提升城镇化发展水平。

10.1.2 城乡人口分布现状

10.1.2.1 人口与就业变化

人口的非农转移是城乡统筹发展的重要组成部分。宜昌人口就业逐步向非农产业转移。2008 年之前，依托良好的农业资源，宜昌农业从业人员最多，其次是第三产业，工业从业人员最少，随着产业结构的不断优化调整，以及农业产业化进程的不断加快，第二、第三产业就业人员不断增长，农业就业人员下降，从 2008 年开始第三产业从业人员超过农业从业人员，发展至 2011 年，宜昌第三产业从业人员已攀升至 84.3 万人，第二产业从业人员也有大幅增长。未来要不断调整优化就业结构，不断提升非农产业从业人员，提高城镇化水平。

宜昌第三产业对就业的拉动力不断提升，第三产业就业人员逐步向批发零售、教育和公共管理等层次较高的服务业集中，第三产业就业结构不断优化，但信息传输、金融等新兴产业就业人员比重偏低，不利于第三产业的长足发展，未来在保持优势行业充足劳动力的同时，也要兼顾其他新兴阳光产业，促进第三产业就业结构不断优化，带动非农产业就业率不断提升。

10.1.2.2　人口与城镇化

人口流动向市区集中的趋势明显。"六普"常住人口和"五普"常住人口相比，西陵区、伍家岗区、猇亭区等宜昌市区人口数量有大幅提升，而夷陵区、远安、秭归人口减少最多，可见人口由市区周边向市区中心不断集中，城镇人口增长最快的是西陵区，周边人口不断迁入，而猇亭区城镇人口增长最为缓慢，人口增量多数为农村人口，这会阻碍城镇化发展速度（表10.1）。城镇化方面，宜昌市区、宜都、枝江、夷陵、当阳等经济相对发达的县市区的城镇化率较高，尤其以点军区城镇化率提升速度最快，兴山、秭归、远安、五峰等经济相对落后的县域的城镇化率提升速度也较快。可以说，宜昌各县市区整体城镇化率在不断提升，但发展水平参差不齐，未来在保持经济发达地区高增长率的同时，也要注意鼓励支持周边县市的就地城镇化，使人口就地转向非农产业，提高整体城镇化水平。

表 10.1　宜昌各县市区人口变化情况

县市区	常住人口/人			城镇人口/人			城镇化率/%		
	"五普"人口	"六普"人口	增量	"五普"人口	"六普"人口	增量	"五普"	"六普"	增量
宜昌市	4 149 266	384 598	-3 764 668	1 593 505	20 240 481	430 576	38	50	12
西陵区	427 299	512 074	84 775	427 299	512 074	84 775	100	100	0
伍家岗区	183 997	214 194	30 197	183 997	214 194	30 197	100	100	0
点军区	108 314	103 696	-4 618	42 105	64 398	22 293	39	62	23
猇亭区	52 827	61 230	8 403	52 827	45 993	-6 834	100	75	-25
夷陵区	565 487	520 186	-45 301	162 796	212 704	49 908	29	41	12
远安县	217 419	184 532	-32 887	53 768	71 431	17 663	25	39	14
兴山县	182 691	170 630	-12 061	33 141	63 481	30 340	18	37	19
秭归县	398 021	367 107	-30 914	54 466	110 658	56 192	14	30	16
长阳	416 782	388 228	-28 554	64 673	94 009	29 336	16	24	8
五峰	205 900	188 923	-16 977	33 806	56 687	22 881	16	30	14
宜都市	385 776	384 598	-1 178	142 895	176 233	33 338	37	46	9
当阳市	495 918	468 293	-27 625	176 530	183 823	7 293	36	39	3
枝江市	508 835	495 995	-12 840	165 202	218 396	53 194	32	44	12

人口流动性与经济发展水平高度相关，从流入人口的地域分布来看，中心城区、宜都、枝江、当阳对周边地市具有较强的辐射能力，人口流入量大，市区占流入人口总量的41%，宜都、枝江和当阳各占10%，人口高度集中在市区等经济较发达地区，而兴山、秭归和五峰等山区经济发展较为落后地区人口迁入较少；而在人口流出方面，除市区外，远安、长阳、秭归、当阳、五峰的流出人口较多，可以看到宜昌市区的人口流动性较大，但总体来说，人口以迁入为主，各县市经济水平差距是推动人口市域内机械转移的直接经济因素，未来要引导人口合理分区迁移，防止人口过度集中于市中心，要均衡各地市城镇化发展水平。

10.1.2.3 人口集聚引导

基于各地区的资源环境本底、交通区位条件、城镇发展潜力和发展趋势等因素，以县市区为单位，对宜昌全域人口流动进行分区引导，划分人口重点集聚区、人口适度集聚区和人口适度外迁区3类区域，对人口进行分区引导，形成疏密有度的人口分布格局，进行差异化的人口流动引导。通过集聚重点、分类引导，最终实现协调有序、疏密有致的人口空间分布格局，以不均衡的人口分布实现全市城乡协调健康发展。

人口重点集聚区：包括市辖各区、当阳、枝江、宜都，通过用地指标集中、优化人居环境、提升核心城市综合功能，推进本地区人口和产业进一步向城镇集中，总人口适度增长，强化中心城镇的地位和集聚作用，形成百万以上的大城市，带动和促进城镇群的发展，支持水陆交通线城镇发展，推动自下而上城镇化。

人口适度集聚区：包括市域除重点集聚区外的低山丘陵地区中心城市，主要是兴山和远安，人口总量少，拥有矿业资源，要发挥比较优势，以特色产业资源为依托，以特色产业推动县域经济发展，优化县域公共服务职能，作为吸纳人口城镇化的重要载体，适度集聚人口，区内人口流入流出总体均衡，同时要重点扶持若干具有突出优势的建制镇，协同县城，共同推进人口城镇化。

人口适度外迁区：主要包括长阳、五峰、秭归，人口承载力低，要加强财政转移支付，保证县域基本公共服务，推进生态移民，人口重点向域外中心城镇集聚，适度向具备较好发展条件的县域集聚，适度减少人口规模，减轻城镇和产业发展对资源环境的压力，增强区域可持续发展能力。

10.1.3 工业发展概况

宜昌东临武汉，西抵重庆，是长江中上游重要的航运中转中心。当地依托三峡水电、磷矿、煤矿等地方资源已形成一定规模的现代工业基础，同时凭借巴楚地区丰富的自然生态资源，发展特色农业和生物科技，形成颇具地方特色的区域产业体系。随着长江经济带发展战略的提出，宜昌作为长江中游的重要节点城市，其三峡门户地位有望进一步提升。国家大力实施中部崛起战略，加大三峡库区后续发展扶持力度，加大武陵山区域发展和扶贫攻坚力度，推进东部沿海产业向内地转移。湖北省省委省政府全面实施"两圈一带"、"一主两副"战略，全力支持省域副中心城市建设。这些政策机遇正在宜昌产生叠加效应。可以说，宜昌正处在发展的黄金机遇期、城市快速扩张期和经济加速期，加快发展的有利因素很多。近年来，一批重大项目陆续落户宜昌，产业发展形成多极增长、交替领跑的良好格局，为加快发展提供了重要支撑。

宜昌整体工业发展情况较好，中心城区对城镇化的拉动力显著。各类企业中除乡镇企业2011年产值稍有下降外，其他各类企业工业产值都不断提升，带动整体经济水平不断提升，其中尤以市属企业和县市区属企业工业产值提升最为迅速，到2011年市属企业、县市区属企业产值比重分别达到了18.9%和27.7%，成为带动工业发展的主导力量；乡镇属企业发展基础较好，但近几年随着对乡镇企业的不断整顿和兼并，其发展势头有所减弱，2011年乡镇企业产值比重为8.8%；省属企业实力最弱，产值比重不足2%，未来要继续保持中心城区在经济发展的主导地位，同时加快扶持乡镇企业，促使城乡工业经济同步发展，从而加快城镇化的发展。

总体来说，宜昌农村工业发展较快。2003年，全市农村工业产值为433 950万元，之后随着对中小型企业的整顿，农村工业受到影响，产值开始下滑，2004~2008年农村工业产值在摸索中缓慢提升，近几年，随着城镇化进程的不断加速推进，城乡经济的不断发展，农村工业发展也开始步入正轨，走向快速发展道路。2009年至今，农村工业产值大幅提升，至2011年农村工业产值已达到了314 179万元，未来随着城乡差距的不断缩小，农村经济的不断发展，农村工业化进程必将加快发展。

宜昌大型企业对经济拉动能力增强，轻重工业产值比重不断优化。2005年至今，大型工业企业已经成为国民经济发展的主导力量，2005年大型企业产值占工业总产值比重为44.2%，之后由于受国际金融危机的影响，大企业发展势头减弱，近年来随着工业结构的不断调整，到2011年大型企业产值比重提高到49%，占据全市工业企业的半壁江山，大型企业对经济的拉动能力不断提高。宜昌工业发展一向以重工业为主，2005年轻重工业产值比重分别为24%和76%，近年来，随着产业结构的不断调整优化，逐步加大对轻型工业的支持力度，到2011年轻重工业产值比重为28%和72%，轻重工业产值比重不断优化。

总体来说，宜昌市龙头企业主要集中在中心城区和东部平原等工业发达地区。宜昌龙头企业主要集中在电力、化工、建材、装备制造、食品加工和纺织等对经济增长拉动能力较强的主导产业方面，且空间分布较为广泛，各地市都有支持国民经济发展的龙头企业，尤以宜昌中心城区和宜都、枝江、当阳和远安龙头企业数量最多且规模较大，五峰、长阳和秭归等山区和库区地区，工业发展资源条件有限，龙头企业相对较少，未来在继续保持中心城区和平原地区龙头企业快速发展的同时，要兼顾山区和库区企业发展，培植龙头企业，另外在企业发展过程中要注意发挥产业集聚效益。

10.1.4 农业发展概况

宜昌是生物多样性富集地区，生态环境好，森林覆盖率近50%，素有"绿色宝库"、"天然氧吧"之称，水质达标率为100%，是生产无公害、绿色、有机食品不可多得的理想区域。依托资源和区位优势，在稳定粮棉油的基础上，重点扶持和促进"六大"特色产业快速发展，主要是以柑橘为特色的水果产业，以草食动物为特色的畜牧产业，以库区特种养殖为特色的水产业，以无公害反季节为特色的蔬菜产业，以优质绿茶为特色的茶叶产业，以乌红天麻为特色的中药材产业，未来将着力构建"六大百亿产业体系"。

各特色农业资源分布较为广泛，各地因地制宜，发展各自优势农业资源，特色农业资源逐步走向产业化、专业化、地域化，形成了良好的发展势头，产业布局日趋合理，品种结构不断完善，综合效益明显提升。可以说，依托特色农业资源发展而来的"六大特色产业"正引领宜昌农业产业化快速可持续发展。

宜昌不断调整农业产业结构，突出重点，发挥比较优势，根据资源优势、自身条件和未来发展的需要，今后和未来一段时期内，在稳定粮棉油产业的基础上，将继续重点支持柑橘、畜牧、水产、茶叶、蔬菜、中药材等特色产业发展，做大做强加工业，在明确区域功能定位的基础上，着力建设产业基地，支撑相应特色农业产业的发展。宜昌特色农业产业基地分布如下。

柑橘产业：围绕建成中国一流、世界著名的柑橘主产区的目标，重点建设三大特色产区。一是三峡库区优质甜橙产区，以脐橙、夏橙为主，主要在秭归县、兴山县；二是长江、清江两岸优质宽皮柑橘产区，以蜜柑、椪柑为主，包括夷陵、宜都、点军、伍家岗、猇亭、枝江、当阳、长阳、远安县和五峰县部分乡镇，在现有基础上通过岗地开发、结构调整，新发展14万亩，面积达到150万亩。

畜牧产业：根据各地资源承载能力，在明确区域功能定位的基础上，充分发挥区域资源优势和比较优势，着力建设三大优势畜禽产品产区。一是宜东优质生猪生产区，包括宜都、枝江、当阳、夷陵等县市区，创建 5 个出栏超过 100 万头的生猪生产大县（市、区）；二是沮漳河流域、三峡库区肉牛生产区，包括枝江、当阳、远安、兴山等地，宜东主推规模化舍饲养殖方式，三峡库区主推生态化种草畜模式，城郊以养殖奶牛为主；三是清江流域，以山羊生产为主，建设规模养殖，包括长阳、宜都、五峰等地。

蔬菜产业：充分发挥区位优势、自然条件优势、产业基础优势，因地制宜，建设四大蔬菜板块基地。一是夷陵、伍家岗、点军等城郊常年精细蔬菜生产基地；二是宜东平原农区枝江、当阳的蔬菜基地；三是高山蔬菜生产基地，包括长阳、兴山、秭归、五峰等地，主要分布蔬菜品种，以大白菜、萝卜、球白菜为主；四是建设山区特色蔬菜生产基地，主要有长阳、五峰、秭归、远安等地，蔬菜品种以冲菜、德国小香葱、欧芹、朝天椒、红菜薹、节儿根、香椿、甜玉米、马齿苋、水生野生芹等为主。

水产业：突出"好水养好鱼"的特色，在区域布局上主要抓三大片带。在清江库区建设全省乃至全国最大的无公害淡水鱼出口创汇基地，养殖品种根据国际国内市场需求，以鲟鱼、鳙鱼、长吻鮠、黄颡、鱼白鱼等名优鱼类为主；在宜东枝江、当阳平原地区建设 20 万亩无公害池塘商品鱼基地，养殖品种以青、草、鲤、鲫、鳊、鱼白鱼混养为主，搭配少量鲢、鳙及其他品种；在城郊发展旅游休闲渔业基地。水产品加工以湘宜水产品公司、天峡鲟业公司为龙头，兴建鲟鱼鱼籽酱深加工企业和冷鲜鱼加工企业。

茶叶产业：着力建设两大名优茶优势产区。一是五峰、宜都、长阳海拔400～1000m的武陵山区与清江河谷地带，建设名优绿茶、红茶优势生产基地；二是在夷陵、秭归、兴山海拔200～1000m 的三峡河谷与巴山地带和远安、当阳浅丘地带，建设名优绿茶、红茶、特种茶优势生产基地。

粮棉油产业：根据各地地理条件和产业基础，将主要建设三大生产区。一是在当阳、枝江、远安、夷陵等县市区建立优质稻米生产基地；二是在长阳、秭归、五峰、兴山、宜都等西部山区建设脱毒马铃薯和优质玉米基地；三是在枝江、当阳建立优质棉花生产基地。

10.2　城乡一体化发展概况

10.2.1　区域城乡经济发展趋势

宜昌城乡一体化区域主体包括宜昌、枝江、宜都和当阳，其中宜昌市中心城区在经济总量、产业优势、人口分布等方面均占全市主导地位，具备良好的交通区位、产业基础、科教文化基础和基础设施条件；地处江汉平原过渡地带的宜都、枝江、当阳地区是全市粮、棉、油生产基地，经济发展水平和人口集中度仅次于中心城区，交通便利，有开阔的工业用地，环境容量大，是拓展宜昌工业发展空间的最佳地区。该区域市、区、县整体发展基础较好，城镇化发展具有先天优势，可通过实施沿长江城镇带重点突破战略，从而实现产业和人口的"梯度"城镇化过程。

宜昌城乡一体化区域城乡收入差距呈现地区差异。宜昌城市收入和农村收入都最高，经济发展基础较好，枝江市城市收入最低，宜都市农村收入最低，宜昌市城乡收入比最高，达到了1.85，城乡收入差距较大，其次为当阳，城乡收入比为1.76，相比之下枝江城乡收入比最低，为1.66，城乡收入差距较小。

宜昌工农业发展呈现地域化趋势。工业方面，宜昌工业最为发达，工业总产值、利润、利税和从业人员等主要经济指标都居4个地市首位，其次是宜都、枝江，相对而言，当阳市工业发展最为薄弱，各主要工业经济指标较为靠后，未来需加快发展工业；农业方面，枝江农业发展较好，耕地面积最大，农业增加值也居首位，其次是当阳，农业增加值也较高，相比之下，宜都市农业发展较为落后，耕地面积在4个地市中最少，农业增加值和农业从业人员也最少。综合来说，宜昌综合实力最强，工农业发展基础较好，引领全市产业发展；宜都为典型的工业县市，工业是国民经的主要拉动力，农业产业化发展较为薄弱，未来在保持工业发展优势的同时，要加大农业产业扶持力度，促进农业发展；枝江工农业并进，发展势头良好，带动总量经济不断提高，未来要不断提升发展水平；当阳农业发展较好，产业发展以农业产业化发展为主，工业发展有待提升。

宜昌城乡一体化区域的大企业主要集中在宜昌和枝江，当阳"小微集群"现象显著。宜昌市企业数量最多，尤其是大型企业产值遥遥领先，达到了9 717 795万元，成为经济增长的主要推动力，宜昌中型企业产值和小企业产值也都位居首位，宜昌是典型的龙头企业带动型经济增长模式，中小型企业为大企业配套发展，形成完整的产业发展体系；宜都产业发展以中小型企业为主，大型企业产值较低，龙头企业对经济拉动力稍显不足，未来需要继续做大做强龙头企业；枝江大型企业产值比重最大，经济增长主要依靠大型企业；当阳小型企业发展较好，小型企业产值比重最高，"小微集群"现象显著，而大型企业发展较为薄弱，未来要积极发展大中型企业，创造条件扶持有条件的企业成长为龙头企业，带动区域经济发展。

宜昌城乡一体化推进过程中，在继续做大做强中心城区的同时，要积极支持宜都、枝江、当阳向中等城市发展，加快与中心城区融合，与"宜荆荆"城市群对接。合理确定中心镇和重点镇功能定位、产业布局、开发边界，促进城市和城镇功能互补，形成基本公共服务和基础设施一体化、网络化发展格局，同时积极探索农村人口转移落户城镇的政策措施，充分发挥城乡一体化区域在宜昌城乡统筹发展中的带动作用。

10.2.2 区域各地产业发展现状

10.2.2.1 宜昌

宜昌包括夷陵、点军、西陵、伍家岗和猇亭，是世界著名的水电能源基地和旅游名城，是宜昌的政治、经济、文化中心，按照建设省域副中心城市和长江中上游区域性中心城市的要求，发展旅游业及配套的新型服务业，建设渝东鄂西物流中心。猇亭区，作为宜昌城市新区，以精细化工、机械制造、电子信息产业为主；伍家岗区，着重发展观光休闲农业，形成以机械制造、精细化工、医药电子、服装食品、建材等支柱产业；西陵区，作为宜昌商贸旅游服务中心，产业发展以装备制造、轻工日化为主；点军区是市级旅游休闲区，农业发展较好，工业发展以铝制品业、机械装备、电子材料为主；夷陵区，宜昌沿江工业经济的龙头，以农产品加工业、无污染工业和三峡文化旅游业为主。

10.2.2.2 宜都

宜都主要包括红花套、高坝洲、陆城、姚家店、五眼泉、枝城，是宜昌的重要支撑点和先导先行区，是鄂西南长江以南地区的物流节点城市，是宜居宜人宜业的生态城市。陆城街办，形成精细化工、机械装备、新型建材、节能电子四大支柱产业，培育柑橘、精细蔬菜、花卉苗木和精特农庄四大农业产业；红花套，以光伏太阳能产业、机械加工制造业和农产品加工业为主；高坝洲，发展以柑橘、生猪、水产、蔬菜等为支撑的农村产业，工业发展机械制造、精密电子、医药，依托清江旅游资源发展第三产业；五眼泉，农业形成"山区种茶、丘陵种柑、河滩种桑、家家户户养猪羊"的格局，新能源、新材料发展潜力较大；姚家店，工业形成"机械、建材、物流、农产品加工"四大优势产业，农业重点发展"柑橘、生猪、茶叶"三大特色产业，第三产业发展商贸流、旅游业；枝城，作为宜都的工业重镇，是化工建材工业园区的集聚地。

10.2.2.3 当阳

当阳包括玉阳、坝陵、玉泉、王店、两河、河溶、半月，作为鄂西生态文化旅游圈重要旅游城市，是宜昌省域副中心城市的重要增长极。玉阳街办，主要发展建材、食品、轻纺、化工四大支柱产业；巴陵街办，主要发展机械电子产业、装备制造业；玉泉街办，形成磷化工、建材、农产品加工三大支柱产业；两河，作为当阳重点镇，主要发展加工业、商贸；河溶，具有丰富的农业资源，蔬菜、林果、畜牧三大板块发展较好；王店，产业发展以塑料制品加工业、食品加工业、新型材料加工业为主；半月，作为当阳重点镇，农业以粮油、水产、林果、畜牧为主，工业主要发展商贸、加工业。

10.2.2.4 枝江

枝江包括白洋、顾家店、安福寺、董市、仙女、马家店、百里洲、问安、七星台，是湖北新兴工业强市、滨江宜居城市和湖北长江经济带强劲的增长极。马家店街办，主要发展纺织、精细化工和机械加工业；七星台，重点培育油料、蔬菜、大蒜、生猪、水产品、棉花六大农业主导产业，工业上以粮食果蔬加工和金属制品加工为主；百里洲，以农业产业化发展为主，棉花、水果、蔬菜、畜禽和特色水产品五大农业经济板块已初步形成；董市，主要发展塑料、纺织、化工、机械制造和农业产业化加工；顾家店，农业上发展"一猪二果"两大主导产业，工业上塑料化工、包装印刷、机械铸造、建筑建材、商贸物流五大支柱产业；白洋，农业上形成了水果、禽畜、粮食、蔬菜四大支柱产业，工业上形成了以农业产业化龙头企业为骨干的果蔬食品加工业；安福寺，以发展农业为主，主要有水产养殖、精品水果、生猪养殖、家禽养殖、花卉苗木等特色产业；仙女，形成建材、饮料、服装、玻璃制品四大支柱产业；问安，枝江市重点镇，主要发展农产品加工、商贸业。

综上，宜昌城乡一体化区域区位较好，地处沿江带和江汉平原过渡地带，是全市政治、经济、文化中心和粮、棉、油生产基地，经济发展水平和人口集中度都最高，交通便利，土地相对较开阔平整，环境容量大，作为宜昌最主要的工业发展空间，产业发展门类齐全，潜力巨大。其中，宜昌从北到南布局有农产品加工、休闲观光旅游、机械装备、轻工日化、医药电子、精细化工、建材、电子信息等产业；宜都，从北到南布局有能源、机械制造、农产品加工、精密电子、医药、化工、建材等工业产业，农业生产以柑橘、生猪、水产、蔬菜、茶叶为特色，旅游业和商贸业发展较好；当阳，从北到南布局有建材、食品、轻纺、化工、装备制造、农产品加工、塑料制品、新型材料加工等工业产业，发展粮食、油料、水产、畜牧、蔬菜、林果六大农业产业，商贸业发展步伐加快；枝江，自西向东布局有农产品加工、塑料化工、机械铸造加工、建材、纺织服装、精细化工、金属制品加工等产业，农业上形成水果、禽畜、粮食、蔬菜、水产等支柱产业。

10.3　产业空间结构及格局

10.3.1　"一带两轴三区"产业空间结构

根据上一节，综合分析城乡一体化区域中各地市城市功能定位、产业发展基础和区位条件，为充分发挥产业集聚规模效益，本小节构建了宜昌城乡一体化区域"一带两轴三区"的产业空间结构，其中一带为长江经济带，两轴为北部轻工建材发展轴和东部农产品工贸发展轴，三区分别为中心综合服务区、都市生态农业区和新型工业集聚区。"一带两轴三区"产业定位如下。

长江经济带：沿江形成以装备制造、化工、生物医药等产业为代表的先进制造业走廊，注重产业板块集聚，注重协调发展，打造万亿经济走廊；

北部轻工建材发展轴：沿荆宜高速，沿线的宜昌、龙泉、鸦鹊岭、王店、当阳市区，主要形成以电子材料、轻纺服装、食品饮料、农产品加工、建材等为主的工业走廊；

东部农产品工贸发展轴：沿256省道，沿线的当阳市区、两河、半月、问安、枝江市区，主要形成以农副产品加工、农产品集散、商贸业等为主的产业走廊；

中心综合服务区：西陵区、伍家岗区、点军区、小溪塔街道、龙泉作为城市中心，承担中心服务职能，适当发展无污染的高新技术产业；

都市生态农业区：包括百里洲、七星台、问安、半月、两河、河溶、王店，形成粮油、蔬菜、林果、棉花、禽畜、水产品六大农业板块，并重点发展农副产品加工业；

新型工业集聚区：包括鸦鹊岭、猇亭区、红花套、高坝洲、陆城街、姚家店、五眼泉、枝城、顾家店、董市、马家店街道、仙女、安福寺、白洋，其中猇亭至下游地区的枝城形成以装备制造、精密电子、生物医药、农产品加工业等为主的制造业走廊；白洋镇往东至七星台镇发展建材、精细化工、塑料化工、纺织服装等为主的化工业走廊。

10.3.2　"一带四廊"城镇空间格局产业发展趋势

宜昌建设新型城镇体系，按照"集约发展、布局协调、结构合理"的总体要求，形成长江和香溪河、沮漳河、清江、渔洋河流域"一带四廊"城镇发展空间格局。"一带四廊"主要沿长江和市域主要河流为轴划分相应的空间发展结构，其中一带为长江城镇聚合带，四廊为香溪河廊道、沮漳河廊道、清江廊道、渔洋河廊道。

企业集中分布在沿江带、沮漳河廊道等经济发达县域，工业发展较快，西北部地区企业较少，产业发展缓慢。沿江城镇带大型企业分布最为集中，龙头企业带动型经济模式凸显，其次与大型企业配套的中小型企业也分布较多，上下游企业连贯，产业链条长，发展潜力大；沮漳河廊道大型企业也较多，但中间力量较为薄弱，未来要不断鼓励小企业做大做强；清江廊道和渔洋河廊道都以中小型企业为经济发展的主导力量，缺乏大型龙头企业的带动，未来要积极扶持有条件的企业做大做强；香溪河廊道企业数量较少，大型企业实力较弱，未来要整顿小企业，集中力量发展大中型企业，提升经济总量。

10.3.2.1 沿江经济带

宜昌充分发挥沿江交通区位、产业配套、生产成本等综合比较优势，以长江为轴线，以开发区园区为载体，深入推进沿江突破、垂江延伸、跨江发展，引导优势产业向沿江集中、工业项目向开发区园区集中，实施沿江突破战略，着力打造沿江万亿经济走廊。随着不断统筹沿江开发区、园区建设与发展，沿江区域规模以上工业增加值超过全市的80%，成为全市经济发展的主要增长极。

实施沿江组团开发。宜昌高新区升格为国家级高新区，形成"一区六园"构架。随着生物产业园、白洋工业园的正式启动，高新区开发空间大为拓展。宜昌充分发挥高新区龙头带动作用，统筹推进一区多园建设，全面提升东山、猇亭园区，加快发展白洋工业园、生物产业园、磁电子高科技产业园，加快培育一批在全省乃至全国有影响力的特色专业化园区、一批具有较强竞争力的优势产业，力争猇亭园区、深圳工业园、白洋工业园、生物产业园等产值分别过千亿。

宜昌举全市之力支持宜昌国家高新区跨越式发展。积极申报出口加工、保税物流等海关特殊监管区域，提升高新区服务功能。创新园区投入机制，打破行政区划界限，对白洋工业园、生物产业园实行托管开发，市县两级共建共享。采取财政引导、市场运作、社会参与等多种方式，灵活运用 BT、BOT 等办法，拓宽园区建设投入渠道，引导更多社会资本进入园区开发，力争基础设施适度超前到位。

在支撑高新区发展的同时，也鼓励各县市区开发区、园区加快发展，推进各级各类开发区园区建设，集聚高端要素，发展高端产业，引领县域经济做大做强。另外，鼓励库区县、山区县到沿江开发区、园区兴办项目，发展"飞地经济"。积极推进异地开发，兴发工业园等飞地园区健康发展，飞地经济已成为山区、库区县经济发展的重要平台。

加快宜昌高新区和沿江园区开放开发，是拓展宜昌城市和产业发展空间的必然选择。实施沿江突破战略，打造要素聚集、特色突出、布局合理的万亿经济走廊，使沿江一带建成全市经济重要增长极。

10.3.2.2 清江廊道

清江廊道各乡镇优势资源和产业发展定位如下：龙舟坪镇，长阳县城所在地，全县政治、经济、文化中心，农业资源、旅游资源丰富，以旅游服务、商贸流通、建筑安装、酒精食品、蔬菜瓜果、水产养殖、花木药材为发展重点；磨市镇，水产、水运、旅游开发潜力巨大，油茶、核桃、柑果、茶叶产量较大，未来将推进磨市新型工业园和长阳新区建设，发展健康食品、矿业、清洁能源、生态文化旅游产业集群，重点打造柑橘、水产养殖、木本油料、生态养殖农业板块；火烧坪乡，蕴藏着丰富的煤、铁、硅、磷等矿产资源，是鄂西大型铁矿的主要储地，重点发展以反季节蔬菜为主的农业产业、煤炭产业和旅游业；大堰乡，特色农业资源丰富，旅游资源独特，发展特色农业优势日益凸显，突出猪、茶、鱼、薯四大特色产业，工业发展矿产加工业；鸭子口乡，拥有湖北第二大煤田，水电资源、旅游资源丰富，形成以煤矿、铁矿、金矿、小水电开发、特色农业为主的工业产业发展格局，农业重点发展水产养殖、柑果、茶叶，木本油料和魔芋产业，不断拓展"农民书画之乡"的品牌魅力；都镇湾镇，长阳县内第二个财政收入过千万的乡镇，矿产资源、水利资源丰富，形成了低山发展柑果、茶叶，中高山发展核桃、魔芋、烟叶的带状农业产业布局，以水电为龙头、矿业为支柱、农产品加工为后劲的新型工业格局，旅游产业发展迅速；资丘镇，镇内物产、资源丰富，旅游景观奇特，农业产业主要有烟叶、药材、无公害蔬菜、甜橙、茶叶、葛粉等，工业主要发展煤炭、水电、加工等；渔峡口镇，水路交通便捷，自然资源丰富，水力资源、旅游资源较好，"清江椪柑"享誉全国，将培育以"椪柑、高山反季节蔬菜、烟叶、小水果、桑蚕、旅游"为主体的特色经济项目，建设椪柑大镇、旅游大镇、水电大镇；陆城镇，2012年在"全省百强乡镇"排名中名列第11位，宜都政治、经济、文化中心，形成精细化工、机械装备、新型建材、节能电子四大支柱产业，培育柑橘、精细蔬菜、花卉苗木和精特农庄四大农业产业；姚家店镇，土壤肥沃，矿藏资源丰富，自然景观较好，工业形成"机械、建材、物流、农产品加工"四大优势产业，农业重点发展"柑橘、生猪、茶叶"三大特色产业，第三产业发展商贸流通业、休闲旅游业、餐饮服务业和现代物流业；高坝洲镇，水泥、石灰石储量丰富，高坝洲柑橘享誉海内外，"清江鱼"已打入美国市场,高坝洲水电工程带来丰富水电资源,发展以柑橘、生猪、水产、精细蔬菜、家禽养殖为支撑的农村产业,推动机械制造、精密电子、医药等相关产业聚集,依托清江旅游资源和青林寺谜语文化大力发展第三产业。

综上,梳理清江廊道各乡镇产业发展现状与定位,清江廊道长阳地区作为少数民族聚居地,发展绿色加工工业、旅游等产业优势明显。农村经济正在稳步提升,逐步形成了具有山水特色的高山蔬菜、清江水产、畜牧养殖、椪柑、茶叶、药材、魔芋等产业基地;工业经济增效提质,初步形成了水电、矿产、建材、轻工四大工业支柱;第三产业中旅游开发全面提档,5A级清江画廊发展良好。清江廊道宜都地区包括宜都市区、高坝洲镇、姚家店镇、五眼泉镇等沿江平原地区,作为宜昌市域副中心,在城市空间扩展上要加强与宜昌城区的协调,以沿江南北向发展为主,以城镇带建设和工业园区建设为主,培育优势产业,发展壮大医药化工、电子、建材、食品加工四大新兴产业,改造提升能源、纺织、机械三大传统产业,形成"4+3"工业经济特色板块。

10.3.2.3 香溪河廊道

香溪河廊道各主要乡镇优势资源和产业发展定位如下:归州镇,长江中上游的交通要镇,鄂西山区的商贸重镇和闻名遐迩的"中国脐橙之乡",全镇以柑橘为主导的特色农业、生态农业发展较好,形成以建材为龙头、以加工为重点的工业体系;水田坝乡,以农业为主,盛产茶叶、柑橘、杜仲等,农业以柑橘、茶叶种植为主,兼种粮油、核桃等,现已形成低山种植柑橘,高山、半高山种植茶叶、核桃、蔬菜的产业格局;屈原镇,煤藏量大,水资源丰富,柑橘栽培历史悠久,农业积极发展柑橘、核桃、魔芋和生猪四大产业,工业主要发展煤炭和电力行业,积极打造特色旅游文化;峡口镇,移民重镇,典型的农业镇,盛产柑橘、枇杷、各类花卉苗木和多种长江鱼,拥有粮油、柑橘、茶叶、核桃四大支柱产业,作为兴山县重要的工业园区,已建起化工、水泥、工业硅三大项目;高阳镇,昭君故里,旅游资源、矿藏资源丰富,产业梯级发展,高山以林、草之长,半高山以粮、油、猪生产为主,沿河低山盛产柑、茶、桐、菜;南阳镇,水资源、矿产资源丰富,作为典型的农业型乡镇,柑橘、茶叶、烤烟、药材发展较好;古夫镇,三峡库区二次移民重镇,是全县政治、经济、文化中心,农业形成核桃、柑橘、蔬菜、养殖四大产业,工业主要发展现代电子工业、壮大水电产业,打造旅游服务品牌。

综上梳理,香溪河廊道各乡镇产业发展定位,香溪河廊道秭归作为移民县市,工业发展水平不高,以发展绿色加工工业、旅游等产业为主,产业发展围绕光电子、食品加工、纺织服饰、新型建材、冶炼化工、造纸包装等主导产业,发展一批新型工业项目；依托水果、茶叶、蔬菜、中药材等特色产业，稳定发展农业；围绕将秭归打造成"屈原故里国际文化旅游休闲度假区"5A级景区，策划包装一批精品文化旅游项目；兴山区域，以发展绿色加工工业、旅游等产业为主，烤烟、柑橘、果茶、蔬菜等特色农业产值占农业产值的比重达80%；第二产业重点发展化工、水电、食品、建材、电子、农产品加工六大支柱产业；第三产业主要发展旅游业和现代物流业。

10.3.2.4　沮漳河廊道

沮漳河廊道各乡镇优势资源和产业发展定位如下：七星台镇，农业特色资源丰富，主要有优质棉花、双低油菜、精品大蒜、特色蔬菜、名优水果、三元猪、精养鱼等，重点培育油料、蔬菜、大蒜、生猪、水产品、棉花六大农业主导产业，工业上形成以油脂加工、棉纺加工、果蔬贮藏加工、饲料加工和金属制品加工为主的五大板块经济；问安镇，宜昌粮食生产、油料生产、水产生产大镇，问安大米、问安优质西瓜等品牌特色初步形成，作为枝江市重点镇，主要发展农产品加工、商贸业；半月镇，优势资源有林果产业、柑橘、油菜，作为当阳重点镇，农业以粮油、水产为基础，林果、畜牧为特色，农产品深加工为支撑，工业主要发展商贸、加工业；两河镇，当阳唯一的平原乡镇，沮、漳两河在此相汇，大蒜、棉花、水产品资源丰富，作为当阳重点镇，主要发展加工业、商贸；河溶镇，历史上商贸繁荣，素有"小汉口"之称，有特大型石膏矿床，畜牧资源丰富，宜昌的粮油大镇、畜牧水产重镇，具有丰富的农业资源，蔬菜、林果、畜牧三大板块发展较好；育溪镇，当阳三大古镇之一，土地资源、矿产资源和水利资源丰富，全市重要的粮油、蔬菜、畜牧、食用菌生产基地，工业发展较快，是全市最大的产煤镇；庙前镇，素有当阳煤乡之称，高岭土资源极为丰富，电力、水资源充沛，重点发展农业、林业，工业发展以煤加工业为主；花林寺镇，林地资源丰富，拥有丰富的硅、煤矿藏和桑、菇、茶、粟等多种名优特产，农业形成食用菌、桑蚕、柑橘和畜禽养殖四大主导产业，以花林水泥、大宏陶瓷、楚林陶瓷为龙头，发展工业产业；鸣凤镇，优势资源主要有"鸣凤"牌优质米、"鸣凤"牌椪柑、"西楚"牌冲菜、"恒安"牌食用菌、"鸣凤"牌系列水果，作为远安县重点镇，依托特色农产品发展农业产业化经营，重点发展商贸、旅游、加工业；旧县镇，远安县重要的农业大镇和煤炭产区，林业基地和名贵药材生产基地，作为远安县重点镇，主要发展旅游、农产品加工，着力建设龙泉山区食用菌和茶叶、沮河沿线桑蚕和优质粮油两大绿色经济产业带；洋坪镇，矿产、水能、旅游资源丰富，是远安最古老的商业中心，作为远安县重点镇，商贸、农业服务业较发达；茅坪场镇，森林覆盖率达80%，煤炭资源较丰富，盛产粮油，素有远安"粮仓"之称，煤炭产业为镇域经济支柱，食用菌、药材、草食畜三大产业规模巨大，红色旅游发展较好；河口乡，茶叶、菌菇资源丰富，煤炭储量丰富，重点发展以反季菇、茶叶、桑蚕、反季蔬菜为主的农业产业和以煤炭、白酒为主的工业强乡产业；荷花镇，远安县的农业大镇，磷化重镇，依托良好的资源，主要发展粮食、畜牧和旅游业，化工业成为工业支柱产业。

综上梳理，沮漳河廊道各乡镇产业定位，沮漳河枝江区域，枝江作为宜昌市域副中心，以发展食品加工、化工、纺织、机械电子等产业为主，在城市空间扩展上加强与宜昌城区的协调，城市建设空间向西、向东发展为主，具体来说，农村经济稳步发展，粮食、棉花、油料、水果增长迅速，食品酿造、化工、纺织、机械电子四大支柱产业不断壮大，第三产业蓬勃发展，金融、邮政通信、商业保险、中介服务发展迅速。当阳区域，宜昌市域副中心，以发展绿色食品工业、新型建材工业和旅游等产业为主，突出湖北历史文化名城风貌特色，城市建设主要向西、向南发展，主导产业稳步发展，已形成建材、化工、食品、轻纺四大工业支柱产业，粮食、油料、水产、畜牧、蔬菜、林果六大农业产业，实施"三产兴城"战略，现代服务业发展步伐加快。远安区域，以发展装饰材料、绿色食品加工、机电加工、观光农业等产业为主，重点突出山水园林城市特色，农业区域性产业体系初具规模，食用菌、桑蚕、优质米、养殖业四大产业特色鲜明，远安特色的工业体系基本形成，磷化工、新型建材、机械加工、农产品加工四大产业的支撑作用正在凸显，以生态旅游业为龙头的第三产业稳步发展。

10.3.2.5 渔洋河廊道

渔洋河廊道各乡镇优势资源和产业定位如下：五眼泉镇，作为湖北石雕之乡，电力、水源、石材、旅游资源丰富，农业已形成山区种茶、丘陵种柑、河滩种桑、家家户户养猪羊的格局，新能源、新材料发展潜力较大；聂家河镇，农业、矿产和水电资源丰富，粮油、畜牧发展稳定，初步形成以水能发电、机械制造、油漆化工、建筑建材、生物科技等产业结构；潘家湾乡，多民族、多宗教信仰的少数民族区，县级贫困乡镇，大力发展山区特色经济，已初步形成了以茶叶、旅游、畜牧三大产业为重点的经济格局；王家畈乡，典型山区乡镇，宜都产茶大镇，煤炭、高岭土资源丰富，要立足茶叶和畜牧业，重点抓好高效茶园、无公害生产基地、畜牧养殖小区建设，支持东孚机械、人福药业做大做强；渔洋关镇，全县的工业中心、商业中心、市场中心、文化中心，也是湖北省小城镇建设重点镇、旅游名镇，高标准建设茶、烟、蔬菜、魔芋、药材等"十大基地"，宜昌五峰科技工业园区所在地，工业形成矿产品加工业、农产品加工业和水电工业三大支柱；长乐坪镇，绿色农产品、生态旅游资源、矿产资源丰富，作为五峰县重点乡镇，主要发展旅游业；五峰镇，是全县政治、经济、文化中心，农业、畜牧业发展条件好，五峰县重点乡镇，主要发展旅游业、商贸业；采花乡，丰富的水能、畜牧、烟叶、茶叶、林果、魔芋等自然资源，是一个典型的农业型乡，"采花毛尖"是中国名牌农产品，茶叶是采花的支柱产业，工业重点发展水电产业。

综上梳理，渔洋河廊道各乡镇的产业发展定位，渔洋河廊道宜都区域主要包括中南部乡镇，以发展食品加工和旅游业为主，中部丘陵地区以发展旅游业和高效农业为主，南部山区以发展生态农业为主，发展柑橘、茶叶、畜牧、水产四大特色产业，主动融入鄂西生态文化旅游圈建设，发展文化旅游业。五峰区域以发展绿色加工工业和商贸、旅游等产业为主，农业产业化进程较快，主要发展茶叶、烟叶、魔芋、五倍子、生猪等，工业以食品加工、石化、水电业为主，工业立园，发展"飞地经济"，着重发展"农家乐"旅游产业。

10.3.3 "一带四廊"产业空间格局引导

通过以上对"一带四廊"各乡镇及县市区优势资源和产业发展现状的梳理，提出"一带四廊"产业发展空间格局引导如下。

沿江经济带产业空间引导：核心经济区，上段主要包括秭归，主要发展旅游产业；中段是宜昌市中心，主要发展以商贸物流业为龙头的现代服务业；下段枝江沿江带，以省级开发区为载体，围绕精细化工、电子信息、光伏产业等布局发展现代工业。

清江廊道产业空间引导：包括长阳和宜都北部地区。产业发展以水电、矿产、建材、轻工四大工业产业及高山蔬菜、清江水产、魔芋等农业产业为主，旅游业重点发展清江画廊。

香溪河廊道产业空间引导：包括秭归和兴山。产业发展以水电、食品、建材、冶炼化工、纺织服饰等工业产业为主，农业发展柑橘果蔬，旅游打造屈原故里。

沮漳河廊道产业空间引导：包括枝江、当阳和远安。产业发展以机械加工、食品酿造、化工、纺织、建材等为主。

渔洋河廊道产业空间引导：包括宜都大部和五峰。重点发展医药化工、电子、建材、食品加工、能源产业。

10.4 城乡统筹地域模式

根据对国内城镇化发展情况的统计分析，不同地区的城镇化水平差异明显。从全国范围看，关于城乡统筹逐步形成了"苏南模式"、"珠三角模式"、"北京模式"等较为经典的地方模式，各个模式各有特色，也为地方城乡发展提供了较多经验。但"模式"并非"模板"，不同地区的人口分布、发展条件及产业基础等存有差异，因而其城镇化起点、模式和演化路径各不相同，不能机械地照搬。本小节结合宜昌市域实际情况，从行政等级尺度着手，构建市、县、乡三级地域发展模式，融合城镇化发展程度、主导产业选择，以及城乡关联度分析，分别形成不同的道路模式，形成结构合理的地域城镇体系，从空间纵向分析发展模式，使区域的经济、社会、环境协调与可持续发展。

10.4.1 市域城乡统筹发展模式

市域范围内影响城乡统筹发展的因素包括地形地貌、行政区类型、经济发展水平等。宜昌市国土总面积为 21 084km²，地形多样，其中平原占 9.87%，丘陵占 22.71%，山地占 67.42%，且宜昌市域经济发展水平参差不齐，产业发展基础差别较大。因地制宜，基于地形分类和产业基础分析，把宜昌市域分为城乡发展核心区、融合区以及提升区三大区域。

10.4.1.1 城乡发展核心区模式

城乡发展核心区模式主要包括宜昌市中心城区和沿江产业带地区，这些区域在人口分布、经济总量、产业优势等方面均占全市主导地位，统筹城乡发展，适宜实施沿江城镇带重点突破，并大力培育中心镇和特色镇的发展模式。该区域具有很好的工业基础和城市基础条件，农村人口少，发展基础好，在城市化和工业化的驱动下，城市化加快推进。立足城市与农村经济发展现状，重点把握主城区和郊区产业承接与扩散机制，促进城区郊区及城乡结合部等地区的发展，加强城市对农村的反哺作用，以城带乡，以工促农，以长江黄金水道加强联系，加快农村发展，在全市范围内率先实现城乡统筹发展。

（1）中心城区——积极发挥二、三产业带动作用

宜昌中心城市指宜昌主城区，是全市重要的政治、产业和文化中心，是全市经济发展情况最好的区域。该区域城镇化速度最快，是区域城镇职能结构的核心，其功能主要体现在作为区域城镇发展的增长极与城镇联系的枢纽，并要发挥

对区域发展的带动作用。以宜昌中心城区为主体，以沿江经济带为载体，以周边城镇与区域为腹地，突破行政区划，积极发挥二、三产业的带动作用，促进区域和城市之间的相互联系与协作，城市日益壮大，城区主导型模式日益显现，城镇经济对区域的带动性越来越强，为流域县市提供异地就业和城镇化的空间，逐步解决市域人口、就业与发展资源不相适应的矛盾，以城区经济"增量"，带动全市增加"总量"，并形成沿江地区重点突破与流域县市错位互动发展的新格局。

（2）郊区——承接城区现代工业，并积极发展现代农业和休闲旅游业

在构建都市经济带的同时，为形成城市反哺带动农村、互动共荣的激励机制，要加快农村工业化发展，提高基础设施投资力度，加强城市与农村间市场联系，促进各要素自由流动。近、远郊区由于发展基础及接受城区辐射力度不同，产业规划要差别化。近郊区靠近主城区，更易承接产业扩散和辐射，立足城乡结合部，创新体制机制，促进市区企业转移、落户，重点发展现代工业和高新技术产业，同时也配套都市区适度发展绿色农业。远郊区由于距离衰减规律，承接现代工业受限，主要是发展农业和特色农产品加工业，注重环境保护和生态涵养，同时开发休闲旅游业。

10.4.1.2　城乡发展融合区模式

城乡发展融合区模式主要包括宜昌东部平原地区，以及平原和山区过渡地带，这些地方环境容量大，是拓展产业发展空间的最佳地区，该区域工业化率、城市化率较高，但经济发展过度依赖医药化工、装备制造、建材五金等重型工业，产业城市化的质量不高，中心城市的活力不足。该区域地处平原和低缓丘陵区，作为全市乃至全省的农业基地，农业发展优势得天独厚，机械化水平高，农业现代化发展迅速。统筹城乡发展，应该采用以县市为中心，通过与中心城区的互联互通，从而推进农村工业化、农业产业化和农村城镇化的发展模式。

（1）县市——与中心城区互联互动，加快经济结构转型

该区域城乡统筹发展要采取双轮驱动、上下结合的办法实现城乡共同发展。要加强城市建设，提高城市综合带动能力和经济竞争力，抓住宜昌建设省域副中心城市的机遇，积极争取省市政策，通过与核心经济区的互联互动，完善功能，充分发挥地域优势，充分发挥宜昌次中心城市承上启下的功能，承担城区的部分区域职能，通过集聚与规模扩张，发挥在县域农村社会经济发展与农村城镇化进程推进的中心作用。同时，加快经济结构转型，在发展医药化工、纺织、装备制造等传统优势产业的同时，重点布局食品饮料、新型建材、电子材料等新兴产业和新型服务业，构建具有强大辐射力和影响力的产业集聚区。促进城乡协调发展，加快新型工业化步伐，率先实现现代化，让城市真正强大和振兴起来。

（2）农村——发挥农业资源优势，积极发展县域经济

要充分发挥平原地区农业资源丰富的优势，发展特色农业，促进农副产品加工业发展，促进土地流转，做好产业规划，走农业产业化道路，自下而上地促进农村发展和工农互补，成为具有较强辐射带动力的中等城市。宜都、枝江和当阳等东部平原县市是统筹县域城乡经济发展的产业布局重点，加强基础设施建设，布局发展各具特色的优势产业，壮大县域经济，既要参与工业化推进，又要带动传统农业改造，成为执行城乡统筹的中坚力量。立足农业，发展县域，利用农村良好的自身基础，减小城乡差距，加快统筹城乡协调发展的步伐。

10.4.1.3　城乡发展提升区模式

城乡发展提升模式主要包括广大山区和库区，拥有丰富的旅游资源、农业资源和矿产资源，但由于地形地貌限制，城镇布局相对分散，产业发展空间受到限制，城镇体系相对薄弱，人口规模相对较小。城乡发展失衡：从城市来看，工业基础较差，转移农村人口力度有限，城镇化潜力有待挖掘；从农村来看，广大农村经济发展不足，人口压力较大，大量剩余劳动力无法转移，城镇化发展难度较大。因此，统筹城乡发展，要以现有城镇为基础，实现人口在行政区的跨越式流动，建设各具特色的经济区是该地区城镇化发展的有效途径和最优发展模式。

（1）城镇——加快重点城镇发展，提升城市的带动能力

山区和库区的城乡发展要以重点城镇为突破口，依托中心城镇，整合外围乡镇的优势资源，促进城乡经济统筹发展，加快重点城镇发展，尤其是城关镇，集中优势资源促进中心镇优先发展，随着经济的发展、壮大，各生产要素不断溢出，带动外围乡镇发展，并通过中心镇的企业转移或扩张，使外围乡镇承接产业转移和辐射，逐步缩小城乡差距，促进城乡协调发展。在此基础上，迫切需要培育新兴产业促进城乡规模化发展，以城带乡，积极发展乡镇企业，改变小城镇无产业的状况，同时应进一步完善城乡内公共服务设施和基础设施，提升城市的带动能力，使城市逐步强大。

（2）库区、山区——加快农业产业化发展，建设特色经济区

在广大农村发展乏力的情况下，要集中资源，促进县域经济发展。通过重点加强县城农业产业化发展，为农村地区提供全面的生产和生活服务功能，为人口向县城跨越式转移奠定基础，并尽快培育若干支柱性龙头企业，通过其带动能力，形成完整产业链。同时，以三峡库区和山区县为主体，以现有城镇为基础，充分发挥自然资源优势和政策资源优势，建设各具特色的经济区。特色经济区的产处布局重点是旅游产业和绿色产业，促进山区、库区的繁荣发展。

库区是全省主要的柑橘产地，有丰富的旅游资源。要充分发挥资源优势，将

这一区域建设成集现代工程与生态环境于一体的旅游风景区和生态农业保护区，主要生产绿色食品、无污染的轻工电子产业，以及造船业，防止污染，保护库区生态。山区县内山清水秀，拥有丰富的旅游资源、水能资源和铁猛等矿产资源，是全市的茶叶生产基地和旅游重点建设区域。要突出发展旅游业，大力发展高效特色生态农业，加快发展劳动密集型的农产品加工业。

10.4.2 县域城乡统筹发展模式

县域是组成中国经济的基本单元，连接城乡，在解决"三农"问题、促进城乡统筹、区域一体化发展方面的作用突出，县域城乡统筹发展在市、县、乡三级地域中发挥了承上启下的关键作用。宜昌县域经济快速发展，全省经济十强县，宜昌位列四席位，主要有宜都、夷陵、枝江和当阳。宜昌县域发展速度在全省也位居前列，对宜昌来说，县域在国民经济中的作用越来越突出，是经济最有利的支撑。宜昌各县域经济发展的资源基础、交通区位、产业经济等条件差异明显。近年来，宜昌各县域统筹城乡发展，逐步形成了农业带动型、工业主导型、矿产开发型、旅游引导型等发展模式。

10.4.2.1 农业带动型

宜昌是自然环境优越，生态多样性，聚集了一大批对全市乃至全省食品安全有重要影响的粮棉生产大县、果蔬种植大县、水产养殖大县、油料生产大县。这些县域在加快推进农业产业化、提升经济总量的同时，实现了县域城乡统筹发展水平的提高，走出了一条农业产业化带动型的城乡统筹发展模式。

这些农业县域城乡统筹发展的一般路径是农业自然条件优越，特色农产品和劳动力资源丰富，以种养业、水产业、特色农产品或食品加工业为主导产业，通过龙头企业或农村合作社与农民结成利益共同体，逐步推广"公司+合作社+农户"和订单农业，提高农业市场化程度，带动县域经济发展。同时，依托农业化企业，汇集各项生产要素，发挥优势特色，立足农副产品加工，带动就业，增加收入，提升农村经济总量，逐步缩小与城市的差距，实现农村居民的就地城镇化，并引导人口向中心镇集中，增加城镇化率，促进县域经济的城乡统筹发展。农业产业化统筹城乡发展模式适用于当阳、秭归等地处平原或浅丘的县市，以当阳为例，当阳处于郑西山地向江汉平原过渡地带，雨热同季，气候温和，土壤类型多样，是发展农林牧生产的较好场所。利用特色农业优势资源，引进一批国内领先企业落户，集聚龙头企业群体，走农业产业化发展道路。同时，注重对特色产业的发展，建设优势特色产业基地，走"龙头企业带动+自发合作社+农户"

的发展道路，使80%以上的农户进入产业化链条，促进农民增收。企业生产不仅吸纳了大量富余劳动力，同时让有限的土地创造出更多的效益，从而使农村经济得以增长，农村人均收入得到提高。农业产业化提升就业水平和人口集聚，促进城镇化进程。

10.4.2.2　工业主导型

工业是城镇带建设的动力机制。工业化带来的经济增长可为城镇化、城乡一体化建设提供财政支撑，并促进产业、人口集聚，推动第三产业发展，为农村剩余劳动力创造就业机会。宜昌的工业化发展势头强劲，尤其是东部平原所辖县市，区位优势明显、工业基础条件较好，都属于典型的工业主导型县域，并依托良好的产业基础承接主城区经济梯度转移和企业落户，进一步提升工业发展动力，依靠工业产业带动统筹城乡发展。

工业主导型县域统筹发展城乡经济的特征一般是地形开阔平坦，环境容量大，交通便利，靠近中心城区，小城镇发展良好，产业发展基础好，是工业发展的最佳地区。以工业为主导，依托中心城区龙头企业发展上下游关联企业，产品市场占有率高，带动就业，随着工业产业化的扩散和转移，农村劳动力在工商企业就业率提高，使人口集聚，带动住宿、交通、餐饮等相关服务业的发展，中心城镇由此发展迅速，为城乡统筹发展提供充足动力，带动当地城乡快速发展。工业主导模式的城乡统筹发展地区，一般有承接产业转移和扩散的诉求和优势，从而强化中心城镇、重点城镇的工业化和人口集聚。

这种发展模式适宜于夷陵、宜都、枝江等平原和沿江地区，以宜都市为例，宜都位于宜昌南部，长江沿岸，地形以丘陵平原为主，水陆交通便捷，与宜昌中心城区联系紧密，区位条件优越，经济实力较强，工业发达，是典型的工业主导型县域。宜都充分发挥靠近宜昌市区及沿江经济带的优势，主动接受产业、技术和信息等方面的辐射和扩散，承接产业转移，加快本地工业化进程，通过工业产业带动就业，以中心城镇、重点镇主导，吸纳就业人口，推进城乡统筹发展。同时，依托雄厚的财政实力配套道路、水电、教育等公共基础设施，进一步吸引人口和产业的聚集。由工业主导产业扩散，集聚人口，城镇化水平显著提升。

10.4.2.3　矿产开发型

宜昌山区面积广大，受地形和政策影响，山区县域工业发展受限，但矿产资源丰富，依托矿产资源的勘探、生产及销售，促进产品及人员的交流和转移，县域成为物资和人员的集聚、交换场所，开发矿产资源，从而带动经济发展，增加农民收入，缩小城乡差距。农村人口由于矿产开发等劳动密集型产业在县域中心镇集聚，总体来说，这些山区县域主要走的是开发矿产带动县域经济统筹发展的道路。

矿产资源开发带动型城乡统筹发展模式的主要条件是区位优势不明显，受地形或交通等因素的影响，工业发展条件有限，总量经济有待提升。但是，山区矿藏丰富，可利用程度高，开发条件成熟，市场广阔，经济效益好，可以吸纳大量劳动力，适宜发展劳动密集型企业，矿业型产业结构突出，经济发展高度依赖矿业经济，带动周边地区人口的集聚，依托矿产发展新型职工社区，吸纳农村人口转化为工人，解决了大量富足农村人口，推动当地城镇化进程。

这种发展模式适宜于远安、兴山等资源富集地区，以远安为例，远安位于宜昌市东北部，是三峡移民重点安置区之一，地形以低山丘陵为主，水运交通不畅，但境内磷、煤等矿产资源丰富，水能蕴藏量巨大，极具开发潜力。丰富的矿产和水能资源也使远安发展成为矿业型产业主导县域。作为山区县域，远安近年来经济发展主要依托矿产和水电的开发，矿业经济发达，远安走的是矿产资源开发和大型基建项目建设支撑新型社区建设来统筹城乡发展的模式。依托矿产和水电等资源的开发，不断提高总量经济，同时过境高速公路等大型基建项目的建设也给远安带来了一定的征地补偿金，财政收入和征地补偿金为新型社区建设提供了资金来源，通过科学的规划引导人口向社区转移，同时通过农村危房改造，满足农村低收入家庭的基本住房需求，人口由此集聚，带动城乡经济发展。

10.4.2.4 旅游引导型

宜昌旅游资源丰富，颇具地域特色，又融合民族风情和人文古迹，是湖北主要的旅游新兴城市，旅游业已成长为宜昌一些县域的支柱性产业。尤其是广大山区，由于工业发展受限，涌现出了一批以旅游业为主导产业发展经济的县市，依靠旅游业的发展，吸纳人口就业，带动新农村建设，实现县域城乡统筹。

旅游开发主导城乡统筹发展的县市基本特征是地域广阔、环境复杂多样，往往地处山区或少数民族聚居区，拥有丰富的自然旅游资源及人文旅游资源。由于环境所限工业发展不足，以发展旅游业及与其相关联的第三产业或无污染清洁的第二产业为主，打造特色旅游品牌，集聚人流客流，以人口的聚散带动旅游相关产业的发展和壮大，形成旅游业连锁效应，通过旅游业强大的就业带动能力，促进县域人口转移和集中，增加城镇人口数量，使农村得以就地转化为城镇，并借助旅游资源的开发推动新农村建设，双管齐下，带动城乡共同发展。通过旅游产业的发展，带动县域经济总量的大幅提升，同时也为城乡协调进程提供了充足的发展动力。这种发展模式适用于长阳、五峰等海拔高、工业发展受限、生态良好、旅游资源丰富的地区。例如，长阳位于宜昌西南部，是一个集老、少、山、穷、库于一体的特殊县域，境内少数民族聚居，海拔高，山区广，交通不畅，但地属长江上游的清江流域，生态良好，旅游资源丰富。长阳经济发展是三产主导型，工业发展受限，旅游产业发达，城乡统筹上，长阳走的是旅游开发结合下的新农村建设模式。长阳通过综合开发县域优质旅游资源，带活了旅游产业，在强化中心城镇旅游集散作用的同时，形成了一批特色旅游小镇和乡村，获得的旅游收入用于新农村社区建设，实现了新农村建设与旅游开发的结合。旅游业的兴盛发展，迅速扩散至其上下游协调配套的相关产业，产生联动效应，吸纳就业人口，提升就业率，促进县域外围人口向优势地区转移和集聚，使得城乡统筹发展快速推进。

10.4.3　镇域城乡统筹发展模式

镇域是我国城乡发展的基石，上接省、市、县，下联乡、村，可以说小城镇的可持续发展是促进城市与乡村"双轮驱动"协调发展的重要着力点，也是市、县城乡统筹进程的基础承接地。宜昌镇域经济发展迅速，特色小城镇不断涌现，镇域城乡统筹发展模式要因地制宜，结合小城镇自身地域类型、资源优势和产业发展基础，精准定位，走适合自身发展道路。

10.4.3.1　城郊扩展模式

该模式主要针对的是靠近城市中心城区的乡镇，即城郊乡镇，这些乡镇位于主城区和周边乡村地区的中间地带，区位条件独特，不仅受农村城镇化的推动，是农区的重点发展区，而且由于靠近市区，易于接受城市产业和生活的辐射，随着城市的快速扩展，会逐步承接城市功能。随着城市的不断蔓延，交通干线的建设，以及企业外迁，推动一些城郊乡镇从土地利用方式、人口到空间景观都发生深刻变化，逐步由农村向城市转化，城郊乡镇城市化水平迅速提升。同时，近郊区乡镇职能逐步转变过程中产生的征地拆迁问题不容忽视，因为人口转化的同时，农民不可避免地失去安身立命的土地，并带来拆迁安置问题，要注重保障问题，提升补偿水平。

宜昌镇域属于城郊扩展模式的乡镇主要有宜都姚家店、枝江董市、远安旧县、秭归县太平溪、乐天溪，以及长阳磨市等地处城乡结合处的乡镇。现以姚家店镇为例予以阐释。

宜都姚家店紧邻中心城区陆城，区位地理位置优越，积极对接陆城主城区，做好市区扩建增容承接准备，接受主城区职能扩散，加快本地城镇化转化。中心城镇结合宜都交通网络建设，配套建设城镇主干道，扩大中心集镇规模，逐渐融入主城区。近郊村积极迎接宜都主城区骨架拓展，并结合姚家店工业新区建设，接纳中心城市外迁工业，促进城乡生产要素流动，打破城乡经济分割，承接产业转移，同时积极扶持本地企业，在基础设施、产业布局等方面逐步实现与主城区一体化，依托龙头企业，吸纳农村剩余劳动力，增加农民收入。远郊村则逐步试点示范，推行"企业+合作社+基地"的生产模式，依托专业合作社，搞活土地流转，促进农业集约化和市场化，以发展旅游和生态农业为主，逐步解放农村劳动力。姚家店在企业落户过程中，将拆迁与安置统筹考虑，妥善解决失地农民和被拆迁群众的生活出路和就业问题，充分发挥当地企业吸纳就业能力，重点做好被征地农民职业技能培训，多渠道增加就业岗位，鼓励农村劳动力向第二、第三产业转移。

10.4.3.2　以城带乡模式

该模式适用于依托中心城镇和工业园区发展的农村地区，镇域整体发展情况较好，工业发展基础雄厚，以工业园区引领镇域工业发展壮大，提升镇域经济，吸纳农村剩余劳动力，提升农民非农化就业水平，促进人口向城镇集中。同时，借助征地拆迁，建设产业新型社区，促进土地向规模经营集中，多种形式进行土地流转，推动农业走规模化和产业化道路，同时依托农业资源，对工业集中区供应生产所需原材料，促进农村发展，提升农民收入。

宜昌镇域属于以城带乡模式的乡镇主要有枝江白洋、兴山峡口、长阳贺家坪、远安洋坪、茅坪场、枝江七星台，以及当阳庙前等依托中心集镇和工业园区发展的乡镇。现以枝江市白洋镇为例予以阐释。

枝江白洋地处宜昌东郊，枝江西部，长江中游北岸，与宜都隔江相望，属典型小丘陵地形。为更好地推进沿江经济带整体突破，2013年白洋移交宜昌高新区整体托管，在白洋镇建设宜昌国家高新区白洋工业园，重点发展精细化工、新材料、先进装备制造等产业，国家级工业园区的落户为白洋镇带来更大的发展机遇和强大的发展平台，助推镇域经济跨越式发展。依托国家高新区的政策体制优势，白洋镇产业集群集聚效应进一步显现，随着入驻企业和工业项目的增加，带动了镇域就业人口的提升，吸纳大量本地剩余劳动力，增加农民收入。随着整体托管宜昌高新区，征地拆迁工作会持续促进土地流转，为农业集约化、机械化生产提供了保障，新农村建设会释放更多的农业劳动力。另外，安置房、保障房等产业新城建设项目将进一步促进农村剩余劳动力向城镇的集中，使农民市民化，促进镇域城镇化进程。白洋依托国家工业园区将成为宜昌市打造沿江万亿经济走廊的重要基地，产城互建，实现从单纯的建工业园区到造一座工业新城的历史性转变。

10.4.3.3 村企共建模式

该模式适用于镇域与农业生产联系较为紧密的企业，影响范围较大的行业龙头企业，依托龙头企业发展镇域经济，企业规模扩大，其配套及综合性产业不断吸纳当地劳动力，这是一种典型的新农村建设模式。主要是采用企业与村镇共建模式，产镇融合，建立生产基地，企业依靠农村提供原材料并吸纳就业人口，农村剩余劳力进入企业，由农民变为工人，提高农民收入水平，就地转移，提高城镇化水平。

宜昌镇域属于村企共建模式的乡镇主要有夷陵区龙泉镇、五峰县采花乡、宜都市红花套镇、枝城镇、远安荷花镇，以及秭归县茅坪镇等拥有较大的龙头企业的乡镇。现以夷陵区龙泉镇为例予以阐释。

龙泉位于宜昌东部夷陵区，地形以丘陵为主，靠近宜昌主城区和长江三峡大坝，区位条件优越，交通便利，经济发展迅速，其综合实力已多年位列湖北省经济十强乡镇，优越的发展条件也为企业提供了良好地成长空间。在龙泉镇兴盛繁荣了一大批企业，这其中，最具行业引导力和区域带动力的非稻花香集团莫属。稻花香在龙泉镇发祥、成长和兴盛，集团以白酒为主导，通过前向和纵向产业联系，延伸上下游产业链，现已集食品加工包装、绿色农业、物流开发和房地产等于一体。依托夷陵区丰富的农业生产资源，进行稻米、玉米等农产品种植及产品深加工，以"企业+基地+农户"的合作方式，将当地农户转为产业工人，实现村企共建，实现产城融合。同时，稻花香集团下属的与白酒配套发展的相关产业，以劳动力密集产业为主，提供就业机会，吸纳了大量当地农村剩余劳动力，增加了农民收入。龙泉根在稻花香、兴在稻花香、梦在稻花香，举全镇之力支持稻花香集团发展壮大，充分发挥稻花香集团在提升镇域经济总量和转移农村剩余劳动力等方面的突出作用，以配套企业发展提升全镇的生产、生活和服务设施水平，依靠龙头企业的核心辐射和带动作用，村企共建，产城互融，快速提升城镇化水平。

11 济宁：都市区的中心−外围结构

济宁都市区是济宁发展的核心地区，包括济宁、兖州、邹城、曲阜、嘉祥 5
个市县，集中了三座历史文化名城、两个全国百强县、四大千亿级产业集群、六
个过百亿企业。济宁是典型的"弱中心、强县市"都市区，中心城区对周边区
县的统筹带动能力较弱，较大程度上制约了都市区的一体化发展。本章节重点分
析济宁都市区中心−外围结构下的产业发展，概括出济宁产业发展的基本特征与
核心问题，明确都市区产业发展方向的基本要求；探究都市区主要资源开发潜力
与主要产业市场环境，识别各类产业发展趋势；分析产业空间格局与地区间协调
问题，把握都市区产业空间构建的现实需求。

11.1 基本特征与核心问题

济宁自然资源丰富，工业经济发展比较显著，目前已进入工业化中期发展阶
段。济宁在山东与淮海经济区的经济地位排名比较靠前，但总体来说，经济发展
地位在不断下降；产业结构老化，产业链条较短，产品结构层次较低，需要摆脱
对资源的高度依赖，借助先进生产技术实现优化升级；产业集群不明显，新兴产
业发展不突出，现代服务业发展比较落后，缺乏龙头企业的带动，急需壮大传统
产业，明确新兴产业发展目标；在产业的空间组织上，都市区已成为济宁经济发
展的空间主体，为解决产业发展中的突出问题，必须在都市区范围内实现统筹
突破。

11.1.1 工业化中期发展阶段

根据工业化阶段理论判断，济宁已处在工业化中期阶段。改革开放以来，济
宁二三产业产值占地区生产总值的比重持续增长，第一产业产值所占比重急剧下
降，1992 年第二产业成为比重最大的部门，1995 年第三产业产值比重所占比首
次突破第一产业产值比重，三次产业结构由"二一三"演变为"二三一"。
济宁是一个资源大市，煤炭、稀土、水资源储量均比较丰富，同时济宁又是
山东省政府确立的六大工业城市之一，工业发展具有优越的宏观政策环境。但

是，目前济宁的工业经济结构以资源采掘、粗加工和技术含量低的传统产业为主，对资源的消耗程度较高，产品结构的层次较低，在新的国际国内经济形势下面临严峻的考验。济宁与山东枣庄、东营等资源型城市相比，第二产业的产值比重相对较低，工业经济迫切需要改革提升。

济宁市是典型的"二三一"工业型经济结构，第二产业产值比重最高，工业经济发展显著；2000 年以来济宁的 GDP 和人均 GDP 保持较快速度增长，经济发展总体居于较高水平；但是，济宁工业经济发展中也面临资源依赖度高、发展水平较低等问题，需要提升工业经济发展层次。

11.1.2 产业总量地位下降

总体来说，济宁的产业发展地位有所下降。1990～2011 年济宁的地区生产总值在山东的排名没有发生改变，但工业总产值的排名下降幅度较大。在历史上，京杭大运河的南北贯通为济宁带来了发展繁荣，济宁曾被誉为"江北小苏州"，交通优势及丰富的资源优势使得济宁在鲁西南地区保持了较高的经济发展地位。但是，改革开放以来，随着山东沿海城市的开放开发，青岛、烟台等城市快速发展，加上京杭大运河的地位衰退，使得济宁的经济发展地位有所下降。1990～2011 年，济宁市 GDP 在山东的排名始终保持第 6 位，总体来说比较靠前，但是工业总产值的排名急剧下降，从 1990 年的第 6 位下降到了 2011 年的第 13 位，工业经济发展地位面临严峻挑战。第三产业增加值的地位也稍有下降，需要不断发展第三产业。

济宁地区生产总值在淮海经济区的排名比较靠前，位居前三位，但工业总产值的排名 1990～2011 年有所下降。淮海经济区于 1986 年成立，由江苏、山东、河南和安徽 4 省 14 个地、市组成，目前已发展到 4 省的区域简图 20 个地级市，包括江苏的徐州、连云港、淮安、盐城、宿迁；山东的菏泽、济宁、临沂、枣庄、日照、泰安、莱芜；安徽的淮北、宿州、阜阳、蚌埠、亳州；河南的开封、商丘、周口，共有 97 个县（市）、51 个区。济宁在淮海经济区的总体地位虽说比较靠前，但距离徐州发展现状仍有较大差距。2011 年济宁的第三产业增加值在淮海经济区的排名也稍有下降。

总体来说，济宁市在山东省、淮海经济区的经济地位总体居于前列，但是工业总产值指标下降速度较快，对于济宁这样一个工业城市来说，工业经济是其生产总值的主体和支撑，必须保持工业经济的战略优势地位。济宁第三产业发展不足，第三产业增加值也有所下降，未来济宁必须统筹二三产业的发展，弥补不足，保持在山东、淮海经济区的优势地位。

11.1.3　产业结构单一老化

济宁是典型的资源型城市，产业发展高度依赖煤炭，产业结构比较单一。产业结构反映了各产业的构成及各产业之间的联系和比例关系，各产业部门的构成及相互之间的联系、比例关系不尽相同，对经济增长的贡献大小也不同。济宁煤炭资源丰富，占山东省的一半以上，造成了煤炭行业发展优势明显，产值比重较高。2001~2004年，煤炭行业的产值比重一直保持上升状态，2004年达到了40%之多；2005年以来，煤炭行业的产值比重虽然有所下降，机械行业的产值比重上升，但总体来说，煤炭行业的产值比重仍比较大。2005~2011年，煤炭开采和洗选业的利税值占主要工业部门利税值的绝大部分，达到50%左右。可见，济宁对煤炭资源的依存度仍比较高。

目前，济宁的产业发展仍然高度依赖煤炭，产业结构比较单一。煤炭产业的发展主要停留在开采挖掘层面上，产业结构老化，缺乏经济发展的推动力。随着煤炭资源总量的减少，必然带来经济发展的威胁。轻重工业比例失调不利于济宁产业的转型升级；国有及集体控股企业比例过高，造成济宁产业发展活力较差。

11.1.4　上下游产业不平衡

目前，济宁的各行业普遍是上游产业较多，下游产业发展较弱。上游产业多为一些基础性产业，门槛要求低，技术含量较低，下游产业产品则是那些深加工产品，对技术的投入也较多，附加值也较高。济宁的工业发展历史虽久，但是总体来说还停留在上游产品的生产制造上，技术水平较低。目前，济宁的工业企业基本上形成了煤炭–电力燃气–化工化纤–橡胶塑料–医药产业链、机械–设备–仪器产业链、纺织–服装、鞋帽产业链、造纸–印刷、文教用品产业链。

目前，济宁的产业链条偏短，而且上下游发展不平衡，主要以煤炭、机械、纺织、造纸等传统性行业为主，医药化纤、通信电子、高级服装、文教用品等高附加值、竞争力强的行业类型发展薄弱。为适应产业发展面临的严峻环境，在经济发展中有所突破，济宁必须不断延伸产业链，提升下游产品的发展水平和质量。

11.1.5　产业集群发展薄弱

目前，济宁市的产业集群发展较弱，缺乏经济实力较强的大中型企业的带动。对于一个地区而言，形成一批有较大影响力的产业集群，可以有效地拉动区域经济发展、提高产业竞争力、实现跨越式发展。济宁资源丰富，工业发展历史悠久，发展基础较好，工业对国民经济的推动产生了较大的作用，但是目前济宁工业企业的发展规模普遍偏小，经济实力较弱，竞争力不足，难以与国内其他大型工业企业相抗衡。今后济宁需提升传统型、发展基础较好的煤炭、机械、纺织、造纸等产业发展水平，增强其发展实力，发挥龙头企业的带动作用。需要不断壮大本地的工业行业规模，实现产业集群，壮大本区经济发展实力。

11.1.6 新兴产业没有特色

济宁新兴产业发展重点不突出，特色不鲜明。"十二五"拟投资的新兴产业项目面面俱到，套用国内其他地区的发展模式，新兴产业项目没有突出济宁的本地特色。以新能源产业为例，规划建设项目涉及光伏产业、LED、光热、清洁煤的利用等行业，但事实上，目前我国国内光伏行业已处于饱和状态，市场前景不容乐观。新材料产业同样是包括了电子、纺织、精细化工、生物基、高性能金属、建工、稀土等多种类型，没有结合目前济宁的产业发展类型和基础，发展类别众多，没有考虑自身技术方面的约束。

目前，济宁的新兴产业项目缺乏特色、重点，未来济宁必须结合自身优势与发展基础，突出新兴产业的发展重点，突出本地特色，不断壮大新兴产业发展规模，提升发展层次。

11.1.7 现代服务业发展慢

济宁资源丰富，第二产业发展显著，产值比重较高，但是现代服务业发展比较落后。济宁第三产业中批发零售、交通运输、仓储和邮政业、公共管理等传统型服务业的增加值占第三产业增加值的较大比重，约为占第三产业增加值的53%，这些传统型的服务业发展层次较低，门槛要求较低，未来市场发展前景不太好；济宁金融、信息、文化、创意、信息传输和软件业等较高层次的产业类型增加值比重较小。此外，济宁机关事业单位，包括公共管理和社会组织、教育等单位吸收了58%的第三产业就业人员。而商务服务业、住宿餐饮、房地产业等行业对劳动力的吸收能力明显较弱，表明济宁商务服务、房地产等行业的就业吸纳力较弱，发展比较落后。现代服务业发展不足严重影响都市区产业结构的优化升级，不利于经济发展地位的提升，未来济宁必须加强现代服务业的发展，适应现代社会的发展需要。

11.1.8　产业发展集聚五市

济宁产业发展高度聚集济兖邹曲嘉。都市区范围包括济兖邹曲嘉 5 个县市，这 5 个县市资源丰富、地理位置优越，历史悠久，产业发展基础较好。济宁的煤炭资源主要集中在邹城、嘉祥、兖州等市，这些地区的工业基础较好；曲阜的人文旅游资源优势独特，是济宁旅游业发展的支撑。都市区区域总面积为 4879km^2，占市域总面积 46%，2011 年总人口为 450 万人，占全市总人口 52%。国内生产总值为 1876 亿元，占全市 67%，财政收入为 160 亿元，占全市 77%。都市区的工业总产值和第三产业增加值分别占市域的 78%、72%。

济宁的产业发展高度集中在都市区范围内，其发展基础良好，具备良好的发展条件，未来济宁的发展重点也集中在都市区范围内。未来济宁的经济发展迫切需要在都市区主要空间内实现统筹突破，以解决产业发展中的突出问题，加速工业化发展进程。

总之，济宁市产业发展高度集聚济兖邹曲嘉，其人口、面积、地区生产总值等指标均占到济宁的一半左右。就各工业行业发展状况而言，都市区集聚了济宁80% 左右的产值，未来济宁要想获得突破发展，必须在都市区范围内实现统筹突破。

11.2　产业趋势与资源潜力

11.2.1　煤炭开发步入中晚年期

煤炭产业是济宁的支柱产业，但是目前济宁煤炭已进入中晚年开发期，过度依赖煤炭发展经济已不再现实。济宁是山东最大的煤炭生产基地，也是华东地区乃至全国重要的煤炭城市和能源基地。全市含煤面积 3920km^2，占境内国土总面积的 36% 以上；已探明的煤炭资源可采储量为 140 亿 t，占全省的 53% 以上。目前，济宁煤炭产量已进入平稳期，2004 年以来煤炭产量变化不明显。济宁煤炭预计经济可采出量 30 亿 t，按目前的开采速度，煤炭产业仅能维持 30 年左右，过分依赖煤炭资源无疑不利于济宁的长远发展。

济宁"十二五"的煤矿规划项目，建设规模缩小，明显低于"十一五"结账项目。目前，兖矿集团已在澳大利亚、加拿大等国家部分煤矿收购矿权，并提出今后煤炭产量增长将主要来自国外和省外，此外兖矿集团的能源供应从煤矿到铝土矿、钾矿不断延伸，正在向综合资源供应商转变，而不是单一的依赖煤炭资源。

济宁的煤炭就地转化率较低，仅有39%，其中电力和制造业各消耗22%、17%，主要用于电力事业，大量的煤炭资源外运出去，而不是用于本地经济的发展，造福本地。对于一个煤炭丰富的资源型城市来说，济宁应当充分利用自身资源优势发展深加工行业，大力壮大本土经济实力。今后济宁必须延伸煤炭产业上下产业链条，提升煤炭资源利用价值，告别"煤炭依赖症"，走出一条"依靠资源起步、凭借转型跨越"的科学发展新路。

11.2.2　煤化工多为基础化工品

目前，济宁的煤化工的产品结构还处于低端状态，有待进一步提升。国内煤化工产业链已较为成熟，目前国内的煤化工产品已涉及了洁净能源的生产，生产天然气、燃料乙醇等，符合国家未来能源发展的方向；另外，一些精细化工产品的生产，如乙烯、甲醚等也比较成熟；合成树脂、橡胶、纤维等化工产品也已经与煤炭深加工相挂钩。但是，济宁的煤化工产品还停留在焦炭、煤焦油、甲醇、合成氨等低端层次上，需要加速升级，延伸产业链条。

济宁化工行业的产值主要依托于原料及化学制品的制造，化学纤维制造业发展层次较低。2009年，徐州的化学纤维制造业产值达到5.22亿元，化学原料制造为252亿元，济宁2011年的化学纤维制造业的产值仅为5337万元，仅占徐州市2009年的1/10左右，同样低于菏泽的化学纤维业产值。可见，济宁的精细化工行业发展不足，未来需要加强发展。

济宁煤炭储量有限，而目前济宁的基础化工产业对能源的要求强烈，两者之间矛盾突出。和国内产煤大省山西省相比，2005～2010年山西的原煤产量增长率超过1000%，而济宁市仅为400%左右，原煤产量的增长速度明显放缓；并且自2005～2010年以来，济宁的基础化工产品，如合成氨、化肥、尿素、甲醇等年均增长率均比较低，明显低于产煤大省山西，部分产品如合成氨、甲醇等的年均增长率甚至呈现负增长。可见，未来济宁的基础化工生产前景不容乐观，必须调整产品结构，向精细化工产品生产方向转变。

目前，济宁的煤化工产业主要集中在基础化工等低端产品的生产上，产业链条较短，精细化工发展严重不足。基础化工行业的产能消耗过大，而济宁的原煤产量已经入平稳期，未来济宁市的基础化工难以实现规模生产，因此都市区的煤化工应向精深加工、煤气化、煤液化等新型煤化工、橡胶化工等方向发展，不断延伸产业链条，拓宽未来发展市场。

11.2.3 工程机械业产品层次低

济宁工程机械产业基础较好，已成为国家级工程机械生产基地，有小松山推、小松叉车、吉利汽车、伊顿液压、山矿机械、山拖农机等多家大型工程机械企业。但是与国内其他大型工程机械行业相比，济宁工程机械行业的发展实力还比较弱，主营业务收入、出口额等相对于国内其他大型工程机械行业来说比较低。

济宁的工程机械产品主要集中在工程机械、重型汽车、农业机械、船舶制造及零配件的制造等方面，产品层次较低，未来市场潜力较小。目前，国内工程机械行业的产品已涉及大中型轻简化机器、中高档智能机械及专用机械等多种产品类型，正在向智能化、多元化、高端化方向发展，而济宁的工程机械产品链还比较短，以通运设备和机械零部件的生产为主，未来工程机械行业需要不断研发新的产品，以寻求更广阔的市场。

济宁山推股份有限公司是济宁市工程机械行业内唯一一家上市企业，公司业绩主要依赖于推土机及工程机械配件业务，压路机业务及挖掘机销售业务贡献率较小，2010 年推土机业务及配件业务占比为 36%，是公司的两大业务支柱。但是，山推股份的营业收入与国内其他大型工程机械行业相比，发展实力还比较弱。

11.2.4 农产品加工行业缺龙头

济宁农产品加工业规模较小，以粮棉油肉等大宗产品的加工为主，发展层次较低。目前，国内食品加工行业的下游产品已涉及了保健食品、营养品、药物提取等高附加值、高利润、市场前景广阔的行业门类，而济宁的食品加工业还停留在较低层次阶段，以初级加工、食品制造、饮料制造为主，生产的产品以肉类、方便面、饼干、乳制品等技术要求低，附加值低的产品为主。未来济宁的农副食品加工需引进先进技术与设备进行升级改造，延伸产业链条，不断提升产品的附加值。

目前，济宁农副食品加工业的个数较多，但规模较小，从业人员数量较少，主营业务收入与利润额都比较低。2010 年，济宁与临沂相比，农副食品加工业的个数相差 100 左右，但是从业人员个数相差 3 倍左右，主营业务收入仅为临沂市的 1/4 左右，利润总额为临沂市的 1/2 左右。

目前，济宁的农副食品加工业仍旧停留在大宗产品的初级加工上，没有形成完整的产业链条，下游产品类型较少，农产品的附加值偏低。食品行业未形成规模化、品牌化生产，没有打开国际市场，缺乏龙头企业的带动，整体的区域地位下降，难以承担都市区主导产业的作用。

11.2.5 医药行业多为基础药物

济宁的医药产品以基础药品为主，层次较低。目前，国内医药产业链已较为完善，已生产出适应现代社会发展的新型医药产品。医药行业的下游产业产品涉及了生物技术药品、新型生物材料，包括高活性生物菌、生物杀虫剂、PHA 等，还有适应城市"三高"人群用药的心脑血管药物，适应城市综合征用药的药物，这些产品在未来的市场前景较好。但是，济宁的医药产品以抗生素、医药中间体、制剂等为主，基础药物的产值相对较低，难以开拓更加广阔的市场。

目前，济宁的医药产业发展面临瓶颈。2005～2007 年，济宁的医药行业个数大幅度增加，增加了 20 家企业，同时医药行业总产值、主营业务收入、利润、利税总额等经济指标也大幅度增加；但是自 2007 年以来，济宁的医药行业个数基本没有发生变化，2008 年甚至出现减少的局面，总产值和主营业务收入等经济指标也基本没有变化。可见，产品结构单一，产品层次较低使得济宁市的医药行业发展遭遇困难，为适应新的市场环境，在医药市场中立足，济宁必须加快调整生产结构，大力发展先进科学技术，研发新型医药产品，寻求广阔的市场。

山东鲁抗医药股份有限公司是济宁市大型的综合化学制药企业，国家重要的抗生素生产基地。公司产品主要产品有人用药、动植物药等 500 多个品种，主要包括青霉素、氨苄西林、阿莫西林等半合青原料药与制剂，以及头孢菌素原料药与制剂系列。鲁抗医药也是济宁市五大上市企业之一，但是和国内其他上市的医药企业相比，鲁抗集团在国内医药行业的发展实力还比较弱，未来需要壮大升级。

总之，目前济宁的医药行业发展层次还比较低，产品类型处在医药行业产业链的最低总之，目前济宁的医药行业发展层次还比较低，产品类型处在医药行业产业链的最低端，龙头企业的发展规模较小。未来济宁需不断提升发展层次，壮大龙头企业，积极发展基因药物、生物材料、现代中药和制剂等新兴生物医药产业，不断开阔广阔市场，提升自身发展的竞争力。

11.2.6 纺织行业在产业链低端

济宁的纺织行业主要以初加工为主，产品结构处在产业链低端，有待进一步升级。济宁的纺织行业产品还停留在棉纺织等基础产业的层次，较高层次的产业类型只涉及了家纺生产和服装生产，而且品牌效应不明显，产品的附加值比较低，未来需要开拓新的市场，研发新的产品类型。

目前，济宁的纺织产品出口增长缓慢，国外市场空间已经很小。2005～2010年，济宁轻纺产品出口额有所上升，但上升的幅度很小；纺织品出口额上升也较缓慢，各种服装的出口额最低，几乎没有发生变化。当前阶段，人民币升值、出口退税下调、原材料、运输成本上涨、劳工涨价等众多因素导致我国纺织品出口受困，纺织品行业需制定应对策略，从根本上讲，需提高产品的附加值，提升技术含量和设计水平，建立属于自己的设计品牌。

目前，济宁的纺织产业技术创新走在国内前列。济宁如意毛纺集团主业为毛精纺呢绒的生产、销售，现有年产精纺呢绒 800 万 m 的毛精纺、织、染生产线，主导产品"如意"牌精纺呢绒畅销全国各大中城市和知名服装企业，得到广大消费者的信赖。2009 年 1 月，山东如意获得科技部颁发的科技进步一等奖，这是国内纺织行业首家公司获此殊荣。如意自主创新的"高效短流程嵌入式复合纺纱技术"受到世界关注，中国纺织界拥有了一项世界上独一无二的新技术。如意集团利用"如意纺"不可复制的技术优势，集中精干力量，发展高端精纺呢绒，把技术品牌、商业品牌转换成实际的经济效益，充分利用目前稀有的可纺动物毛为原料，制作不可复制的稀有产品，提高产品附加值和盈利空间。

总体来说，如意集团的发展实力还是比较弱。与国内其他大型纺织企业相比，济宁如意的营业收入明显较低，增长率较为缓慢。

目前，济宁的纺织行业发展层次还比较低，产品类型处在产业链低端，产品的附加值比较低，行业发展得规模较小，龙头企业的带动性不强，但是济宁纺织产业的技术创新走在国内前列。未来济宁市要想壮大本地纺织行业，提升产品的附加值，必须加速高新技术化的转化应用，完善产品类型，应对市场需求，积极发展精纺功纺等新型纺织业。

11.2.7 造纸行业发展仍需升级

济宁的造纸行业发展基础较好，走在国内造纸行业的前列。目前，济宁的造纸行业产品有文化用纸，包括新闻纸、印刷书写纸、中高档涂布白纸板等，工业用纸有纸盒和瓦楞纸箱等，产品层次水平较高，处在产业链的中下游。造纸行业的经济效益比较乐观，近年来济宁造纸行业的工业总产值、主营业务收入、利润总额、利税总额等都不断增加，行业规模在不断扩大。

但是，不可否认的是，济宁的造纸行业所带来的污染现象比较严重。造纸工业是传统工业中的环境污染大户，造纸废原料的排放带来固体废弃物污染，影响水质，危害居民生活。另外，造纸带来的水污染的现象也比较严重，兖州80%的污水由造纸企业产生。由于目前济宁的造纸行业数量较多，比较分散，小型规模的造纸企业多。这些小型企业的经济实力较弱，不足以安装污水处理设备，即使安装可能由于花费较高也存在停用的现象。济宁兖州身处淮河流域和南水北调工程沿线，是污染防治的重点单位。济宁应积极利用国外环境整治的经验和先进技术，树立低碳环保性企业，实现经济效益与环境效益的双丰收。

总体来说，目前济宁的造纸行业发展基础较好，产品层次较高，龙头企业规模优势、产品优势明显，林浆纸一体化和国际化步伐较快，带动性较强，但是存在的问题是环境污染现象比较严重。未来济宁造纸行业要积极向功能纸业和清洁纸业方向发展，引领国内造纸行业升级。

11.2.8 旅游产业资源优势突出

济宁旅游资源丰富，以人文旅游资源为主，自然旅游资源特色鲜明。既有博大精深的儒家文化，又有万世敬仰的始祖文化；既有融南汇北的运河文化，又有忠义刚烈的水浒文化；既有神秘莫测的佛教文化，又有英勇传奇的红色文化。现有国家级重点文物保护单位19处，省级95处，市级167处。总体可以概括为一条大河：京杭运河，流经济宁230km。两座古城：东方圣城曲阜和孔孟故里邹城，都是国家历史文化名城。三孔遗产：孔府、孔庙、孔林，是国家首批5A级景区。气势恢弘、文物荟萃，是全国三大古建筑群之一，被联合国教科文组织命名为"世界文化遗产。四祖诞辰：伏羲氏、轩辕、少昊、舜，据考证都诞生在济宁。五大圣人：孔、孟、颜、曾、子思，开启了中国儒家思想文化的先河，半部论语治天下；六大节庆：曲阜孔子文化节，是有国家旅游局和山东省政府共同举办；邹城母亲节，汶上太子灵踪文化节、微山荷花节、梁山水浒文化节、鱼台孝贤文化节，都是有省旅游局和济宁市政府共同举办。七大精品：儒家圣地文化游、孔孟故里修学游，运河文化体验游，佛都祈福游、梁山水浒习武游、微山生态休闲游、泗水休度假游，每年吸引大量游客。济宁共有AAA级以上景区21个，占山东省的43.75%。

济宁文化旅游业面临难得的发展政策环境。济宁的文化旅游资源作为我国传统文化的代表，得到国家的重视。十七届六中全会提出，要建设优秀传统文化传承体系，推动中华文化走向世界，推动文化产业成为国民经济支柱性产业，这一政策为济宁的文化产业带来了契机。山东也高度重视济宁市文化旅游业的发展。"十二五"文化改革发展规划中将孔孟文化、鲁国文化、运河文化、大汶口文化都列入了山东的文化品牌。

11.2.9 旅游产业开发空间很大

济宁的旅游产业发展比较落后，与其文化旅游资源品质不符。2000年以来，济宁的旅游收入占山东的比重上升不明显，总体来说比较低。济宁共有AAA级以上景区28个，占山东省主要旅游城市的16%，但旅游人数和总收入仅分别占7.9%和7.3%。

和山东的其他旅游城市相比，济宁的旅游产业发展明显比较落后。济宁AAA级旅游景区28个，高于烟台、济南、泰安等市，但是旅游总收入却低于这几个地区。

济宁各景区形式比较单一，娱乐设施少，文化生活不配套，旅游资源开发利用不够充分，缺乏深层次的开发。除三孔六艺城论语碑苑等开发程度较好外，其他一些旅游资源忽视了其背后许多潜在的内容和价值，造成资源的浪费。大多数属于观光型的产品，缺乏相关的参与性活动，能延长游客驻留时间的具有特色的休闲旅游产品较少，尚未实现"食住行游购娱"六要素协调发展。此外，修学游、民俗游、生态游、乡村游等开发层面较浅，产品缺乏特色内涵，没形成档次较高的品牌产品，以至于"东文西武，南水北佛，中古运河"的旅游框架竞争力不强，旅游资源开发的深度不够阻碍旅游资源的整合。

总之，目前济宁的旅游资源开发还不足，旅游产业链较短，参与性项目较少。未来济宁要想壮大旅游经济，需要向度假游、体验游、教育游等新型旅游转变，充分开发自己独特的旅游资源，开拓创新，形成自己的发展特色。

11.2.10 文化产业仍需重点突破

济宁的文化产业发展较落后，缺乏重大文化产业项目。济宁文化资源丰厚，具备发展文化产业的优良基础，但是目前济宁的文化产业项目主要以一些晚会、博物馆、文化园为主，缺乏高层次的文化创意项目。我国一些文化产业发展比较好的城市文化产业项目比较多，如广播影视、软件服务、文化创意、出版等高层次的项目，但是济宁的这些项目发展比较落后。

与省内外中心城市比较，济宁文化产业的优势在于文化资源的崇高地位和现实活力，当前的缺陷在于缺乏重大文化产业项目，未来济宁可重点选择文化演艺、影视动漫、教育培训产业，带动展览、体验、创意、出版等产业，打造面向世界的儒家文化产业高地。

11. 2. 11 国际商务发展环境良好

济宁的国际商务面临良好的发展环境。中国经济的快速发展为中国企业"走出去"奠定了必要的基础和条件。目前，我国改革开放正处在深化时期，国家鼓励企业走向国际化。2005 年以来，我国对外直接投资流量迅速增加，国家鼓励企业"走出去"为济宁市国际化提供了良好的宏观环境。目前，我国正处于市场国际化提升质量，资源、生产国际化起步阶段，山东的国际化水平走在前列。2011 年山东的投资额仅次于浙江的投资额数量。

济宁工业基础较好，发展历史悠久，已具备一定的国际市场份额。目前，济宁的机械设备、纺织、橡胶制品、化工产品出口增长迅速；济宁矿产资源丰富，采矿、制造业等是对外直接投资的主力。济宁的兖矿集团已在国外收购矿权，并不断推动大宗进出口商品企业建立境外营销网络，拓展对外承包工程，推进劳务合作。山推股份、圣润纺织等企业也在国外建立了工厂；太阳纸业、如意集团等企业在国外建设项目，不断开拓国际市场。总之，目前济宁的产业国际化步伐在不断加快，未来要求济宁培育国际化的管理、培训、网络、营销职能，不断提升济宁产业的国际化水平，提升产业的国际竞争力。

11. 2. 12 物流商贸发展前景广阔

济宁具有发展物流商贸业的优越区位条件。济宁地处苏鲁豫皖交界处，南接徐州，北临济南，东靠日照港，位于淮海经济区中心地带，区域位置优势明显，具有建成鲁西南地区货物配载、现代仓储和商品集散地，进而形成辐射苏鲁豫皖区域性物流中心的有利条件。济宁是鲁西南主要的交通枢纽城市，现已形成完备的水运、公路、铁路、航空等综合运输体系。济宁历史上曾经是一个商贸流通业十分发达的城市，在运河繁荣时期，是"百物聚处、客商云集、南北通衢、不分昼夜"的水运基地。目前，京沪高铁在曲阜市设立站点，京福、日兰高速公路在此交汇，兖石铁路、104 国道、327 国道在此穿越，便捷的交通会把济宁打造成重要的高速交通枢纽，拥有得天独厚的区位优势。

2000 年以来，济宁的批零贸易业零售总额不断增长，但济宁亿元以上大型商品交易市场数量占山东省的比重下降，2010 年所占比重不到 5%，商贸企业发展滞后，但前景广阔。

2007 年以来，济宁的货物周转量迅速增加，但是与临沂、菏泽、潍坊等市相比，济宁货物物流增长迅速，但货物周转量地位弱于商品发生量地位，物流产业相对落后。

11.3 产业布局与地区格局

11.3.1 产业布局现状

济宁都市区产业布局是历史发展的结果，有着一定的合理性，同时也存在一定的问题，如产业布局不平衡、各地新兴产业的雷同发展、旅游产业的东重西轻、物流园区的扎堆建设等。但都市区各地产业的合作与分工正在加强，产业发展正在走向一体化。

11.3.1.1 产业分布不平衡

总体上，济宁都市区产业布局不平衡，呈现济兖集中、周边分散的特征。中心城区和兖州产业分布较集中、优势产业突出、结构较为合理，其他地区产业分布相对分散、产业结构单一。济宁中心城区、兖州两地工业总产值占都市区的一半以上，在都市区的比重达到64%。在12个主要行业中，中心城区和兖州的排位都列在前三，且多数位于前两位，中心城区的机械设备和食品制造等、兖州的造纸和橡胶化工等在都市区内都占绝对优势。邹城工业总产值在都市区的比重达到24%，工业实力强，但结构不甚合理，对煤炭资源过于依赖，煤炭电力产业占绝大比例。嘉祥和曲阜两地工业总产值仅占都市区的12%，产业规模小，整体较弱，在12个主要行业中，两地大都排在后两位，优势产业不明显。

主要产业的分布状况：煤炭产业，主要分布于东中部传统资源富集区，西部的嘉祥是新兴的煤炭基地；煤化工业，以东部的邹城、兖州及中部的任城等产业基础较好的地区为主；机械设备制造业，分布较普遍，高新区以整机制造为主，周边则以零部件生产为主；农产品加工制造业，分布相对零散，主要在中心城区和兖州，曲阜、邹城和西部的嘉祥也有分布；医药制造业，主要分布在高新区及东部的兖州、曲阜、邹城；纺织业，分布在济宁中心城区及其周边的兖州、邹城、嘉祥；造纸业，主要分布在兖州南的工业园区，此外分布在任城、曲阜和邹城。

龙头企业也以济宁中心城区和兖州为主，表现为分布集中、行业多元的特征，如高新区的山推、小松、如意、菱花等，兖州的太阳纸业、华勤橡胶等，在全国都有一定的知名度。而邹城、曲阜、嘉祥龙头企业数量较少，除兖矿外规模均较小，且行业结构单一，多为煤炭、电力类企业。

11.3.1.2 产业一体化趋势

济宁是一个工业型地区，工业主导地位突出，已经进入工业化中期阶段，工业经济发展显著，是我国经济实力较强的地级市。虽然济宁中心城区在济宁都市区内的产业集聚程度不高，工业总产值仅占都市区的 40%，GDP 仅占都市区的 22%，其自身发展相对不足，依然有着较大的产业发展空间，但都市区已经开始表现出一定的由中心向外围扩散、产业一体化的趋势。

济宁中心城区是济宁市的政治、科教、文化和信息中心，且位于都市区的中间位置，其产业向先进制造业和高新技术产业方向转向升级，而传统产业向周边县市扩散转移。煤炭产业和煤化工业虽仍以东部传统资源富集区为主，但迫于资源枯竭和产业转型的压力，开始向西部的嘉祥等地扩散；机械设备制造业的整机制造主要分布在济宁高新区，为其提供配件的机械零部件类产业向嘉祥等地集中；生物发酵、印染、危化企业等传统制造业由高新区向外围县市区转移，高新区转向新兴产业；医药、印染等产业向邹城、曲阜等地转移。各地区产业发展走向细化分工，中心城区产业升级扩散，地区分工细化，都市区出现产业一体化的发展态势。

11.3.1.3 新兴产业发展雷同

当今世界新技术、新产业迅猛发展，孕育着新一轮产业革命，新兴产业正在成为引领未来经济社会发展的重要力量，各地纷纷调整发展战略，大力培育新兴产业，抢占未来经济科技竞争的制高点。新兴产业具有知识技术密集、物质资源消耗少、成长潜力大、综合效益好的特征。济宁都市区新兴产业的发展尚处于起步阶段，其发展主要靠外来项目的引进和传统规模企业的行业转型，政府的推动作用明显。

各县市在发展新兴产业方面，济宁、邹城积极性高，"十二五"期间两地在新兴产业的投资额分别为 159 亿元、132 亿元，都达到百亿元以上，而兖州、曲阜、嘉祥积极性相对弱，"十二五"新兴产业投资额分别为 14.6 亿元、11.8 亿元、2.7 亿元，尤其是嘉祥还不到 3 亿元。都市区新兴产业的发展"大而全"、"小而全"，各县市区之间缺乏分工，都在竞相引进新能源、新材料、生物医药、电子信息等。各县市所发展的新兴产业对自身产业依托不充分，如济宁的新能源项目、邹城的生物医药项目等。新兴产业布局分散，积聚程度不高，难以形成规模效应，应朝特色新兴产业方向发展。

11.3.1.4 旅游产业缺乏联动

济宁是闻名中外的孔孟之乡，运河之都，文化底蕴深厚，旅游资源丰富、类型多样，但同时旅游产业发展的问题较多。邹城（孟子文化）、曲阜（孔子文化）、嘉祥（曾子文化）3 地旅游同质竞争严重，缺乏儒家文化的深入细化解读和分工合；北部佛教文化旅游缺乏整体营销，兖州依托兴隆塔建设兴隆文化园、汶上依托宝相寺塔争相打造佛教文化圣地；北湖新区与微山湖缺乏衔接，微山湖上的优质旅游资源游离于都市区之外；运河文化相对其他运河城市难言特色，缺乏重大项目引爆；梁山文化旅游载体观赏价值难以恢复，项目、资金"望而却步"。各地区相对孤立发展，联动薄弱。济宁旅游需点线面整体开发、实现重大项目突破、深化细化文化特质。

从 2010 年各都市区下辖各县市旅游接待人数来看，曲阜 384 万人、邹城 122 万人、兖州 97 万人、嘉祥 56 万人，曲阜最高、嘉祥最低，差距明显。旅游业开发东重西轻特征明显，曲阜依托优质旅游资源"三孔"，旅游业发展水平相对较高，西部旅游资源整体不佳，发展缓慢，水平较低。

11.3.1.5 物流园区亟待整合

济宁都市区内物流园区的空间分布不均衡，呈现出明显的西南部密集、东部和北部稀疏的特征。西部的济宁市区、嘉祥地区物流园区高度集中，运河物流、豪德物流、长城物流、嘉祥南城物流、空港物流、济宁西货站物流等园区扎堆建设；东部产业基础较好的高新区、兖州、邹城等地物流园区相对较少。铁路、公路、航空、水运等多种交通方式对都市区的空间分割作用强烈，进而深刻地影响着物流园区的分布格局。各物流园区多偏离产业园区，缺乏对产业的高效依托。

各物流园区在功能定位上"贪大求全"、方向不明确、同质性强。相对来说，济宁高新区、兖州、邹城、曲阜等东部地区依靠其较强的经济实力，物流园区的建设起步较早，已形成一定的基础。西部的济宁西部和嘉祥地区物流园区的发展刚起步，其建设呈"井喷"态势，与其相对较弱的经济实力不符，多个物流园区竞相建设，争抢有限的资源，容易导致恶性竞争与自我保护。都市区物流园区的发展亟须统筹规划开发，西部的济嘉及都市区东西部各园区应更多地寻求分工与协作。

11.3.2 产业发展格局

济宁都市区是典型的"弱核"区域。中心城区工业总产值占都市区的 39%

（2011 年），实际利用外资占都市区的 13%（2012 年），GDP 在都市区内仅占 22%（2012 年），列第三位，弱于邹城的 31% 和兖州的 24%，三产增加值仅占 26%（2012 年），低于邹城的 27%，产业、服务等在中心城区的集聚度小，分散分布在都市区。都市区内济宁、邹城、兖州"三足鼎立"，2012 年三地 GDP 占整个都市区的 77%，工业总产值占整个都市区的 92%，三产增加值占都市区的 73%，实际利用外资占 79%，多种产值高度集中于济、邹、兖三地的特征明显，济宁、邹城、兖州共同构成都市区的产业高地。曲阜和嘉祥两地的 GDP、工业总产值、三产增加值、实际利用外资在都市区的比重很低，成为都市区的产业低地。

从都市区各县市区的产业结构相似系数来看，各地的产业结构相似系数大都小于 0.6，最大的曲阜和嘉祥也仅为 0.78，说明各县市区之间产业结构差别较大、异质性强，产业雷同度低、各成体系。从各县市区经济联系强度来看，都市区内经济联系强度从高到低依次为邹曲、济兖、济邹、济嘉，济宁和兖州、邹城和嘉祥的联系最为密切，兖州和曲阜的联系最弱，济兖、邹曲东西分据态势明显。

11.3.3 产业发展特征

11.3.3.1 中心城区产业发展特征

济宁中心城区是都市区的中心，人口为 112.18 万人，面积为 904.5km²。2012 年，GDP 为 470.36 亿元，仅占都市区的 22%，列都市区第 3 位；工业总产值为 1271.76 亿元（2011 年数据），占都市区的 39%，列都市区首位；第三产业增加值为 212.4 亿元，占都市区的 26%，列都市区第 2 位；人均 GDP 列都市区第 4 位，地均 GDP 列都市区第 2 位。主要经济指标在都市区排位靠前，但与其都市区"中心"的地位不符，是典型的弱中心。

济宁中心城区开发主体强，工业企业以国有控股企业为主，但其占比在下降，民营经济弱，外商投资企业波动较大。2012 年，三次产业结构为 7：49：44，二三产业主导型。规模以上工业企业行业总产值构成中，专用设备制造业、纺织业和通用设备制造业居前三位，占全部产值的 44%，加工生产职能突出。第三产业从业人员结构中，公共管理和社会组织、金融业、教育居前三位，而总部、研发、流通等中心性高级产业职能薄弱。产业布局向周边扩张需求强烈，高新区沿济兖方向向兖州地界拓展趋势明显，由于压煤区和塌陷区的限制，呈现分散、破碎态势。

11.3.3.2 兖州产业发展特征

兖州是都市区的制造业强市，人口为 63.3 万人，面积为 690km²。2012 年，GDP 为 506.19 亿元，占都市区的 24%，位居都市区第 2 位；工业总产值为 894.3 亿元（2011 年），占都市区的 27%，位居都市区第 2 位；三产增加值为 167.52 亿元，占都市区的 20%，位居都市区第 2 位；人均、地均 GDP 都位居都市区第 1 位。经济、产业实力强，人均、地均产值高，经济总量在都市区仅次于邹城，是都市区经济结构最优、实力最强的地区。

兖州工业企业类型以股份制公司为主，2009 年之前占比逐渐下降，但 2010 年出现大幅反弹，经济活力总体强。2012 年三次产业结构为 7.8：59.1：33.1，工业主导型经济。规模以上工业企业行业总产值构成中，造纸、化学制品和通用设备居前三位，合占 67%，主导产业突出，产业结构多元化。与中心城区潜在关联大（机械、食品、纺织等方面），济宁高新区产业发展对兖州的空间挤压严重（黄屯、王因被纳入高新区）。产业布局南北分立，南部工业园区龙头企业强（造纸、焦化、食品、电力等产业），但污染较重；北部开发区中小企业多，结构多元，但缺少龙头带动。

11.3.3.3 邹城产业发展特征

邹城是一个煤炭城市，人口为 115.7 万人，面积为 1387.3km²。2012 年，GDP 为 671.32 亿元，占都市区的 31%，列都市区首位；工业总产值为 855 亿元（2011 年数据），占都市区的 26%，列都市区第 3 位；三产增加值为 224.54 亿元，占都市区的 27%，列都市区首位；人均 GDP 列都市区第 2 位，地均 GDP 列都市区第 3 位。邹城主要经济指标在都市区排名靠前，多项指标居首位，整体实力较强，但其产业结构不如兖州。

邹城在工业企业类型结构上，国有控股企业占绝对比例，结构单一，活力较差，与中心城区、兖州关联较弱。三次产业结构为 6.5：60.1：33.4，工业主导型经济。规模以上工业企业行业总产值构成中，煤炭行业占了 64%，结构很单一，资源主导型产业。产业的发展严重依赖煤炭和电力，兖矿集团在当地"独大"，结构性矛盾突出，产业转型压力大。工业布局散乱，积聚效应不明显，发展方向不清晰。文化旅游资源丰富多元，孟子文化与曲阜的孔子文化整合开发潜力大，但在缺"抓手"的情况下同质化竞争严重。

11.3.3.4 曲阜产业发展特征

曲阜是一个文化旅游城市，人口为 63.8 万人，面积为 889.4km²。2012 年，

GDP 为 298.44 亿元，占都市区的 14%，列都市区第 4 位；工业总产值为 150 亿元（2011 年数据），占都市区的 4%，列都市区第 4 位；第三产业增加值为 152.65 亿元，占都市区的 19%，在都市区都列第 4 位；人均 GDP 列第 3 位，地均 GDP 列第 4 位。总体上，曲阜经济实力偏弱，各主要经济指标都列都市区倒数第二位，仅强于嘉祥，但其以旅游为主的第三产业发展较好。

曲阜工业企业类型以国有控股和股份制企业为主，股份企业比重有逐年增加的趋势。三次产业结构为 9.3：39.5：51.1，第三产业比例在都市区内最高，工业相对弱。规模以上工业企业行业总产值构成中，居前三位的非金制造、电器和煤炭仅占 34%，产业结构多元化。文化地位崇高、特殊，既是潜在重大产业开发资源，又是地方难以左右和协调的制约因素，产业方向摇摆不定，在工业立市和文化立市之间游移。旅游产业落后于同类地区（常熟、都江堰等），曲阜新区文化产业园列入全国 6 个 "国家级文化产业示范园区" 之列。曲阜开发区东区和西区分据，工业布局分散。

11.3.3.5 嘉祥产业发展特征

嘉祥是都市区内唯一的县，人口为 87 万人，面积为 1008.2km²。2012 年，GDP 为 199.5 亿元，占都市区的 9%，列都市区第 5 位；工业总产值为 129.2 亿元（2011 年数据），占都市区的 4%，列都市区第 5 位；三产增加值为 64.8 亿元，占都市区的 8%，列都市区第 5 位；人均 GDP、地均 GDP 在都市区均列第 5 位。嘉祥各主要经济指标皆列都市区末位，经济规模小，人均水平低，是都市区经济和产业实力最弱的地区。

嘉祥工业企业类型以国有控股企业为主，民营企业弱。三次产业结构为 13.7：53.8：32.5，工业主导型经济。规模以上工业企业行业总产值构成中，农副食品加工、非金制造和煤炭产业居前三位，合占 45%。结构多元，但规模较小，且以低端和资源型产业为主。与都市区其他区市产业协作配套潜力大（食品、机械、纺织、汽车零部件、造纸、化工等方面），但需要突出优势与重点。物流园区集中，物流业发展态势好，可依托济宁机场和嘉祥港等资源与济宁携手打造济西物流高地。工业布局遵循先东后北的规律，积极承接济宁中心城区的产业转移、融入都市区的潜力大。

11.3.4 毗邻地区协调需求

11.3.4.1 济北地区协调需求

济宁—兖州：济宁高新区沿 G327 向兖州跨界增长现象明显（黄屯、王因两镇已纳入高新区）。济宁、兖州两地开发区与产业发展功能、用地急需协调；兖州南部的工业园区以造纸、轮胎为主，且污染严重，而高新区以工程机械、汽车零部件、生物医药等产业为主，两区之间不易建立产业协作；兖州的机械、食品、纺织等产业集中在北部的兖州开发区。

济宁—汶上：济宁北部空间广阔，处于都市区下风向，目前是化工、机械、食品等乡镇工业带，分布比较散乱，规模较小，结构不佳，效益差，需确定开发方向和模式。联想控股在汶上投巨资建设高端化工区，与济宁中心城区的产业互动潜力大（承接产业转移）。

兖州—汶上：兖州西北方向产业空间较广；兖州在兴隆塔的基础上建设了兴隆文化园，汶上依托宝相寺塔（太子灵踪塔）打造佛教圣地，两地之间佛教文化旅游联动潜力大（佛牙舍利、佛顶骨舍利）。

11.3.4.2 济东地区协调需求

济宁—曲阜：曲阜的优势在于文化资源，以后的发展还是应侧重文化旅游资源的开发，与济宁分工、错位发展。应适当、合理地发展工业，注意工业与文化旅游业的衔接和相互依托，注重对文化资源和环境的保护。

济宁—邹城：邹城承接济宁医药等产业扩散趋势明显，发展新型机械、机电、医药等产业潜力大；传统的煤炭电力产业严重依赖煤炭资源，且不利于环境的保护，产业多元发展是仅有的出路；济宁和邹城之间的沉陷区隔离济邹，产业空间很难实现一体化。

邹城—兖州：邹城兖州经济实力强，GDP、工业增加值等在都市区内均居前三，且距离不远，但因沉陷区、压煤区隔离，交通难以畅达，经济联系不强；两地之间产业空间分割明显，产业互动弱。

邹城—曲阜：邹城（资源型工业和重工业主导）产业转型方向不明，曲阜产业战略（工业立市还是旅游立市）摇摆。文化旅游上，曲阜的"三孔"和邹城的"两孟"文脉相通，整合开发邹曲文化资源，有利于邹曲发展。

兖州—曲阜：兖州向东已发展到行政边界，有突破行政阻隔的潜力，曲阜有承接产业转移的动力，兖州开发与曲阜开发区相向开发态势明显。京沪铁路兖州站和京沪高铁曲阜站之间有着客货互补联动的潜力。

11.3.4.3 济西、济南地区协调需求

济宁—嘉祥：济西产业发展相对不足，承接产业转移动力大；物流园区扎堆济嘉，亟须统筹整体开发；嘉祥机械产业配套济宁基础好；培育济宁西部商贸服务中心，辐射嘉祥、梁山、金乡、鱼台潜力大。

济宁—微山：北湖新区起步晚，其职能以行政、科教、商务、旅游等服务功能为主，产业功能发育不成熟，对要素的积聚效应大于扩散效应，目前难以带动周边的发展。济宁需与微山县合作，促进微山湖整合开发。

11.4　空间组织与优化路径

11.4.1　产业空间结构调整

11.4.1.1　产业空间组织模式：中心整合提升、外围联动发展

中心整合提升：济宁中心城市提升行政办公、商业服务职能，高新区传统产业向外转移，区内大力发展高新科技产业、新兴产业，提升产业服务职能，建设立足济宁、服务鲁南、面向世界的都市区产业中心。

外围联动发展：都市区北部、西部承接济宁纺织、机械、食品制造等传统产业的扩散转移，建设外围北向-西向产业带；嘉祥协同济宁城西，发展商贸物流、机械配件、纺织、食品等产业；曲阜和邹城依靠文化、生态旅游资源打造世界级文化、旅游产业区和都市区国际门户。

11.4.1.2　产业空间组织结构：一区两带

一区：济宁核心区（老城区与高新区及其拓展）：老城区主要进行行政办公、商业、生活服务功能建设。高新区主要进行产业外移与服务中心建设，汽车零部件、化工、造纸等向周边特色分园区集聚，形成外围产业带；高新区主要发展建设高新技术产业，并提升产业服务功能，形成高端产业服务中心。

两带：济嘉物流商贸与加工配套产业带、邹曲文化与生态旅游产业带。济嘉物流商贸与加工配套产业带，依托日荷综合交通走廊，布局机械、食品、纺织等加工配套产业和物流、商贸等服务业。邹曲文化旅游与生态旅游产业带，依托孔孟文化打造世界级文化旅游产业区，东侧打造尼山、峄山、凫山生态旅游带。

济宁都市区面临着"煤炭围城"的困境，压煤区和沉陷区对都市区的空间分割严重，阻碍着都市区产业的一体化发展。以后的发展方向是"跳出去"、"跨越发展"，促进支柱产业"北拓"、"西展"，向空间广阔的北部和西部拓展。在产业的发展上，依托区域交通走廊，建设两大产业通道：济徐产业通道，济宁西部沿微山湖西侧至徐州方向的纵向产业通道，承接发展机械、食品等产业；日菏产业通道，沿日东高速等横向通道，布局高端装备、造纸、纺织等产业。

11.4.2 产业空间优化路径

按照城市的发展规律，济宁都市区要取得新的生命力，就势必整合区域范围内的资源，培植强有力的中心城市。在协调地区间关系上，按照都市区一体化城市的要求，膨胀规模，壮大实力，内扩外联，突破中心城区，带动"济宁、兖州、邹城、曲阜、嘉祥"融合和扩张，促进融合发展。

11.4.2.1 中心突破，实现高新区的转型升级

高新区面临绝佳的战略区位与产业功能的矛盾，作为都市区整合的核心区域，高新区的壮大提升对提高中心城市的带动作用意义重大。在未来，调整的方向为部分传统产业向周围特色园区聚集，形成"一区多园"格局；高新区部分地区功能调整，逐步由产业区向城区转变，提升产业服务功能。

（1）高新区传统产业外移

1）兖州北区分园：属于济北大安组团。兖州煤炭资源丰富，但未来需逐步摆脱对煤炭资源的高度依赖，才能实现经济的可持续发展，未来应打造工业产业集群，发展现代工业，铸就兖州新型工业基地。兖州西北部地理位置优越，交通便利，有较好的工业基础，可依托铁路，发展高端装备制造、医药、精细化工等高新科技产业，提升产业的科学技术水平和竞争力。

2）嘉北分园：嘉祥北部建有嘉祥高新区嘉祥镇工业园，规划建设有机械制造业加工、电子工业区、高新技术产业区等特色产业聚集区，建园以来，招商引资力度加大，落地项目增多，成为嘉祥镇经济发展的隆起区。可依托济徐高速，发展机械制造、新材料、新能源产业，打造济徐产业轴中心园区，带动济西发展。

3）颜店分园：颜店具备特色农产品、养殖基地等优势资源，目前有重点地选择了一批如冷链物流、仓储信息平台、包装纸板等项目，有利于食品加工行业的发展。由兖州和高新区共同打造，依托日菏高速，发展食品加工、装备制造产业，引领日菏轴线向西发展。

4）安居分园：安居镇位于大运河西滣，交通十分便利，多条公路、铁路、国道穿过境内，京杭大运河上建有济宁港等3处码头，是北煤南运的重要集散地，依托济宁西站，可发展物流产业。安居镇盛产优质水稻和小麦，是鲁西南著名的"鱼米之乡"，未来应继续发展食品加工产业，吸纳人口就业，带动金乡、鱼台发展。

（2）城郊乡镇企业组团发展

1）二十里铺+康驿组团：二十里铺煤炭资源丰富，煤化工产业发展基础较好，未来需遵循循环经济理念，不断延伸煤化工产业链条，建立循环经济产业区。康驿产业经济以加工业为主（木材、食品、建材、服装等），可充分与二十里铺建立产业联系，发展下游产业。

2）南旺组团：南旺镇以机械加工、服装加工业作为支柱产业，目前正积极打造京杭运河上的新经济隆起带。另外，南旺镇文化资源丰富，正积极打造旅游产业强镇，可与济宁共同开发运河文化的内涵。

3）金屯组团：金屯镇资源丰富，工业经济增势强劲，目前已形成了以农产品加工、棉纺加工为主的工业体系。未来应依托资源优势，积极承接高新区的产业转移，继续加大食品加工、棉纺加工等产业的发展。

（3）高新区产业提升品质

1）高新区北部目前形成了工程机械、汽车零部件、纺织服装、生物医药、光电信息等主导产业，已具备一定的产业基础。未来北部应引入以生物医药、新材料、新能源和环保科技等高附加值的世界先进产业，打造具有国际竞争力的高科技产业集群。

2）高新区空间南延，增加产业服务功能，南侧重点引进龙头型项目及跨国公司、国内大企业的区域总部、研发机构、职能总部、采购中心与销售中心，与北部产业区形成配套服务，不断提升高新区的科技服务水平。

11.4.2.2 整合资源，建设邹曲旅游产业特区

曲阜、邹城是都市区文化资源最为丰富的区域，邹曲联合发展文化产业具有得天独厚的优势。两地东部自北向南依次有尼山、峄山、凫山生态风景区，但存在开发不足、知名度较小的问题。沿京沪轴，两侧发展文化产业发展带、生态旅游带，以整合曲阜、邹城两地的旅游资源，实现两地的联动发展。

（1）打造曲邹文化产业发展带

1）曲阜组团：曲阜作为我国首批国家级历史文化名城，未来城市发展要严格执行历史文化名城保护规划，坚持整体保护和重点保护相结合、保护和开发利用相结合、继承与发展相结合的原则，合理进行资源开发。

曲阜城市发展的总体布局为"一城、两区、四组团"的布局结构，一城为曲阜城，两区为北城区、南城区，四组团为防山组团、高铁组团、时庄组团和陵城组团。防山组团是以外向型加工工业为主的工业园区；高铁组团将以京沪高速铁路站场为依托发展服务业、商贸业；时庄组团是加工工业、仓储物流和商贸、居住相结合的产业园区；陵城组团是以高新技术产业、教育研发产业及配套商

业、居住相结合的综合区。北城区以商贸、旅游文化娱乐和居住为主，加强对历史文化遗迹的保护，将充分展现曲阜的历史文化风貌；南城区是城市未来发展的主要区域，南城区重点培育世界级儒家文化教育、研究、影视、会展、动漫，以及旅游、度假、休闲等产业，以后将是以行政办公、商业服务、信息产业，以及居住为主的综合性中心区。

2）邹城组团：邹城历史文化资源丰富，孟子思想、孟母教子文化和邹鲁文化具有独特性和不可替代性。邹城文化资源的开发，应紧紧与曲阜文化资源的开发相呼应，围绕儒家文化的弘扬和开发，以中华文化标志城的建设为依据，打造连接孔子、孟子、墨子等轴心时代大家的"孔孟文化轴"，使其成为曲阜、邹城两座国家历史文化名城的空间文化廊道，成为联接曲阜、邹城文化经济融合发展的产业聚集区。在发展工业方面，依托唐村镇的工业基础，继续布置唐村工业片区，发展新兴产业、新型建材、物流服务作为唐村镇的主导产业。

（2）打造曲峄凫生态旅游带

1）曲阜尼山旅游开发区：尼山为孔子诞生地，颇具神圣性和神秘性，生态和人文的结合是其特色，以文物景观和山川环境为载体，以人灵地杰为底蕴，以孔子诞生地为主脉，加之周围的尼山水库、山村田园景观，可发展成为运动、休闲、旅游三位一体的风景旅游区。

2）峄山风景区：依托峄山深厚的文化底蕴和奇特的自然景观，在"文化·生态"资源保护的前提下，以"文化为魂、自然为本、厚古亮今"为核心理念，推动峄山旅游转型升级。充分利用现有的水库、园林、路网等资源科学布景，将景区内优美的自然环境有机串联起来，形成风景优美、错落有致、特色鲜明的风景廊道。

3）凫山风景区：大力挖掘民风民俗等非物质文化遗产的内涵，开展"农家乐"旅游，宣扬特色美食文化，打造成为城市居民休闲、周末度假的原生态旅游风景区。

11.4.2.3 空间对接，实现济嘉物流商贸融合

济宁中心城区西部和嘉祥地区物流园区扎堆布局，是都市区物流园区最密集的区域，迫切需要整合提升。整合济宁西货站物流园区、豪德物流园区、运河物流园区、空港物流园区、嘉祥南城物流园区、长城物流园区、嘉祥港，以及济宁经济开发区、嘉祥开发区、唐口工业园等，在济嘉毗邻地区成立济宁市辖的物流综合经济区，以公铁水联运物流为主导，同时培育加工制造、商贸服务、金融信息等产业，建设都市区西部产业集聚区，辐射带动济西（嘉祥、金乡、鱼台、梁山）工业化。

参 考 文 献

埃比尼泽·霍华德.2009.明日的田园城市.金经元译.北京:商务印书馆.

巴雅尔,敖登高娃,周占鳌.2000.基于遥感的城市边缘区域土地利用动态监测.人文地理,15 (5):75-77.

白旭飞,刘春成,侯汉坡.2007.大都市卫星城空间布局模式的启示.科技管理研究,(10):129-131.

班茂盛,方创琳.2007.国内城市边缘区研究进展与未来研究方向.城市规划学刊,(3):49-54.

曹长彩.2013.潜江市城乡结合部土地利用结构变化及其优化配置研究.武汉:华中师范大学硕士学位论文.

曹广忠,郜晓雯,刘涛.2011.都市区与非都市区的城镇用地增长特征——以长三角地区为例.人文地理,(5):65-70.

曹广忠,刘涛,谬杨兵.2009.北京城市边缘区域非农产业活动特征与形成机制.地理研究,28 (5):1352-1364.

曹隆坤,张加恭,王婉如.2008.城市边缘区域土地利用变化的研究——以广州市黄埔区为例.江西农业学报,20 (02):138-141.

曹玫玉.2009.延吉市城市边缘区的内部结构及其演化研究.延吉:延边大学硕士学位论文.

陈丽.2006.大城市边缘区域村落空间的变动与重构—以南京市为例.南京:南京师范大学硕士学位论文.

陈明辉,陈颖彪,郭冠华.2011.城市边缘区域土地利用结构分形特征的动态变化——以广州市南拓区为例.地球信息科学学报,13 (04):520-525.

陈文娟,蔡人群.1996.广州城市郊区化的进程及动力机制.热带地理,16 (2):122-128.

陈亚芬.2010.安康城市边缘区域村庄空间整合研究.西安:西安建筑科技大学硕士学位论文.

程莲.2007.城市边缘区域土地利用结构优化研究—以乌鲁木齐市东山区为例.乌鲁木齐新疆农业大学硕士学位论文.

崔功豪,武进.1990.中国城市边缘区域空间结构特征及其发展—以南京等城市为例.地理学报,45 (04):399-411.

戴宾,杨建.2004.城市边缘区域与统筹城乡发展.重庆工商大学学报(西部论坛),(5):35-38.

方琳娜,宋金平,岳晓燕.2009.城市边缘区域土地利用结构分析——以北京市大兴区为例.生态经济(学术版).(02):329-334.

冯健,周一星.2003.北京都市区社会空间结构及其演化(1982-2000).地理研究,22 (4):465-483.

冯志佰, 周冠夫, 张革红. 2008. 城市边缘区域的土地利用问题研究. 规划师, 24 (12): 91-93.

付承伟, 陈明星. 2010. 国内城乡结合部研究进展. 地理科学进展, 29 (12): 1525-1531.

付倩. 2011. 西安卫星城发展研究. 西安: 西安工业大学硕士学位论文.

甘茂熙. 2015. 北京城市发展新区产业融合现状研究及展望. 大众科技. 17 (4): 176-178.

葛琳枫. 2014. 城乡结合部土地利用变化分析及未来土地利用趋势. 昆明: 昆明理工大学硕士学位论文.

龚娉. 2013. 城乡一体化导向下中等城市边缘区域小城镇规划策略研究—以渭南为例. 西安: 西安建筑科技大学硕士学位论文.

顾朝林, 熊江波. 1989. 简论城市边缘区研究. 地理研究, 8 (3): 95-101.

顾朝林, 赵晓斌. 1995. 中国区域开发模式的选择. 地理研究, 14 (4): 8-22.

顾朝林. 1990. 中国大城市边缘区域研究. 北京: 科学出版社.

关丽丽. 2012. 城市边缘区域产业结构的空间特征与演变模式分析——以成都市为例. 首都经济贸易大学学报, (6): 83-88.

关于, 阳建强. 2012. 城市空间重构影响下城市边缘区域更新研究——以常州清潭片区为例. 现代城市研究, (05): 65-71.

郭凌志. 2013. 基于蚁群算法的长沙市城乡结合部乡镇土地利用结构优化研究. 长沙: 湖南师范大学硕士学位论文.

海贝贝. 2014. 快速城市化进程中城市边缘区域聚落空间演化研究——以郑州市为例. 开封: 河南大学博士学位论文.

韩美琴. 2007. 城乡结合部土地利用结构变化与可持续利用研究——以柳州市为例. 武汉: 华中农业大学硕士学位论文.

郝月玲. 2014. 城市化过程中城市边缘区域土地利用的研究. 科技与创新, (7): 131-135.

胡道生, 宗跃光, 邹婕羽. 2014. 大城市边缘区域新型城镇化空间整合的组团模式——基于宁波的案例研究. 城市发展研究, 21 (07): 48-55.

黄虹. 2014. 城市边缘区域土地利用的规划设计研究. 中华民居, (03): 90-91.

黄锦东. 2010. 城市边缘区域土地利用变化模拟研究—以福州市仓山区为例. 福州: 福建农林大学硕士学位论文.

黄丽. 2014. 福州城市边缘区域空间结构演变及类型分析. 福州: 福建师范大学硕士学位论文.

霍子文, 许宏福. 2014. 广东新型城镇化背景下城市边缘区域小城镇发展研究: 城乡治理与规划改革. 中国海南海口: 2014 中国城市规划年会.

江文文, 徐国斌. 2014. 特大城市边缘地带工业园区可持续发展规划研究——以武汉青山 (国家) 环保工业园规划为例. 国际城市规划. 29 (5): 22-29.

姜广辉, 张凤荣, 王玮. 2004. 城市边缘区域土地利用总体规划探析. 广东土地科学, 3 (4): 35-38.

蒋毓琪. 2013. 城乡结合部土地利用变化驱动机制研究—以兰州市和平镇为例. 兰州: 甘肃农

业大学硕士学位论文.

金经元.2009. 霍华德的理论及其贡献. 国际城市规划. （增刊）：97-99.

金一.2013. 杭州西湖城市边缘区域空间演变及其机制研究. 杭州：浙江大学硕士学位论文.

晋秀龙.2000. 城市边缘区域土地利用类型及空间扩展模式. 资源开发与市场，16（6）：351-353.

靳晓雯，欧名豪.2008. 城市边缘区域土地利用规划的思考. 国土资源科技管理.25（03）：30-34.

瞿伟.2002. 昆明市城市边缘区域空间形态与发展模式研究. 昆明：昆明理工大学硕士学位论文.

康旭，马瑛.2012. "农家乐"旅游发展探索——以伊宁市城乡结合部为例. 农村经济与科技，23（6）：98-111.

李晶，董燕晶.2014. 长沙城市边缘区域空间结构演变及发展模式研究. 科技视界，（1）：150-151.

李帅兵.2009. 城边村建设与城乡统筹问题研究——以郑州市为例. 郑州：郑州大学硕士学位论文.

李顺，陈方圆，高源.2015. 城市边缘区域土地利用结构特征研究—以天津市东丽区为例. 黑龙江科技信息，（15）：105-106.

李万峰.2014. 卫星城理论的产生、演变及对我国新型城镇化的启示. 经济研究参考，（41）：4-8.

李王鸣，陈秋晓，戴企成.1998. 杭州都市区经济集聚与扩散机制研究. 经济地理，18（1）：35-40.

李小建，李国平，曾刚等.2006. 经济地理学（第二版）北京：高等教育出版社.

李秀霞，刘金国.1996. 城市边缘区域空间演化调控机制研究. 松辽学刊（自然科学版），（01）：66-69.

林刚.2011. 都市区经济发展理论研究综述. 贵州社会科学，（3）：66-68.

凌鑫.2010. 城市边缘区域土地利用总体规划技术探讨——以西安市灞桥区为例. 国土资源科技管理，27（03）：67-72.

刘成，王晓文.2011. 城市新区的区位布局与城市空间发展研究. 吉林师范大学学报（自然科学版），（04）：122-125.

刘洪志，田驰.2012. 集聚、扩散、创新、集群：大都市地区经济与空间发展的理论与流派. 考试周刊，（33）：191-193.

刘建丽.1995. 高新技术产业开发区和城市边缘区域. 中山大学研究生学刊自然科学版，16（1）：91-95.

刘乃全.2002 产业聚集理论及其发展. 上海财经大学学报，4（2）：22-28.

刘平辉，郝晋珉，李博文.2003. 城市边缘区域土地资源开发利用的影响因素研究——以北京市海淀区为例. 河北农业大学学报，26（2）：101-105.

刘荣增.2008. 城乡统筹理论的演进与展望. 郑州大学学报，41（4）：63-67.

刘锐．2013．大城市边缘区域城乡一体化发展研究——以天津市津南区为例．天津：天津大学硕士学位论文．

刘兴彬，李仙娥．2010．国内城乡统筹模式的研究评述．经济研究导刊，(34)：10-11．

刘彦随，杨忍．2015．环渤海地区城乡发展转型格局测度．地理学报，70 (2)：248-256．

刘玉，郑国楠．2014．城乡结合部功能定位与规划管理国际经验．国际城市规划，29 (4)：33-37．

刘玉亭，程慧．2003．国内外边缘城市研究进展与述评．国际城市规划，28 (03)：52-58．

刘玉亭，王勇，黄忠庆．2012．城市边缘区域产业园与农村的协调发展研究．规划师．28 (7)：63-67．

龙开元，谢光辉．1999．湖南省城市边缘区域工业结构演变及优化对策．经济地理，19 (6)：71-74．

娄文龙．2005．我国城乡结合部土地利用问题研究．武汉：武汉大学硕士学位论文．

罗长明．刘应心．2015．浅析城乡结合部绿色空间保护与产业发展之路——以长沙高铁新城绿色空间及产城融合概念规划为例．城市地理，(18)：35-36．

罗志军．2003．城市边缘区域土地利用研究．武汉：华中师范大学硕士学位论文．

马晓．2014．城市边缘区域的产业演替及其城乡一体化发展模式研究——以西安城市边缘区域的泾阳县为例．未来与发展，(11)：108-109．

马歇尔．1964．经济学原理（上卷）．北京：商务印书馆．

马学广．2012．城市边缘区域空间重构的驱动机理研究述评．特区经济，(10)：251-253．

孟晓晨．马亮．2010．"都市区"概念辨析．城市发展研究，17 (9)：36-40．

苗玉生．2010．大城市边缘区域发展规划对策研究—以济南市为例．保定：河北农业大学硕士学位论文．

牟文龙．2007．基 GIS 和 RS 的城市边缘区土地利用结构与优化研究．济南：山东师范大学硕士学位论文．

倪晶晶．2010．杭州城市边缘区域空间发展战略可持续性评价研究．杭州：浙江大学硕士学位论文．

倪少春．2006．城市边缘区域土地利用与城市化空间进程．上海：上海师范大学硕士学位论文．

牛毓君．2013．"反规划"视角下的城乡结合部土地利用规划研究——以晋城市城区钟家庄办事处为例．北京：中国地质大学．

潘涛，罗颖，潘裔莎，等．2008．郑州市城市边缘区域土地利用优化研究．安徽农业科学，(03)：1204-1205．

彭笃明．2008．基于 RS 和 GIS 的城市边缘区域土地利用动态遥感监测研究．烟台：鲁东大学硕士学位论文．

彭乐．2012．基于城乡统筹的西安城市边缘区域失地农民可持续发展研究．西安：西安工业大学硕士学位论文．

齐思莅，姚朋．2008．霍华德田园城市理论的粗析与初探．理论与研究，(21)：72-78．

钱紫华，陈晓键．2005．西安城市边缘区域空间扩展研究．人文地理．（03）：54-55．

钱紫华．2004．西安城市边缘区域土地利用研究．西安：西安建筑科技大学硕士学位论文．

秦泗刚．2005．城市边缘区域土地利用变化及其生态环境效应．西安：西北大学硕士学位论文．

荣玥芳．2011．城市边缘区域研究综述．城市规划学刊，（04）：93-99．

施昱年，张秀智．2012．产业园区与城乡结合部产业集群的共生关系．经济管理，34（7）：21-23．

宋金平，李丽平．2000．北京市城乡过渡地带产业结构演化研究．地理科学，20（1）：20-21．

孙翠兰．2007．西方空间集聚——扩散理论及北京城区功能的扩散．经济与管理，21（6）：85-88．

孙一飞．1997．马润潮．边缘城市：美国城市发展的新趋势．国外城市规划，（04）：171-175．

唐兰．2008．天津市北辰区发展模式与产业结构调整趋向研究．天津．天津大学硕士学位论文．

唐乐乐．2008．郑州市城市边缘区域空间形态及其发展研究．开封：河南大学硕士学位论文．

唐晓宏．2014．上海产业园区空间布局与新城融合发展．上海：华东师范大学．

陶特立，张金华，单军锋．2006．区域协调，突出重点，注重特色，实现空间整合——常州市孟河镇总体规划解析．广州：2006 年中国城市规划年会．

田明，樊杰．2003．新产业区的形成机制及其与传统空间组织理论的关系．地理科学进展，22（2）：186-194．

涂人猛．1990．城市边缘区域初探——以武汉市为例．地理学与国土研究，6．（4）：20-21．

涂人猛．1991．城市边缘区域——它的概念、空间演变机制和发展模式．（04）：31-33．

汪婧．轨道交通发展背景下大城市边缘区域空间发展模式研究．北京：北京建筑大学硕士学位论文．2014．

汪满琴．2014．城市边缘区域的空间扩展演变特征及机制研究．南京师范大学硕士学位论文．

王冰玉，李俊杰．2013．城市边缘区域的界定及其土地利用对策研究——以襄阳市为例．湖北农业科学，（19）：4847-4848．

王炳君，花盛．2008．城市边缘区域土地利用总体规划创新探讨．安徽农业科学．（28）：12377-12388．

王承云．2010．日本研发产业的空间集聚与影响因素分析．地理学报，65（4）：387-396．

王缉慈．2001．创新的空间——企业集群与区域发展．北京：北京大学出版社．

王静爱，何春阳，董燕春，等．2002．北京城乡过渡区土地利用变化驱动力分析．地球科学进展，17（02）：201-202．

王开泳，陈田，袁宏，等．2007．大都市边缘区域城乡一体化协调发展战略研究——以成都市双流县为例．地理科学进展，（01）107-109．

王林容．2005．浅析城市边缘区域的产业发展．江苏城市规划，（3）：1-2．

王思元．2012．城市边缘区域绿色空间格局研究及规划策略探索．城市绿地系统，05：118-122．

王翔，冯毓奎．2013．城市边缘区域空间组织形态与城乡一体化研究．湖北文理学院学报，
　（04）：37-42．

王晓阳．2010．基于城乡统筹的城乡交错带空间整合研究．郑州：郑州大学硕士学位论文．

王宇宁．2014．天津城市边缘区空间发展演化研究．天津：天津大学硕士学位论文．

王云才．郭焕成．2000．略论大都市郊区游憩地的配置——以北京市为例．旅游学刊，（2）：
　54-59．

王铮，毛可晶，刘筱，等．2005．高技术产业聚集区形成的区位因子分析．地理学报，
　60（4）：567-576．

韦素琼．2000．大城市边缘区域土地利用总体规划探讨——以福州市仓山区、晋安区为例．福
　建师范大学学报（哲学社会科学版），（04）：18-20．

韦素琼．2001．城市边缘区域农业发展特征及规划布局分析——以福州市晋安区、仓山区为例.
　2001．亚热带资源与环境学报，16（1）：18-21．

魏伟，周婕，许峰，等．2006．大城市边缘区域土地利用时空格局模拟—以武汉市洪山区为例
　．长江流域资源与环境，（02）：175-177．

吴必虎，徐晓波．2010．旅游导向型土地综合开发（TOLD）：一种旅游—房地产模式．旅游学
　刊，25（8）：34-38．

吴光莲，荣玥芳，郭思维．2013．产业园建设与中小城市边缘区域空间协调发展研究——以山
　东时风产业园为例：城市时代，协同规划——中国城市规划年会．中国山东青岛．

吴海东．2007．略论重庆产业园区与城市边缘区域协调发展．天府新论，（5）：3-5．

吴红莉，吴柏清．2008．城市边缘区域土地利用问题探讨．农业科学研究，29（02）：1-3．

吴怀静，陈淼，侯献亮，等．2010．基于城乡统筹发展的城乡结合部村庄转型研究．山西建筑，
　（22）：3-4．

吴加伟，陈雯，袁丰，等．2015．新时期产业区理论视角重构及相关实证研究进展．地理研究，
　34（3）：487-503．

吴琼．2011．城乡结合部城市化问题研究——河南省郑州市惠济区城乡一体化研究．经济师，
　（5）：68-70．

吴育梅．2012．城市边缘区域农业观光休闲产业的发展．地理教育，（4）：25．

吴铮争，宋金平，王晓霞，等．2008．北京城市边缘区域城市化过程与空间扩展——以大兴区
　为例．地理研究，27（2）：285-293．

武进，马清亮．1990．城市边缘区域空间结构演化的机制分析．城市规划，（2）：38-42．

肖雷．2008．大城市边缘区域城镇产业和空间发展研究．长沙：湖南大学硕士学位论文．

肖宜挺，程久苗，潘岩．2012．基于景观生态学的城市边缘区域土地利用结构分析——以芜湖
　市三山区为例．新疆农垦经济，（12）：21-75．

邢海峰，柴彦威．2003．大城市边缘新兴城区地域空间结构的形成与演化趋势——以天津滨海
　新区为例．地域研究与开发，22（2）：21-25．

许学强，周一星，宁越敏．2009．城市地理学（第二版）．北京：高等教育出版社．

许月卿，崔丽，孟繁盈．2008. 大城市边缘区域土地利用变化与社会经济发展关系分析——以北京市平谷区为例．中国农业资源与区划，29（4）：16-21.

闫柳．2014. 城乡结合部产业结构优化对策研究——以湛江经济技术开发区城乡结合部为例．湛江：广东海洋大学硕士学位论文．

杨春梅．2014. 资阳市城市边缘区域土地利用变化及其驱动力分析．成都：成都理工大学硕士学位论文．

杨春余．2013. 快速城市化下城市边缘区域空间发展策略研究．天津：天津大学硕士学位论文．

杨杰．2008. 廊坊市城乡结合部土地利用变化及其驱动机制研究．保定：河北农业大学硕士学位论文．

杨山．1998. 城市边缘区空间动态演变及机制研究．地理学与国土研究，14（3）：19-23.

杨山，陈升，张振杰．2009. 基于城乡能量对比的城市空间扩展规律研究——以无锡市为例．人文地理，（6）：44-49.

杨文，魏海涛．2004. 城市郊区化研究．城市问题，（3）：12-15.

杨新刚．2006. 边缘区域空间扩展模式分析——以合肥市为例．安徽建筑工业学院学报（自然科学版），14（6）：75-79.

杨新刚．2004. 合肥市庐阳城市边缘区域土地利用规划研究．北京：清华大学硕士学位论文．

杨雪．2015. 城·郊：城市边缘区域人化空间与自然空间的融合与互动．城市地理，（8）：40-41.

杨颖．2010. 新产业区理论与湖北产业转型升级研究．湖北社会科学，（12）：56-58.

姚月．2014. 城市边缘区域空间发展探讨—以北京市海淀区为例．地球信息科学学报，16（2）：214-224.

游佩玉．2008. 南昌市城市边缘区域空间形态发展演变研究．西安：西安建筑科技大学硕士学位论文．

袁丽．2012. 基于城乡统筹视角的城市边缘区域空间整合研究．中外建筑，（6）：112-113.

袁新国，王兴平．2010. 边缘城市对我国开发区再开发的启示——以宁波经济技术开发区为例．国外城市规划，（06）：95-101.

袁媛，杨廉，马晓亚．2012. 以中心体系构建推动大城市边缘区域空间融合——以南京市江宁区东山新市区中心体系规划为例．规划师，（2）：55-61.

曾丽群，何杰，单困彬，等．2008. 城市化进程中城市边缘区域的土地利用规划——以成都市正兴片区为例．安徽农业科学，36（7）：2867-2869.

曾万涛．2008. 城市边缘区域：城乡统筹、城乡一体化的核心部位．湖南城市学院学报（人文社会科学版），29（3）：36-39.

翟国强．2007. 中国现代大城市中心城区边缘区的发展与建设．天津：天津大学博士学位论文．

张宁，方琳娜，周杰，等．2010. 北京城市边缘区域空间扩展特征及驱动机制．地理研究，29（3）：471-480.

张强．2009. 欠发达地区城乡过渡带主动城市化研究．兰州：兰州大学博士学位论文．

张晓军. 2005. 国外城市边缘区域研究发展的回顾及启示. 国外城市规划,（3）：72-75

张晓科. 2005. 城市边缘区域土地利用的规划设计与管理研究. 大连：大连理工大学硕士学位论文.

张秀智, 丁锐. 2013. 城乡结合部乡镇企业产业变迁对城市空间结构演变的作用——以山东省济南市槐荫区段店镇为例. 城市发展研究,（1）：67-72.

张正峰, 杨红, 刘静, 等. 2011. 城市边缘区域城乡统筹的一体化土地整治策略. 中国土地科学, 25（7）：45-49.

赵波. 1994. 大城市边缘区空间结构研究—兼论重庆城市边缘区空间结构. 地理研究,（1）：120-126.

赵冠伟, 龚建周, 谢建华, 等. 2009. 基于 CA 模型的城市边缘区域土地利用演变模拟——以广州市花都区为例. 中国土地科学,（12）：56-62.

赵建华, 田银生, 孙翔, 等. 2013. 城市边缘村庄空间演变与重构——以郑州市为例. 华中建筑,（12）99-103.

赵建华等. 2014. 农业多元价值导向下城乡结合部产业空间发展研究—以郑州市为例. 国际城市规划, 29（5）：15-21.

赵鹏军, 彭建. 2000. "边缘城市"对城市开发区建设的启示——以天津经济技术开发区为例. 地域研究与开发, 19（4）：54-57.

赵远宽. 1992. 北京市城市边缘区域空间扩展方式选择. 城市问题,（03）：19-22.

郑德高, 孙娟. 2011. 新时期上海新城发展与市域空间结构体系研究. 城市与区域规划研究,（2）：119-128.

周捷. 2007. 大城市边缘区域理论及对策研究——武汉市实证分析. 上海：同济大学博士学位论文.

周文丝. 2013. 杭州城市边缘区域社会空间互动过程研究. 杭州：浙江大学硕士学位论文.

朱海波. 2005. 中国大城市边缘区域的空间结构优化. 城市规划面对面：城市规划年会论文集（上）, 北京：中国水利水电出版社.

朱孟珏, 周春山. 2013. 国内外城市新区发展理论研究进展. 热带地理, 33（03）：363-372.

朱振国, 许刚, 姚士谋. 2003. 大城市边缘区域城市化进程的实证分析——以南京江宁区为例. 地理与地理信息科学, 19（03）：76-79.

Avram S. 2009. The position of rural-urban fringe in the framework of human settlement system. Forum Geografic,（8）：139-145.

Conzen M R G. 1960. Alnwick, Northumberland: a study in town-plan analysis. London: Institute of British Geographers Publication.

Erickson R A. 1983. The evolution of the suburban space economy. Urban Geography, 4（2）：95-121.

Hathout S. 2008. The use of GIS for monitoring and predicting urban growth in East and West St Paul, Winnipeg, Manitoba, Canada. Journal of Environmental Management, 66（3）：229-238.

Kombe W J. 2005. Land use dynamics in peri-urban areas and their implications on the urban growth and form: The case of Dares Salaam, Tanzania. Habitat International, 29 (1): 113-135.

Krugman P. 1998. What's new about the new economic geography? Oxford Review Economic Policy, 14: 7-17.

Pond B, Yeates M. 1993. Rural/urban land conversion I: Estimating the direct and indirect impacts. Urban Geography, 14 (4): 323-347.

Roose A, Kull A, Gauk M, et al. 2013. Land use policy shocks in the post-communist urban fringe: A case study of Estonia. Land Use Policy, 30 (1): 76-83.